Charlotte Bühler:
Wenn das Leben gelingen soll

Psychologische Studien über Lebenserwartungen
und Lebensergebnisse

Mit 38 Abbildungen

Droemer Knaur

Dem Andenken meines Mannes,
KARL BÜHLER, *gewidmet*

Über dieses Buch

Hoffnungen und Erwartungen begleiten uns ein Leben lang. Die meisten erweisen sich als Illusionen, und nur wenigen Menschen gelingt die Erfüllung dessen, was sie sich erhofft und erwartet haben. Nur wenige Menschen nämlich schätzen ihre Anlagen, ihre Stärken und Schwächen richtig ein und erkennen ihre Wirkung auf die Umgebung. In diesem Buch legt die große Psychologin Charlotte Bühler die ungeheure Kompliziertheit menschlicher Handlungen auf der Grundlage neuester Erkenntnisse der modernen, insbesondere der Humanistischen Psychologie und der Psychotherapie dar. Sie zieht daraus die Schlüsse, die notwendig sind, wenn das Leben gelingen soll. An Beispielen aus der psychotherapeutischen Praxis erhält der Leser Einsicht in die Psychologie konstruktiver und destruktiver Entwicklungen. Dieses Buch will möglichst vielen Menschen Einblick in die Lebenszusammenhänge gewähren, wie die Psychologie sie sieht, und ihnen auf ihrem beschwerlichen Lebensweg, von der Erwartung bis zur Erfüllung, beistehen.

Vollständige Taschenbuchausgabe
© Droemersche Verlagsanstalt Th. Knaur Nachf.
München/Zürich 1969
Umschlaggestaltung Jan Buchholz/Reni Hinsch
Gesamtherstellung Richterdruck Würzburg
Printed in Germany
ISBN 3-426-00276-0

 1.–20. Tausend März 1972
21.–30. Tausend August 1972
31.–38. Tausend Mai 1973

1. Sinn und Zweck dieses Buches

Gewisse Probleme sind allen Menschen gemeinsam: Alle Menschen leben nur einmal. Und alle Menschen gehen mit bestimmten *Erwartungen* und *Hoffnungen* durch ihr Leben. Manche haben größere, andere geringere Erwartungen. Manche finden mehr Befriedigung und Erfüllung als andere. Allen ist gemeinsam, daß sie im Hinblick auf die Zukunft unsicher sind und daß sie nie genau wissen, was sie erhoffen können. Manche sehen Gründe zu zweifeln oder gar zu verzweifeln, wie es der Fall ist, wenn sie Fehlschläge in der Erfüllung ihrer wichtigsten Hoffnungen und Erwartungen erleben oder wenn der Ausblick auf die Zukunft von vornherein hoffnungslos erscheint.

In alldem leben die Menschen ohne Führung und ohne Hilfe. Die Schul- und Erziehungssysteme befassen sich nicht mit der Frage, wie man sein Leben am zweckmäßigsten und angemessensten lebt. Niemand lernt es systematisch, seine eigenen Fähigkeiten zu beurteilen und seine Chancen für Erfolg oder Mißerfolg seiner Pläne und Zielsetzungen richtig einzuschätzen. Niemand lernt seine eigenen Beweggründe verstehen, ihre Echtheit oder Unechtheit erkennen und die Wahrscheinlichkeit der Erfolge seines Handelns voraussehen. Niemand lernt es, seiner Wirkung auf andere gewahr zu werden und die Folgen dieser Wirkungen einzuschätzen.

In alldem sind die Menschen sich selbst und ihren eigenen Erwägungen überlassen. So leben sie alle mit einem Dilettantismus, den man auf jedem anderen Gebiet als dem des Lebens selber ablehnen, ja verurteilen würde. Kein Mensch, der durch eine Schule der westlichen Kultur gegangen ist, würde in völliger Unkenntnis dessen, was er zu leisten hat, ein Instrument benützen oder eine Maschine bedienen, ein mechanisches Problem anpacken oder ein wirtschaftliches Wagnis eingehen, eine geschäftliche Unternehmung, eine künstlerische oder wissenschaftliche Arbeit in Angriff nehmen. Nur ein völlig Unbesonnener würde sich an irgendwelche Projekte, Arbeiten, ja sogar Spiele begeben ohne eine gewisse Kenntnis der Methoden und der möglichen Erfolge und Mißerfolge. Den Lebenserwartungen und Hoffnungen jedoch sowie allem, was zu ihrer Verwirklichung beitragen kann, stehen die Menschen mit völliger Unkenntnis von Ursache und Wirkung und mit ebenso völliger Unkenntnis der Lebenszusammenhänge gegenüber.

Der Grund dafür liegt darin, daß wir bis in die Gegenwart hinein wissenschaftlich nur wenig Informationen über diese Vorgänge hatten. Heute aber ist das anders. Wir beginnen endlich *Lebenszusammenhänge* zu verstehen. Und dieses Verständnis ermöglicht es uns, gewisse Tatsachen über *Lebenserwartungen* und *Lebenserfüllungen* mitzuteilen, die zu wissen nicht nur interessant, sondern die anzuwenden auch nützlich ist. Im Sinne wissenschaftlicher Deutung und praktischer Unterrichtung behandelt das vorliegende Buch Fragen der Lebenserwartung und der Lebenserfüllung, und zwar so allgemeinverständlich, daß es weite Kreise zum Nachdenken über diese Dinge anregt. Aus diesen weiten Kreisen erhofft sich die Autorin Rückäußerungen und Mitarbeit, weil es in diesem Buch um Menschheitsfragen allgemeinster Art geht, zu deren Klärung jeder Nachdenkliche mit Beobachtungen und Überlegungen beitragen kann.

Genauer gesprochen handelt es sich um folgendes:

Dieses Buch nimmt an, daß jeder Mensch von Beginn seines Lebens an Erwartungen und etwas später auch Hoffnungen hat auf eine Entwicklung seiner Lebensumstände, die ihn befriedigen wird. Auf diese hoch oder niedrig gesteckten Ziele strebt er hin, ohne zu wissen, welche Aussichten auf Erfüllung er hat. Jeder Mensch erlebt geringere oder größere Erfolge, geringere oder größere Mißerfolge seiner Bemühungen.

Dieses Buch will den Menschen in ihrem Planen und Streben in zweierlei Weise beistehen. Es will ihnen erstens an Hand von Lebensbeispielen zeigen, wie Erwartungen und Hoffnungen sich entwickeln und wie die ihrer Verwirklichung dienenden Handlungen und die erzielten Erfolge und Mißerfolge verstanden werden können.

Und zweitens will es den Menschen Anweisungen geben, wie sie ihre eigenen Erwartungen besser verstehen und zweckmäßiger handhaben können.

Mit diesem zweifachen Vorhaben wendet es sich an die Erfahrungen aller, und in beiderlei Hinsicht ist es interessiert an der Stellungnahme aller.

2. Allgemeines über Erwartungen und Erfüllungen

Von Anfang an und zu allen Zeiten ist unser menschliches Leben auf Erwartungen und auf Hoffnungen eingestellt. Ohne Hoffnungen zu leben ist nahezu unerträglich. Und die »erwartende« Ein-

1 Die Überwindung des Zweifels an sich selbst und der Verzweiflung: Goethes Faust, der »strebend sich bemüht«

stellung ist uns wie allen anderen Lebewesen biologisch eingebaut.
Was erwarten, was erhoffen wir? Beide, Erwartungen und Hoffnungen, nehmen die verschiedensten Formen an und können sich
auf verschiedenste Ziele richten. Ganz grundlegend ist von Anfang
an die Erwartung, weiterzuleben, die sich in der Erwartung physischer Bedürfnisbefriedigung kundgibt. Wie das vor sich geht, ist
zum Teil noch immer eines der Geheimnisse des Lebens, aber es
ist jedenfalls eine Grundtatsache.
Andere, kompliziertere Erwartungen bauen sich auf den ursprünglichen auf und setzen sich in Hoffnungen um, wenn die Erfüllung
weniger sicher erscheint. So mag ein Angestellter seine Beförderung

und Gehaltserhöhung erwarten; aber in dem Maße, in dem er sich dieses Vorankommens nicht absolut sicher ist, begleitet Hoffnung sein Erwarten.

In den Jahren des Lebensaufbaus treten mehr und mehr Hoffnungen an die Stelle der im Kindesalter vorwaltenden Erwartungen. Das heißt, die das Zukünftige vorwegnehmende Gewißheit wird immer geringer, je mehr die Erfüllung von Zielsetzungen durch eine Vielzahl äußerer Umstände bedingt ist. So mag der Vierjährige noch mit Sicherheit erwarten, daß die Eltern, die ihm stets seine Wünsche erfüllen, ihm morgen zum Geburtstag das schöne Spielzeugauto schenken werden. Der Achtjährige mag dann mit schon etwas geringerer Sicherheit erwarten, daß er zum Geburtstag das ersehnte neue Fahrrad bekommen wird. Ob aber der Achtzehnjährige das erwünschte Auto geschenkt bekommen wird oder der Dreißigjährige sich ein neues Auto leisten können wird, das hängt von zunehmend mehr Umständen ab.

Ähnlich ist es mit den Erfolgen eigener Leistungen: Die Sicherheit einer guten Schulleistung in den ersten Klassen weicht weniger großer Sicherheit in den höheren Klassen oder auf dem Gymnasium und noch größerer Unsicherheit bei Beginn einer beruflichen Laufbahn.

Nicht selten setzt sich im Laufe der Jahre das ursprüngliche Erwarten und Hoffen in Zweifel um, und unter Umständen münden diese in vorübergehende oder dauernde Verzweiflung.

Auch diese Zweifel und diese Verzweiflung können verschiedenster Art sein. Sie können die eigene Lebens- oder Leistungsfähigkeit betreffen, sie können durch Lebensumstände bedingt sein, oder sie können auch zu tun haben mit dem Zusammenbruch von Überzeugungen hinsichtlich von Werten, an die man geglaubt hat.

Am häufigsten sind Zweifel am eigenen Körper oder an der eigenen Standhaftigkeit oder am eigenen Wert. Oft genug erfahren Menschen, daß gewisse Erwartungen, die sie in ihre eigenen Fähigkeiten gesetzt hatten, sich als falsch erweisen. Oder sie stellen fest, daß sie nicht die Kraft haben, dieses oder jenes Hindernis zu bewältigen, diese oder jene Prüfung ihrer Standhaftigkeit zu bestehen. Oder sie fühlen im tiefsten Innern, daß sie ein wertloses Leben geführt und keinen Anspruch auf Erfüllungen haben.

Ein weltberühmtes Beispiel ist Faust, der sich verdammt fühlt, weil er seine Seele für die Befriedigung seiner Begierden verkauft hat, und der erst dann Erlösung findet, als ihm der Glaube geschenkt wird, daß »strebend sich zu bemühen« ein anerkennbarer Wert ist.

►

2 Eine frühe Erfüllung

Weniger dramatisch und im täglichen Leben häufiger anzutreffen sind die Erlebnisse von Zweifeln an sich selbst, denen alle Menschen mehr oder weniger oft ausgesetzt sind.

Die Frage ist: Worauf laufen alle diese Zielstrebungen hinaus? Was ist es, das die Menschen letztlich erwarten und erhoffen? Wenn wir dieser Frage näher nachgehen, dann finden wir, daß die anfänglich auf einfache physische und seelische Befriedigungen eingeschränkten Erwartungen im Laufe der Zeit weitreichenden, der Persönlichkeit Werte verleihenden *Erfüllungen* Platz machen.

Das Vergnügen des Knaben darüber, daß er das ersehnte Spielzeug bekommen hat, weicht im Laufe der Jahre dem Selbstwertgefühl des Mannes, der sich erfolgreich Besitz und Vermögen erworben hat.

Die Befriedigung eines Kindes darüber, daß es sich den Eltern wohlgefällig benimmt, weicht dem Bedürfnis des Heranwachsenden und Erwachsenen, eine weitgehend akzeptierte und beliebte Persönlichkeit zu sein.

Es ist nicht leicht und noch umstritten, wie diejenigen Werte genau zu beschreiben sind, die wir letztlich als erfüllend erleben. Natürlich sind sie individuell verschieden; dennoch scheint es mir möglich, sie in bestimmte Kategorien einzuordnen und so einen Überblick zu gewinnen. Glück oder wenigstens Zufriedenheit einerseits und Verzweiflung oder doch Resignation andererseits stellen sich dar als Ergebnisse gewisser Lebensverläufe, die bestimmbar sind.

3. Einführende Beobachtungen

Die Mutter tritt an die Wiege ihres wenige Tage alten Sohnes und beugt sich über ihn. Hansel regt sich und öffnet seinen Mund. Die Mutter lächelt, weil sie weiß, daß er hungrig seiner Fütterung entgegensieht. »Sieh nur, wie er schon weiß, daß er jetzt gleich gefüttert wird«, sagt die Mutter zu ihrem Mann. »Unsinn, noch gar nichts weiß er«, erwidert dieser überlegen. »Aber warum öffnet er den Mund, wenn ich zum Füttern komme?« sagt die Mutter beharrlich. »Ach, das hat nichts zu bedeuten«, antwortet ihr Mann. Aber er irrt sich. Es hat etwas zu bedeuten. Natürlich bedeutet es nicht, daß Hansel »weiß«, jetzt wird er gefüttert. Aber wenn er es auch nicht im eigentlichen Sinne »weiß«, so ist ihm doch die Tatsache der kommenden Fütterung irgendwie in seinem System »vorgegeben«.

Vorgegeben, was soll damit gemeint sein? Es gehört wohl zu den am schwersten zu verstehenden Tatsachen des Lebens, daß die Lebewesen über gewisse die Zukunft vorwegnehmende Erfahrungen verfügen. Wie aber können sie diese haben in Stadien und auf Stufen der Lebensentwicklung, in denen es ein intellektuelles Wissen noch gar nicht gibt?

Wir sind zwar nicht imstande, genau zu erklären, wie die Dinge vor sich gehen, können aber doch folgendes sagen: Die Lebewesen sind so organisiert, daß sie auf bestimmte in der Zukunft liegende Ereignisse hin »angelegt« sind – »angelegt« in dem Sinn, daß der gesamte psychophysische Apparat sich in seinem Funktionieren auf bestimmte Erfahrungen gleichsam vorbereitet. So bereitet das Neugeborene, das Saugbewegungen macht, sich auf die ankommende Nahrung vor, das auf das Hören vorbereitete Ohr auf Töne oder Geräusche, die geöffneten Augen auf Licht und Farben.

Aber was kommt zuerst? Diese gerichteten Verhaltensweisen des neuen Lebewesens? Oder aber die Reize von der Außenwelt her, wie die in den Mund getröpfelte Nahrung, die auf das Ohr treffenden Geräusche, das die Augen füllende Licht?

Die heute geltende Theorie besagt, daß das beginnende Leben jedes neuen Individuums sich sofort in *Aktivität* bekundet, das heißt in Prozessen, durch die das Individuum mit Prozessen der Umwelt in Wechselbeziehung gerät. In diesem Austausch, der beim Menschen bereits im Mutterleib beginnt, bekommt das neue Lebewesen so günstig wie nur möglich alles, was es braucht, während es gleichzeitig seinerseits einen Einfluß auf den Mutterleib und auf die Mutter ausübt.

Aufgrund der Tatsache, daß der Mensch von Beginn seines Lebens an auf gewisse Wechselwirkungen mit der Umgebung angelegt ist, können wir von einer »Vorwegnahme«, einer »Erwartung« des Kommenden sprechen. Diese »Erwartung« beginnt sich in biologischen Vorgängen zu bekunden und macht sich dann erst nach und nach auch psychologisch geltend. Ihre erste, zunächst unbewußte, später auch bewußte Ausdrucksform ist das Erlebnis dessen, was man *Drang* oder *Trieb* nennt. Im Drang oder Trieb sind die ersten wichtigsten Lebenserwartungen gegeben. Und je mehr das Heranwachsende sich seines »dunklen Dranges« bewußt wird – wie der Dichter sagt –, desto deutlicher werden ihm seine fundamentalen Lebenserwartungen.

Nicht alle Lebenserwartungen beginnen jedoch als psychophysischer Drang. Entsprechend der Entwicklung der Persönlichkeit, deren Zielsetzungen mehr durch Intellekt, Gefühle und Willen bestimmt werden als durch Triebe, entwickeln sich die *Lebenserwartungen*. Die Erfüllungen, die dem voll entwickelten Menschen vorschweben und die er als »Glück«, als »Sicherheit«, als »Erfolg«, als »inneren Frieden« oder anderes mehr bezeichnet, sind die Antworten auf sehr komplizierte Arten von Lebenserwartungen. In ihnen kommt mehr zum Ausdruck als die Wünsche und Strebungen des Individuums selbst. Damit gelangen wir zu einem neuen Punkt.

Wie alle Menschen von Anfang an gewisse Bedürfnisse haben, so machen sie auch gleichzeitig ununterbrochen *Erfahrungen*. Diese Erfahrungen, die günstig oder ungünstig sein können, werden in verschiedenster Weise mitbestimmend für die Zukunftserwartungen. So mag ein Kind, das in großer Armut heranwächst, nichts anderes erwarten, als daß es immer so sein wird, während ein anderes Kind unter den gleichen Umständen schon früh den Entschluß fassen mag, daß es sich zu einem besseren Leben verhelfen wird.

Ein Beispiel ist der achtjährige Martin, dessen geschiedene, arme und ziemlich untüchtige Mutter ihm von früh an einhämmert, daß es seine Pflicht ist, sie und sich selbst eines Tages aus dieser Armut und Lebensunsicherheit herauszureißen.

Martin »erwartet« von sich selbst, daß ihm das eines Tages gelingen muß und gelingen wird, womit er eine schwere Last von Verpflichtungen in seine Lebensziele und Lebenserwartungen aufnimmt. Martin ist ein sehr pflichtbewußter, gehorsamer Knabe, der die Wünsche und Bedürfnisse anderer immer über seine eigenen stellt und infolge dieser zu großen Unterwürfigkeit seine eigene Glückserfüllung im Leben vernachlässigt. Über diese Einseitigkeiten werden wir später noch sprechen.

Umgekehrt ist David, dessen gleichfalls geschiedene und arme Mutter ihm seine zukünftigen Verpflichtungen vorhält, schon früh entschlossen, sich nicht um ihre Wünsche und Probleme zu kümmern. Er selbst wird, so weiß er, eine erfolgreiche Karriere einschlagen; er ist aber nicht der Ansicht, daß er seiner Mutter Dank oder Hilfe schuldet, weil er sich nicht von ihr geliebt und nicht um seiner selbst willen geschätzt fühlt.

Die Beispiele sollen zeigen, daß, was immer die ursprüngliche *Anlage* zu mehr oder weniger bestimmten Erwartungen sein mag, ihr von Anfang an *Erfahrungen* entgegentreten, in denen sich äußere Einflüsse geltend machen. Die sodann sich ergebenden *Erwartungen* und die durch sie bedingten *Zielsetzungen* sind bereits ein komplexes Resultat einer Reihe von Vorgängen. Erstens hat das Kind gewisse Dispositionen im Hinblick auf seine Erwartungen. Dann hat es zweitens Erfahrungen, durch die es in bestimmte Richtungen gedrängt wird. Schließlich drittens verarbeitet es beides, Dispositionen und Erfahrungen, und je nach der Art, wie es sie versteht und wie es sich zu ihnen stellt, hat es dann mehr oder weniger modifizierte Erwartungen und Hoffnungen.

Dieser Vorgang der *Umbestimmung vorangegangener Erwartungen durch neue Erfahrungen* findet durch unser ganzes Leben hindurch kontinuierlich statt. Hierbei verhalten sich die Menschen individuell sehr verschieden: Einige sind elastisch genug, sich unter dem Eindruck neuer Gegebenheiten umzustellen. Andere sind starr oder rigid, wie man das nennt, und es ist ihnen unmöglich, ihre Lebensansprüche abzuändern.

Wie solche Verläufe im einzelnen aussehen, wird uns von nun an beschäftigen.

I   Anfänge von Lebenserwartungen

1. Das erste Lebensjahr

Schon im ersten Lebensjahr bilden sich individuell verschiedene Lebenserwartungen heraus. Wir wissen hierüber unerwartet viel aus Beobachtungsstudien an Kindern sowie aus Rückblicken von Patienten in der Psychotherapie.

Wie bereits erwähnt, benehmen sich Säuglinge in der Fütterungssituation von Anfang an so, als wüßten sie, daß sie die Nahrung erwarten können. Sie öffnen den Mund und machen Saugbewegungen. In wenigen Tagen und Wochen lernen sie viele andere Bewegungen, mit denen sie sich zweckmäßig auf die kommende Fütterung vorbereiten: Sie wenden den Kopf in die Richtung der sich nähernden Mutter, sie vermeiden es, den Mund mit den Händen zu verdecken, wie es anfangs bei dem zappelnden Baby unversehens vorkommt. Sie schmiegen sich an die Mutter, die sie in den Arm nimmt.

Andere sich auf die Umweltreize einstellende Verhaltensweisen sind das Lauschen, das Umherschauen und, von etwa drei Monaten an, das Greifen. Gespannt und erwartungsvoll streckt das Dreimonatige seinen Arm aus, um die Klapper zu erhaschen, die über der Wiege hängt, und mit Interesse betastet es sie, wenn es sie hat. Das Vier- bis Fünfmonatige lächelt der herannahenden Mutter entgegen, deren Schritte oder Stimme es hört, bevor es sie sieht.

Aber warum, so mag ein nachdenklicher Leser einwenden, sprechen wir hier von Erwartungen? Ist es nicht so, daß erst die Umgebung mit der Nahrung, mit den Sinnesreizen, mit der menschlichen Anteilnahme an das Baby herantritt und dieses dann als Reaktion vom Kind mit mehr oder weniger Interesse aufgenommen wird?

Ja und nein. Natürlich muß die Umwelt dem Kind Gelegenheiten zu seiner Betätigung bieten. Wir haben bereits in der Einführung betont, daß von allem Anfang an eine Wechselwirkung zwischen Individuum und Umwelt und damit eine gegenseitige Beeinflussung stattfindet. Jedoch gibt es auch Beweise dafür, daß das Neugeborene einer einigermaßen adäquaten Umwelt bedarf und infolge dieses Bedürfnisses sie sozusagen erwartet.

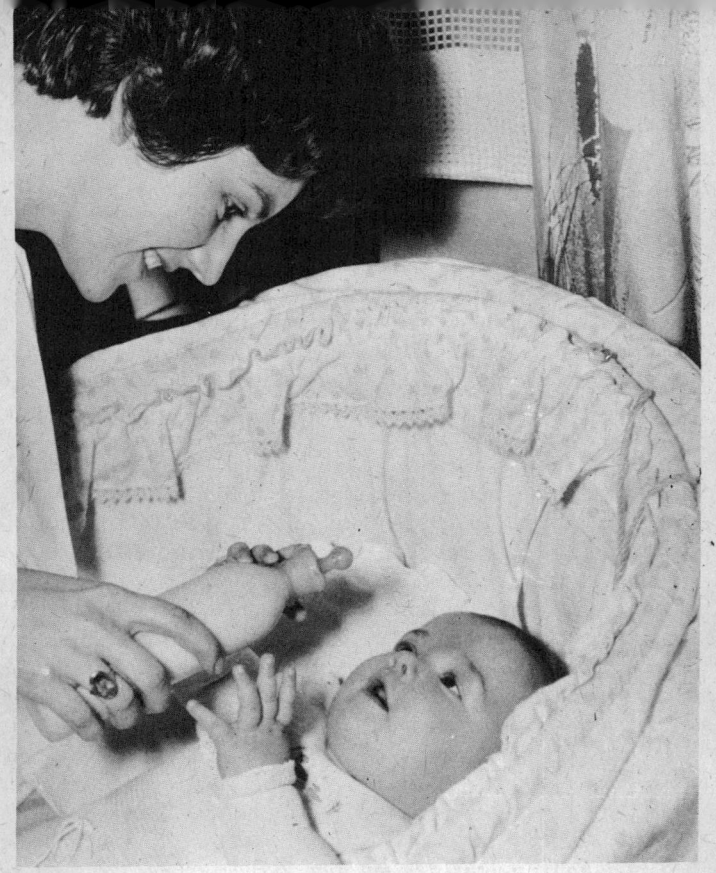

3 Wechselwirkung zwischen Mutter und Kind: Die vom Säugling erwartete Bedürfnisbefriedigung findet liebevolle Erfüllung

Die Beweise sind zwar indirekt, aber bündig. Sie stammen aus zwei ganz verschiedenen Forschungszweigen.

Erstens hat man zeigen können, daß Säuglinge krank werden und verfallen, wenn ihre Grundbedürfnisse nicht befriedigt werden, und zwar nicht nur physische Bedürfnisse, sondern in entscheidender Weise auch emotionale, das heißt Gefühlsbedürfnisse.

Aufgrund von Beobachtungen, die von Hetzer und Durfee in Wien begonnen und später von Spitz und Wolf in New York fortgesetzt und ausgebaut wurden, ergab sich folgende wichtige Tatsache: Säuglinge, die ohne eine fürsorgende Mutter oder deren

Stellvertreterin lieblos aufgezogen werden, zeigen vom fünften Lebensmonat an bereits Rückstände in der seelischen Entwicklung. In Babytests nämlich, mit denen man die Entwicklung von ganz jungen Kindern prüfen kann, bleiben ihre Leistungen, das heißt ihre Spiele und Verhaltensweisen, hinter denen anderer Gleichaltriger zurück.

Schlimmer noch: Babys, die in solchen Anstalten aufgezogen werden, wo man sie zwar füttert und sauberhält, sich aber sonst nicht um sie kümmert, entwickeln vom achten Lebensmonat an Depressionen, die später kaum zu beheben sind.

Einen zweiten indirekten Beweis liefern psychiatrische Erfahrungen. In Fällen, in denen es gelingt, etwa mit Hilfe von Hypnose eine Person in die früheste Kindheit zurückzuversetzen, erhalten wir manchmal unerwartete Auskünfte über sehr frühe Erlebnisse. Ein Beispiel bietet der Fall von Luise:

Luise, *in der Mitte der Dreißig, war in psychotherapeutischer Behandlung. Lange bemühte sie sich vergebens, eine klare Vorstellung von der frühesten Beziehung ihrer Mutter zu ihr ins Gedächtnis zu rufen. In dem vorgeschrittenen Therapiestadium, in dem sie sich befand, lag ihr viel daran, die Realität unverzerrt zu sehen. Schließlich gelang es ihr unter Hypnose, drei Situationen wiederzuerleben, von denen wir später feststellten, daß sie auf ihren zehnten Lebensmonat anzusetzen waren.*

Als erstes erlebte sie sich als auf dem Küchenboden sitzend, während sie die Arme nach ihrer Mutter ausstreckte, die, wie es schien, weit entfernt am Herd stand und ihr keine Beachtung schenkte. Da die Küche in Wirklichkeit sehr klein gewesen war, bedeutet das Erlebnis der »weiten Ferne« sowie der scheinbar hoch über ihr befindlichen Küchenregale, die sie dann ebenfalls sah, daß sie selbst damals offenbar noch sehr jung gewesen ist.

In der zweiten Szene erlebte Luise sich als in einem vergitterten Kinderbett auf und ab hüpfend, wobei sie, wie sie es erneut fühlte, ebenso sehnsüchtig wie vergeblich auf das Erscheinen der Mutter hoffte. Sie fühlte sich allein und verlassen. Der Raum schien dunkel, und sie sah einen Vorhang neben dem Bett. In der Tat hatte Luise während ihrer ersten zwei Lebensjahre in einer fensterlosen Kammer geschlafen und war dort viel allein gelassen worden.

In einer dritten Szene schließlich erlebte sie sich im Arm ihrer Mutter, die mit einer anderen Frau sprach und ihr wiederum keine Beachtung schenkte, obwohl das Kind sie wiederholt am Ärmel zupfte, um ihre Aufmerksamkeit zu erregen.

Alle drei Erinnerungen lösten ein tiefes Gefühl von Verlassenheit aus, so daß Luise bei ihrem Bericht in Tränen ausbrach, weil sie die mangelnde Zuwendung und Zärtlichkeit der überarbeiteten, mit Sorgen beladenen Mutter wiedererlebte.

Luise war eine Patientin, die unter schweren Depressionen litt. In der Therapie konnten diese auf das Gefühl der Verlassenheit und die Freudlosigkeit ihres frühen Kinderlebens zurückgeführt werden.

Allgemein gesagt, bedarf das Kind in den ersten drei Lebensjahren liebevoller persönlicher Anteilnahme einer Pflegeperson, um sich seelisch gesund zu entwickeln. Das heißt mit anderen Worten, daß die *Erwartung persönlicher Beziehungen* in ihm angelegt und daß die Befriedigung dieses Bedürfnisses für sein Wohlbefinden ebenso wichtig ist wie die des Bedürfnisses nach Nahrung, Schlaf, Spiel, frischer Luft und anderem mehr.

2. Arten von Erwartungen

Der Erwachsene, der sich fragt, was für Erwartungen er hat, wird nach einigem Nachdenken eine große Anzahl von ihnen angeben können. Wenn er versucht, sie einzuteilen, so findet er beispielsweise solche, die sich auf die nächste Zukunft beziehen, aber auch andere, deren Erfüllung in der ferneren Zukunft erhofft wird. Er findet solche, deren Eintreffen er mit Sicherheit vorauszusagen vermag, und andere, mit denen er nicht so sicher rechnen kann. Er findet, daß er in der Erwartung angenehme sowie unangenehme Ereignisse unterschiedlichster Art vorausnimmt.

So mag ein Angestellter, Karl Müller, am Morgen, wenn er sich in sein Büro begibt, voraussehen, daß sein Chef wahrscheinlich nervös und schwierig sein wird, weil das Unternehmen vor neuen, nicht leicht zu lösenden Aufgaben steht. Herr Müller erwartet also, daß der Chef in gereizter Stimmung ist. Er selbst aber hat eine neue Idee, durch die er den Problemen eine günstige Wendung geben zu können glaubt. Deshalb erwartet er eine Verbesserung der Situation, anerkennende Worte des Chefs und für sich selbst innere Befriedigung über sein Verhalten.

Weiterhin erwartet er sich einen angenehmeren Verlauf des Tages und eine erleichterte Stimmung bei der abendlichen Heimkehr.

Noch weiter vorausblickend, hofft er in einigen Tagen eine sichere Auskunft über den ihm zustehenden Urlaub zu bekommen, und erwartungsvoll sieht er der Ferienreise in die Berge entgegen.

Wenn wir diese Abfolge von Erwartungen theoretisch durchdenken, so finden wir, daß Herrn Müllers Erwartungen sich auf eine Reihe verschiedenartiger Vorgänge beziehen. Erstens haben sie mit Stimmungen und Gefühlen zu tun. Er fürchtet Unangenehmes, und es ist sein dringendes Bedürfnis, eine gute Stimmung herzustellen. Später treten noch andere Bedürfnisse in Erscheinung, wie das nach einer angenehmen Heimkehr und nach baldigen Ferien. Alle diese Erwartungen haben mit *Bedürfnisbefriedigungen* zu tun.

Eine zweite Art von Erwartungen und Befürchtungen bezieht sich auf andere Probleme der gegenwärtigen Situation, nämlich auf die Lösung der schwierigen Aufgabe, vor der die Firma steht. Hier kommt es auf zweierlei an.

Einerseits hofft Herr Müller, sich durch seine Idee als besonders nützlich zu erweisen und damit auch die Beziehung zu seinem Chef günstig zu beeinflussen. Das heißt, er paßt sich in die Situation ein und zugleich an die Stimmungen seines Chefs an.

Andererseits gelingt es ihm offenbar, einen schöpferischen Beitrag zur Lösung der bestehenden Schwierigkeiten zu leisten, was an und für sich befriedigend ist.

Beides, die Fähigkeit und Tendenz zu *selbstbeschränkender Anpassung* und die zu *schöpferischer Expansion*, wie wir das nennen, sind mitbestimmend für die Zielsetzungen eines Individuums. Und ihr Gelingen wird als erfüllend erlebt.

Schließlich hat Herr Müller auch die Genugtuung des Gefühls, richtig gehandelt zu haben, das heißt, sein Gewissen ist befriedigt über sein Verhalten. Wie unsere Untersuchungen gezeigt haben, trägt solche Gewissensbefriedigung zu dem Gefühl *innerer Ordnung*, wie wir das nannten, bei.

Die vier eben genannten Tendenzen, nämlich die zu persönlicher *Bedürfnisbefriedigung, selbstbeschränkender Anpassung, schöpferischer Expansion und zur Aufrechterhaltung der inneren Ordnung*, sind von grundlegender Bedeutung und bei allen Menschen in individuell verschiedenem Grade vorhanden und wirksam.

Schon bei ganz kleinen Kindern können wir die Wirksamkeit dieser Tendenzen und der aus ihnen resultierenden Erwartungen von Befriedigungserlebnissen in diesen Richtungen nachweisen.

Am Anfang, beim Neugeborenen, spielt Bedürfnisbefriedigung die entscheidende Rolle. In der Willigkeit oder Unwilligkeit, mit der das Baby die von der Mutter angesetzte tägliche Routine von Fütterung, Säuberung, Schlafperioden und dergleichen annimmt, zeigt sich von früh an seine Anpassungsfähigkeit. »Schon in wenigen Wochen«, so hörte ich Experten sagen, »entscheidet es sich, wer die Situation beherrscht, die Mutter oder das Kind.« Beiden sind diese Vorgänge unbewußt. Jedoch ist schon beim etwa Dreimonatigen eine unterschiedliche Mutter-Kind-Beziehung beobachtbar, etwa im Falle desjenigen Kindes, das »weiß«, wie es durch Schreien stets seine Mutter und ihre Fürsorge herbeirufen kann, und eines anderen Kindes, das selten schreit und »gelernt« hat, auf die Mutter zu warten. Dieses zweite Kind verhält sich weit mehr anpassend als das erste.

Hierbei gibt es verschiedene Grade der Anpassung, so wie es verschiedene Grade der mütterlichen Nachgiebigkeit oder Strenge gibt. Und es kann natürlich auch so sein, daß an ein Baby viel zu hohe Ansprüche hinsichtlich seiner Anpassungsfähigkeit gestellt werden.

Schon hier, in diesem frühesten Stadium, werden gewisse *Verhaltensstrukturen*, wie man das nennt, relativ festgelegt. Das heißt, das Kind erwartet die Wiederholung bestimmter Wechselbeziehungen zur Umwelt und stellt sich auf sie ein. So »erwartet« das eine Kind stets Nachgiebigkeit – und das bedeutet, daß der Ausdruck seiner Bedürfnisse stets erfolgreich ist; das andere »erwartet« Unnachgiebigkeit, die seine Bedürfnisbefriedigung frustriert und zur Abänderung seines Verhaltens zwingt.

Schöpferische Expansion gibt sich von früh an in Spieltätigkeiten des Kindes kund. Das »Interesse«, mit dem es nach der Klapper und später nach anderem Spielzeug greift, die Mannigfaltigkeit der Bewegungen, mit denen es sie behandelt, sind die Vorstufen der bauenden, malenden und sonstigen konstruktiven Tätigkeiten des Vorschulkindes, in denen sich Phantasie und Gestaltungsfähigkeit kundgeben.

Die Tendenz zu innerer Ordnung ist etwas schwieriger zu verstehen. Sie hat damit zu tun, daß unser inneres Leben durch gewisse Prinzipien geregelt wird. Ein erstes, noch völlig unbewußtes Ordnungsprinzip ist zum Beispiel die Bemeisterung einer Anzahl von Bewegungen, die in einer gewissen Ordnung erfolgen müssen, um einen Gegenstand ergreifen oder mit ihm etwas unternehmen zu können. Ein zweites, ebenfalls frühes Ordnungsprinzip ist die Wahl aufgrund irgendeiner Art von Bevorzugung. So ist ein Sechsmonatiges, dem man zwei Spielzeuge hinhält, noch nicht fähig, sich wählend für eines zu entscheiden. Es greift nach beiden oder ergreift das ihm nächstliegende. Ein Acht- bis Zehnmonatiges dagegen kann bereits vergleichend nach rechts und links blicken, bevor es einen Gegenstand wählt und ergreift.

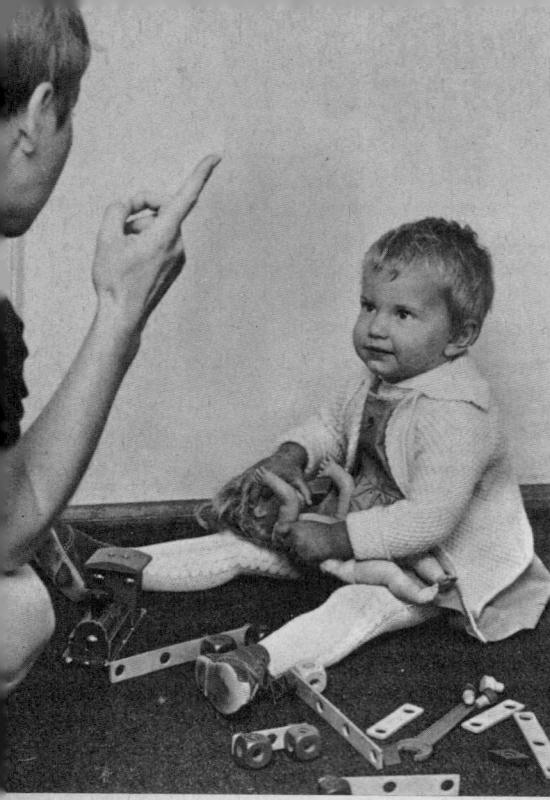

4 Beim zweijähri-
gen Kind regt sich
das Gewissen, wenn
es ein Spielzeug
entgegen dem Gebot
der Mutter nimmt

Ein Zweijähriges, vor das man ein lockendes neues Spielzeug hin-
stellt, jedoch mit dem Gebot, es nicht anzurühren, mag sich folgen-
dermaßen verhalten: Es sitzt bewegungslos da, wobei seine Augen
zwischen dem Spielzeug und dem Erwachsenen hin und her wan-
dern. Im gleichen Moment, in dem der Erwachsene sich wegdreht,
ergreift das Kind das Spielzeug. Wenn nun der Erwachsene sich
zurückwendet, sitzt das Kind errötend und in der Bewegung inne-
haltend da und starrt auf den Verbietenden. Sein »Gewissen«, wie
wir das nennen, sagt dem Kinde dieser Altersstufe bereits, daß
es etwas Verbotenes tut. Das heißt, es hat »Gehorsam« als ein
ordnendes Prinzip gelernt, dem es sich mehr oder weniger willig
unterwirft.

Ein bereits vorgeschrittenes ordnendes Prinzip ist die Aufgaben-
erfüllung. Diese ist als besonders reif zu betrachten, wenn es sich
um selbstauferlegte Aufgaben handelt. Wenn ein Fünfjähriger
der ihn zum Essen rufenden Mutter antwortet: »Ich muß schnell

erst meinen Turm fertigbauen«, so kann hier unter Umständen ein echtes Aufgabebewußtsein obwalten. Hierhin gehört dann auch jede Art von Pflichterfüllung, die für viele allem anderen vorangeht.

Ordnungsprinzipien sind besonders eng mit der *Lebenserfüllung* verbunden: Viele Lebensverfehlungen sind die Folge davon, daß Menschen keine innere Ordnung haben, daß sie nicht genau wissen, was sie wollen, an was sie wirklich glauben und welchen Lebensweg sie wählen sollen. So wird ihre Erwartung auf Lebenserfüllung enttäuscht.

3. *Erwartungen und Zielsetzungen*

Im Vorangehenden wurde der enge Zusammenhang von Erwartungen und Zielsetzungen bereits deutlich. Hiermit wollen wir uns nun näher befassen.

Gewisse Erwartungen sind, wie wir bereits sagten, im Individuum angelegt. Ohne sich dessen bewußt zu sein, »erwartet« das neue Lebewesen, daß es die zu seiner Erhaltung benötigten Lebensmittel, Hilfen, Betätigungsmöglichkeiten draußen in der Welt vorfindet. In seiner Anlage ist die Vorwegnahme einer »positiven Realität«, wie ich das nannte, mitgegeben, das heißt, es wird eine Welt erwartet, in der man bekommt, was man braucht. Dementsprechend ist es von Anfang an zielstrebig auf alle die Dinge gerichtet, die es »braucht«.

Dies bedeutet aber bekanntlich nicht, daß es sie notwendigerweise auch bekommt: Das sensible Baby, das eine sanfte, gütige Pflegerin »erwartet«, kann unter Umständen eine harte oder gleichgültige Mutter haben, die es von Anfang an seelisch schädigt. Zum Beispiel wurde in einer der Kinderanstalten, in denen die früher erwähnten Säuglinge beobachtet wurden, von den überarbeiteten Pflegeschwestern das Füttern so vorgenommen, daß in größter Eile einem Kinde die Flasche in den Mund gesteckt wurde, während es in seiner Wiege lag, ohne daß die Pflegerin sich die Zeit nahm, das Kind aufzunehmen, ihm zuzusprechen oder es anderweitig auf das Kommende vorzubereiten. Als später die Beobachterin mit dem Füttern dieser Babys experimentierte, fand sie, daß alle diese Kinder jedesmal, wenn sie sich mit der Flasche herunterbeugte, erschreckt blinzelten und mehr Angst als angenehme Gefühle verrieten. Wie nachteilig muß es für die Entwicklung eines Kindes sein, wenn es seine Fütterungen mit Angst erwartet statt mit der

Lust, die das liebevoll behandelte Baby auf dieselbe Situation mit Lächeln reagieren läßt!

Wie tiefwurzelnd bestimmte Erwartungen und die sich aus ihnen ergebenden Bedürfnisse und Zielsetzungen sind, zeigt folgendes Beispiel:

Jeffry, ein etwa dreißigjähriger Mann, begab sich wegen seiner emotionalen Störungen in psychotherapeutische Behandlung. Seine Probleme waren gelegentliches Stottern und gelegentliches Asthma sowie Feindseligkeitserlebnisse beim Umgang mit Menschen. Jeffry war ein begabter Lehrer, glücklich verheiratet, jedoch wegen seiner Probleme beruflich nicht so erfolgreich, wie er es von sich erwartet hatte, da er sich oft mit Leuten verfeindete.

Jeffry war einer jener Fälle, deren Probleme unzweideutig auf die frühen Beziehungen zu seinen Eltern zurückgehen. Er hatte einen Vater gehabt, der für seine Familie keine Zeit hatte, und eine Mutter, die Kleinkinder zugestandenermaßen nicht leiden konnte; sie fand sie mühselig und anspruchsvoll, und besonders dieser kränkliche, viel schreiende und weinende Knabe fiel ihr auf die Nerven, er war ihr lästig und abstoßend. Das Kind litt sehr unter der Ablehnung durch die Mutter. Als Erwachsener erinnerte er sich unter Tränen, wie er sich nach mütterlicher Liebe sehnte. »Ich will meine Mami, ich will meine Mami«, schluchzte er in der Hypnose. Er erinnerte sich, als Fünfjähriger gejammert zu haben: »Sie wollen, daß ich tot bin.« Auch sagte er zu sich selber: »Niemand liebt mich, ich will niemand mehr.«

Er hatte zu dieser Zeit mehrmals einen Traum, an den er sich deutlich erinnerte: Er kletterte auf eine Leiter. Als er oben ankam, war es neblig um ihn herum, und er sah nichts. Plötzlich stieß ihn jemand herunter. Er fühlte, es war seine Mutter.

Kurz darauf beschloß Jeffry, sich im Kindergarten absolut um niemanden mehr zu kümmern, von nun an immer allein zu bleiben und sich ganz auf sich selber zu stellen. Auf diese Weise kam es zu feindseligen Beziehungen zwischen ihm und anderen Kindern.

Dieser Fall ist besonders geeignet, uns den Zusammenhang von Erwartungen und Zielsetzungen aufzuhellen und die schwerwiegenden Folgen zu zeigen, die entstehen, wenn die Erfüllung grundlegender Bedürfnisse versagt wird.

Das Erwarten von Mutterliebe, das Bedürfnis nach ihr und die Zielrichtung auf die Mutterliebe hin erweisen sich hier als so tief eingewurzelt, daß selbst der Dreißigjährige sich in dem Verlangen nach Erfüllung dieses Bedürfnisses geradezu verzehrt, obwohl er weiß, wie vergebens sein Sehnen ist.

Der Zusammenhang, den wir mit diesem Beispiel illustrieren wollen, ist der, daß *eine im Individuum angelegte Erwartung sich in Bedürfnisse umsetzt, aus denen wiederum Zielsetzungen hervorgehen.* Dieser einfachste Fall ist jedoch nur einer der möglichen.

Wie wir in den vorangehenden Abschnitten zeigten, werden Erwartungen durch Erfahrungen umgeformt. So mag eines der Babys, die von ihrer Mutter nicht geliebt werden, allmählich lernen, daß seine Erwartung keine Erfüllung findet. Es muß sein Bedürfnis unterdrücken oder verändern. Diese Abänderung kann in verschiedener Richtung erfolgen. So mag in einem der von der Mutter lieblos behandelten Kinder das frustrierte Liebesbedürfnis sich in ein Bedürfnis nach feindseligen Reaktionen gegenüber der Mutter umwandeln, oder ein anderes Kind mag, wenn es zurückgewiesen wird, in Apathie oder Depression verfallen oder aber auch die Liebe bei anderen zu finden trachten.

Die Erwartung von Liebe, das Bedürfnis nach Liebe und das von der Liebe erwartete Glück berühren selbstverständlich nur eines der vielen Lebensgebiete, auf denen wir Erwartungen und Bedürfnisse haben, die alle durch bestimmte Erfahrungen in jeweils verschiedener Weise beeinflußt und verändert werden. Wahrscheinlich stellt aber das Sehnen nach Liebe die tiefste vom Menschen erstrebte Bedürfnisbefriedigung dar.

Jedoch sind auch andere Befriedigungen von grundlegender Bedeutung. So zielt jede der von uns erwähnten vier Grundtendenzen (Seite 18) auf ganz spezifische Befriedigungen ab. Die Einstellung auf *Anpassung,* mit der ein Individuum sich freiwillig oder gezwungenermaßen Einschränkungen auferlegt, zielt darauf ab, sich gegebener Umstände nutzbringend zu bedienen, und zwar im Sinne der eigenen Lebenserhaltung sowie der Dazugehörigkeit zur Umwelt: Der sich Anpassende will akzeptiert sein und will dadurch, daß er beliebt und anerkannt ist, sich einen Platz in der Gesellschaft sichern. Hierbei mag ihm vor allem die dadurch gewonnene Sicherheit als erstrebenswertes Ziel vorschweben oder aber die Tatsache des Dazugehörens, des Eingepaßtseins als solchen.

Ein gutes Beispiel eines Falles, in dem der Wunsch, anerkannt zu sein, zum Hauptlebensziel wurde, ist Otto. *Otto war ein Vertreter Ende der Zwanzig, als er in die Psychotherapie kam. Der Grund hierfür war, daß er an außergewöhnlicher Überempfindlichkeit litt und unfähig war, sich über Kränkungen hinwegzusetzen, wenn Vorgesetzte oder Kunden ihn oder die Waren, die er vorführte, in irgendeiner Form ablehnten oder kritisierten. Dies erregte ihn* so sehr, daß er zu trinken begann und im Alkohol seine Entmutigung zu vergessen suchte.

Otto war der älteste Sohn von Eltern, die beide ganz außerordentliche Ansprüche an ihn stellten. Der Vater hoffte, sein Sohn werde seinen eigenen unerfüllten Zukunftstraum in die Wirklichkeit umsetzen und Ingenieur werden. Die Mutter ihrerseits hatte einen starken gesellschaftlichen Ehrgeiz und hoffte, ihren Sohn in jene Schicht aufsteigen zu sehen, zu der ihr selbst der Zugang versagt geblieben war.

Otto war ein überaus fügsames Kind. Nie kam es ihm in den Sinn, sich gegen die ehrgeizigen Ziele seiner Eltern und gegen ihre Ansprüche an seinen Lerneifer und sein gutes Benehmen zur Wehr zu setzen. Alles, was er je wollte, war, es ihnen recht zu machen und ihren Beifall zu erhalten.

Er war daher schon ein erstes Mal nahe dem Zusammenbruch, als sich herausstellte, daß er für eine wissenschaftliche Ausbildung nicht über die geeignete Begabung verfügte und sich auf eine kaufmännische Laufbahn umstellen mußte. Diese gab ihm vorläufig keine Gelegenheit, den gesellschaftlichen Ehrgeiz seiner Mutter zu befriedigen. Und abgesehen von diesen Enttäuschungen, die er seinen Eltern bereiten mußte, empfand Otto es als demütigend, daß er im Geschäftsleben sich nach so vielen Richtungen hin dem Urteil und der Kritik anderer aussetzen mußte.

Was diesem Mann, wie schon dem Knaben, weit wichtiger war als alles andere, war der Wunsch nach Anerkennung durch seine Umgebung. Nie fiel es ihm ein, aufzubegehren und sich zu fragen, in welcher Richtung seine eigenen Betätigungswünsche und Interessen lagen. Und nie untersuchte er die Frage, warum die Anerkennung anderer für ihn die wichtigste Lebensbefriedigung war.

Wenn wir, wie wir das in der Therapie taten, dieser Frage nachgehen, so werden zwei Dinge offenkundig. Einerseits muß in diesem Knaben, der schon als Baby bei seinen Spielen ununterbrochen das Gutheißen seiner Mutter erstrebte, das Bedürfnis nach Anerkennung alle anderen überwogen haben. Anerkennung, so sagte Otto denn auch in der Therapie, bedeute für ihn tatsächlich die einzige Lebenssicherheit.

Andererseits wuchs gerade dieses Kind unter der Obhut von ungewöhnlich ehrgeizigen und anspruchsvollen Eltern heran, die mit ihren Ermahnungen und durch ihre strenge Disziplin Otto nie vergessen ließen, was sie von ihm erwarteten.

So wirken hier offenbar die *Ich-Schwäche* des Knaben, wie man das nennt, und die *Ich-Stärke* der Eltern dahin gehend zusammen, daß Anpassung und Anerkennung sich als entscheidende Zielsetzungen herausbilden und daß alle Lebenserwartungen sich auf den Erfolg dieser Einstellungen richten.

Die Bedürfnisbefriedigung durch *schöpferische Expansion* ist das Ziel einer völlig anderen Lebensorientierung. Schöpferisch expansive Menschen sind nicht in erster Linie und manchmal gar nicht auf Sicherheit eingestellt, und auch das Dazugehören ist ihnen nicht in erster Linie wichtig. Was sie erstreben, ist *Gelingen* vermittels schöpferischer Leistungen, wobei das *Problemlösen* ihnen oft ebenso interessant ist wie das schließlich sich ergebende Resultat.

Die frühzeitig sich heranbildenden Unterschiede zwischen dieser und der auf Anpassung gerichteten Lebensorientierung wurden besonders deutlich in einer Untersuchung an Oberschülern einer Privatschule in Chicago. In diesen von Getzels und Jackson durchgeführten, sehr sorgfältigen Studien zeigte sich, wie sich die Ziele der besonders schöpferisch begabten Kinder von denen außerordentlich intelligenter, aber nicht schöpferisch begabter unterschieden.

Als schöpferisch begabt wurden diejenigen Schüler bezeichnet, die bei der Lösung von Aufgaben und Problemen verschiedenster Art stets originelle Ideen hatten und sich gern mit schwierigen, eigenes Nachdenken verlangenden Aufgaben beschäftigten.

Mit ihnen wurden jene Lerntypen verglichen, die zwar über eine hohe Intelligenz und ein erstrangiges Gedächtnis verfügten, die jedoch niemals eigene Ideen oder Methoden zur Anwendung brachten.

Als die Lebensziele dieser beiden Gruppen von Jugendlichen untersucht wurden, zeigte sich, daß diejenigen, die das ihnen dargebotene Lernmaterial stets getreulich reproduzierten, sich ebenso willig der Führung ihrer Eltern und Lehrer unterwarfen. Das heißt, sie machten sich die Lehren und Ideen ihrer Eltern und Lehrer zu eigen, folgten ihrem Vorbild und ließen sich bezüglich ihrer zukünftigen Laufbahn in vorgeschriebene, geebnete Wege lenken.

Die schöpferisch Begabten dagegen folgten nicht ohne weiteres den ihnen gebotenen Beispielen und Ratschlägen, sondern gingen gleichsam auf Abenteuer aus, wobei ihre Zukunftspläne oft ebenso unbestimmt wie eigenwillig waren. Ihnen kam es darauf an, sich schöpferisch zu betätigen, während die andere Gruppe sich den Erfolg durch selbstbeschränkende Anpassung sichern wollte.

Übrigens darf die Zielunbestimmtheit des Schöpferischen nicht etwa mit der des Ziellosen verwechselt werden. Dieser heute in der Jugend so häufige Typ besteht aus Menschen mit verworrenen Erwartungen und Lebenszielen; wir werden noch auf ihn zu sprechen kommen. Der Schöpferische hingegen hat durchaus seine Zielvorstellungen, in die allerdings mehr unbekannte Faktoren eingehen als in die der sich Anpassenden.

Für die von Getzels und Jackson untersuchten Kinder stellte sich heraus, daß sie im großen und ganzen aus Familien stammten, in denen ihre Eigenart verstanden und gutgeheißen wurde. Die Lerntypen hatten Eltern, denen viel an einer konventionellen, gesicherten Karriere ihrer Kinder lag und die ebenso wie ihre Töchter und Söhne viel Wert auf gute Beziehungen und auf gesellschaftliche Anerkennung legten. Die Eltern der schöpferisch begabten Kinder dagegen schienen mehr geneigt, ihre Kinder sich individuell entwickeln zu lassen und ihnen freizustellen, das Risiko einer unsicheren Laufbahn einzugehen.

Das alles bedeutet, daß in den hier vorliegenden Fällen die Erwartungen und Ziele der Kinder mit denen ihrer Eltern übereinstimmten. Das ist natürlich durchaus nicht immer der Fall. Bernice Eiduson, die die Entwicklung von vierzig amerikanischen Wissenschaftlern untersuchte, fand unter ihnen mehrere Fälle, bei denen die Eltern, speziell die Väter, sich wenig für die Interessen ihrer Söhne begeistert hatten. Einer zum Beispiel hatte einen Vater, der seinen Spott über das eifrige Studieren des Sohnes und über seine Geldausgaben für Bücher so weit trieb, daß dieser Junge seine Bücher heimlich ins Haus bringen mußte. In diesen Fällen müssen wir eine starke *Selbstbestimmung* des Heranwachsenden in der Richtung seiner auf geistiges Schaffen eingestellten Zielrichtung annehmen. Im Gegensatz zu den von Getzels und Jackson untersuchten Kindern kann dieser eben erwähnte Knabe keine Förderung seitens seiner Umgebung erwarten. Welcher Art ist dann die Befriedigung, auf die er hinstrebt?

Die von Bernice Eiduson befragten Wissenschaftler beschrieben ihr die Art des Glücksgefühls, das ihr Schaffen ihnen verleiht: Es gipfelt in einem expansiven Gefühl innerer Freiheit. Ich möchte hier dafür den Ausdruck (inneres) *Erhobensein* gebrauchen.

Ein gewisser Grad solchen Erhobenseins kann auch in der mehr durchschnittlichen, mehr alltäglichen Leistung des Menschen erlebt werden, der seine Arbeit im Rahmen der Anpassung an Instruktionen und gelernte Techniken durchführt. Selbst er kann das erhebende Gefühl des schaffenden Vollbringens erleben, da bei jeder Leistung ein bestimmter Grad an Freiheit für die aufbauende Gestaltung des Werkes gegeben ist.

5 Handeln für die
Erfüllung einer inne-
ren Pflicht als Lebens-
ziel: Martin Luther
schlägt seine Thesen
an die Tür der Schloß-
kirche zu Wittenberg

Als vierte Grundtendenz bezeichneten wir die zur *Aufrechterhaltung der inneren Ordnung*. Dieses Prinzip ist, wenn auch nicht so
häufig, aber doch gelegentlich dominierend. Es wird ausschlaggebend zum Beispiel bei Menschen, denen die Erfüllung einer
inneren Pflicht als Lebensaufgabe vorschwebt.
Ein berühmtes historisches Beispiel ist Martin Luther, dem das
Verfechten der religiösen Wahrheit, die er im Innersten erlebte,
zur Pflicht und zum Lebensziel wurde.
Beispiele von Menschen, die sich irgendeiner Sache, an die sie
glauben, vollständig hingeben, sind nicht häufig, kommen aber
doch gelegentlich vor.
Häufiger ist der Fall, in dem bei Verfolgung gleichzeitiger anderer

Ziele sich ständig oder wiederholt ein Ordnungsprinzip geltend macht. Dies muß nicht notwendigerweise ein sittliches, es kann auch ein ästhetisches oder ein praktisches Prinzip sein. So mag ein Mensch alles, was er tut, im Hinblick auf ökonomischen oder sozialen Erfolg hin unternehmen.

Nicht selten sind Menschen, die bei sich und anderen fortwährend prüfen, ob ihre Handlungsweise gerecht und fair ist.

Cora ist eine junge Lehrerin, die ohne Vater bei einer sehr strengen Mutter aufwuchs. Ohne es zu wissen und zu wollen, machte sie sich die strengen Regeln ihrer Mutter zu eigen. Sie verlangte von sich eine unerreichbare Vollkommenheit in ihrer Arbeit und in ihrer Beziehung zu den Schülern. Oft quälte sie sich stundenlang mit der Frage, ob sie eines der Kinder vielleicht nicht ganz gerecht behandelt habe. Auch in der Beurteilung anderer war sie außerordentlich streng und leicht geneigt, jemanden zu verurteilen.

Die hier erstrebte Befriedigung ist die des *Gewissens.* Dies ist jedoch nur eines der möglichen Ziele innerer Ordnung. Wenn wir an Menschen denken, die ausschließlich durch den Gesichtspunkt des Erfolges in irgendeiner Richtung bestimmt sind, so würde hier dessen Erreichen zu vorübergehender oder dauernder *Selbstzufriedenheit* führen.

Wie bereits angedeutet, sind *normalerweise* die Grundtendenzen ineinander verwoben und integriert: Es tritt also im allgemeinen nicht eine einzelne Grundtendenz beherrschend in den Vordergrund und bestimmt einen Menschen so völlig, wie es etwa bei Otto der Fall war. Seelisch gesunde Menschen mögen in einer der möglichen Richtungen mehr erwarten und erstreben als in anderen. Aber sie sind zu vielseitig orientiert, als daß sie sich auf eine einzige Art der Befriedigung beschränken und festlegen. Solche Einseitigkeiten haben ihre besonderen Gründe, wie wir im Falle Ottos sahen. Mit diesen Gründen wollen wir uns nun noch näher beschäftigen.

II   Wandel in Erwartungen und Zielsetzungen

Der Wandel in Lebenserwartungen und Lebenszielen ist abhängig von einer Reihe verschiedener Faktoren. Allen voran geht der Einfluß von *Wachstum, Reifung und Altern,* der biologisch bedingte Änderungen dessen mit sich bringt, was ein Mensch auf verschiedenen Altersstufen vom Leben noch erwarten kann. Mitbedingend sind jedoch zweitens *Umwelt und Erziehung,* durch die bestimmte Möglichkeiten erschlossen oder ausgeschlossen werden können. Und drittens spielt das Individuum selbst eine Rolle, indem die *Einzigartigkeit seiner Persönlichkeit* es in verschiedener Weise auf das Leben reagieren läßt.

Alle diese Momente werden uns im Laufe dieses Buches beschäftigen. Im gegenwärtigen Kapitel wollen wir den Wandel von Erwartungen und Zielsetzungen hauptsächlich unter dem Gesichtspunkt des fortschreitenden Alters betrachten und auf die anderen Faktoren nur im Vorübergehen hinweisen.

1. Wandel von Erwartungen und Zielen in den ersten Lebensphasen

Die physischen und seelischen Veränderungen, die durch *Wachstum, Reifung und Altern* hervorgerufen werden, stellen die erste Grundlage von Wandlungen der Erwartung dar.

Es erscheint selbstverständlich und keiner Erklärung bedürftig, daß ein kleiner Knabe, ein erwachsener Mann und ein alternder Mensch jeweils ganz verschiedene Erwartungen hinsichtlich ihres

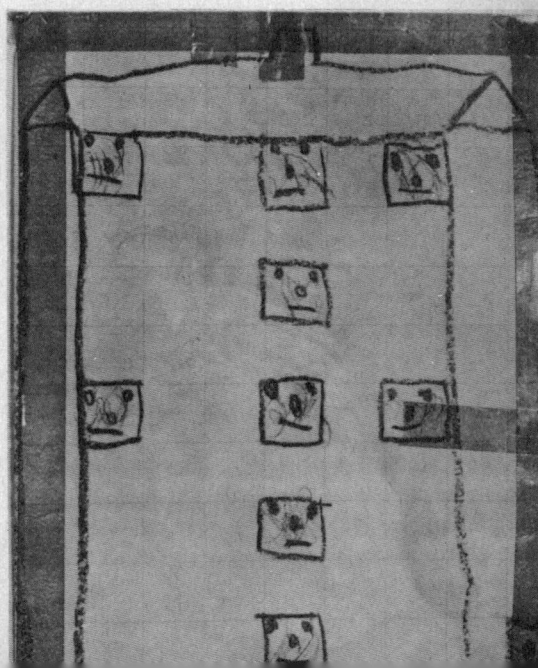

6   Ausdruck des sehnsüchtigen Wartens auf die Mutter: Der kleine Tommy zeichnet ein erwartungsvolles Gesicht neben das andere

zukünftigen Lebens haben und sich dementsprechend völlig verschiedene Ziele setzen.

Ebenso erscheint es als selbstverständlich, daß die Erwartungen eines Kleinkindes sich auf die allernächste Zukunft beziehen.

So mag ein Kind von zehn Monaten, wie die im vorigen Kapitel erwähnte Luise, in seinem Bettchen auf und ab springend darauf warten, daß die Mutter kommen und es aufnehmen möge.

So mag ein Fünfjähriges am Fenster stehend sehnsüchtig darauf warten, daß der Vater oder die Mutter nach Hause kommt. Ein Beispiel liefert der fünfjährige Tommy, *der während des Zweiten Weltkrieges in einer Zeichnung darstellt, wie er auf die Heimkehr der arbeitenden Mutter wartet: Tommys Sehnsucht drückt sich darin aus, daß er sein Erlebnis vervielfacht: Er zeichnet unzählige Kindergesichter, die aus den Fenstern blicken.*

Ein anderes Kleinkind mag, wie das Theo *später in der Psychotherapie beschrieb, als kleiner Bub täglich auf den Stufen vor dem Haus gesessen haben, in der Erwartung, daß eines der Nachbarkinder ihn zum Spielen holen oder daß ein Erwachsener im Vorbeigehen ihm zurufen und ein kleines Gespräch mit ihm anfangen würde. Theo wurde dank dieser Begegnungen, bei denen der Vierjährige alle möglichen Fragen stellte, für die Familie zum Berichterstatter von vielerlei Neuigkeiten.*

Im Schulalter und in der Pubertät beginnen die Erwartungen sich auf längere Perioden auszudehnen, sowohl was die Zeit des Wartens selbst betrifft als auch den Zeitpunkt der Erfüllung, auf den sie sich beziehen.

So mag ein Acht- oder Neunjähriger für längere Zeit gespannt darauf warten, was für eine Zensur er diesmal bekommen wird, eine Zwölf- oder Dreizehnjährige mag, wie Bea *sich noch als Fünfzigjährige in der Psychotherapie erinnert, jedes Frühjahr sehnsüchtig den Sommer erwarten, weil sie dann zu den Großeltern aufs Land reisen darf, wo sie sich liebevoll aufgenommen und glücklicher als zu Hause fühlt.*

Ein Sechzehn- bis Siebzehnjähriger mag sich in individuell verschiedenem Maße und in dieser oder jener Weise mit Erwartungen bezüglich seiner ferneren Zukunft befassen. Er mag wie Bruno *mit Bestimmtheit auf eine künftige medizinische Laufbahn vorausblicken, wobei er sich im Geiste bereits nach Absolvierung des Militärdienstes als Student der Universität seiner Heimatstadt sieht, deren Kliniken der ehrgeizige Vater schon dem Sechsjährigen auf Spaziergängen gezeigt und erklärt hatte. Leider handelte es sich hier um eine Erwartung und um eine Zielsetzung, deren Ver-*

7 Kindliche
Erwartung: Wann
kommen die Nach-
barskinder zum
Spielen, wann ein
Erwachsener zu
einem kleinen
Gespräch?

wirklichung Bruno wegen mangelnder Begabung nicht gelang,
was später zu einem Zusammenbruch führte.

Meist sind die Erwartungen und Zielrichtungen in dieser Periode
jedoch vage und unbestimmt, was etwa *Olga Luhn* in einem der
von mir früher herausgegebenen Tagebücher so ausdrückt:

»*Ich möchte einen Beruf finden, in dem ich meine ganze Kraft,
meine ganze Persönlichkeit, mein Leben einsetzen kann.*«

Etwas klarer und zielbestimmter ist, was zum Beispiel *Ute Wagner*
in einem von Waltraut Küppers herausgegebenen Tagebuch sagt:

»*Ich habe wieder klar gesehen, was meine Aufgabe ist: der Beitrag zum Frieden. Wir alle sind Menschen. Kein einziger von uns
darf sterben, nur weil sich die Großen der Nationen uneinig sind.*«

Einfach, konkret und weitaus überlegter als sonst bei vielen früh
sich festlegenden Jugendlichen ist die Aussage der neunzehnjährigen *Erna*, die in einer Diskussionsgruppe über sich berichtet:

»*Ich arbeite als Sekretärin, bis ich den richtigen Mann treffe, und
dann heirate ich. Voriges Jahr war ich verlobt, aber ich fand dann,
daß wir beide noch zu unreif zum Heiraten waren. Ich will erst
mehr Erfahrungen haben . . .*«

Konkret und weit vorausgreifend sind die Pläne, von denen die
Patientin *Annemarie* mir mit vierundzwanzig Jahren in der
Psychotherapie berichtete:

»Mein Plan war immer, zunächst zu studieren, eine Prüfung abzu-
legen und mir so eine Bildungsgrundlage zu beschaffen, auf der
ich später weiterbauen konnte, dann zu heiraten, ein oder zwei
Kinder zu haben und später, wenn die Kinder mit der Schule
beginnen, mich weiterzubilden und berufstätig zu sein.
Alles kam so, wie ich es mir gewünscht hatte. Ich machte meinen
B. A.° und unterrichtete anschließend eine Weile in einer Volks-
schule. Dann traf ich Nick, und wir heirateten. Nick war Ingenieur,
sehr fleißig und tüchtig und hatte ein gutes Einkommen. Wir
wünschten uns auch Kinder, und bald hatte ich meinen kleinen
Sohn. In zwei Jahren möchte ich ein weiteres Kind haben und
dann zwei Jahre später an die Schule zurückgehen . . . «

Diese Art einer ins einzelne gehenden Planung ist eher die Ausnahme als die Regel und insofern von fraglichem Wert, als notwendig Probleme entstehen müssen, wenn die Dinge sich nicht
wunschgemäß entwickeln. Wir hörten kurz von einem derartigen
Beispiel im Falle Bruno (Seite 30).

Andererseits scheint das andere Extrem der völlig planlos Heranwachsenden ebenso ungünstig. In dem Buch »Die junge Arbeiterin« berichtet Walter Jaide aus Selbstzeugnissen jugendlicher
Industriearbeiterinnen, wie fern ihnen das »morgen« liegt. Vom
Gesichtspunkt einer angemessenen und konstruktiven Lebensgestaltung ist es höchst bedenklich, daß wir in so weiten Kreisen
junger Menschen einer völlig gedankenlosen Haltung gegenüber
der Zukunft begegnen.

Am häufigsten findet Jaide in den Äußerungen der Siebzehn- bis
Neunzehnjährigen über ihre Zukunftserwartungen entweder un-
realistische Phantasien, daneben vage, ohne jedes Nachdenken
zustande gekommene Vorstellungen und ferner kurzfristige, auf
unmittelbare Bedürfnisbefriedigungen gerichtete Zielsetzungen.

Ein Beispiel für die erste Gruppe: *»Die Zukunft überlasse ich sich*
selbst. Vielleicht habe ich großes Glück und heirate einen Reichen.«
(Jaide, S. 115)

Die zweite Gruppe: *»Ich lebe so richtig in den Tag hinein.«*
(S. 119). – *»Es hat ja doch keinen Zweck, so viel über etwas*
nachzudenken. Es kommt ja doch anders. Wenn man sich nichts
vornimmt, ist man nicht so enttäuscht, wenn es fehlgeht.« (S. 117)

Die dritte Gruppe: *»Bis zur Heirat habe ich noch lange Zeit. Bis*
dahin muß man die Männer kennenlernen und mit ihnen die Frei-

---

° B. A., Bachelor of Arts Degree, an amerikanischen Hochschulen ein erstes
Abschlußexamen nach vierjährigem Studium.

zeit genießen.« (Jaide, S. 93) Oder aber: »*Ich brauche bald einen Mann ins Bett . . .*« (Jaide, S. 93)

Die zitierten Beispiele geben uns deutliche Hinweise auf die Wirksamkeit von Milieu- und Erziehungsfaktoren sowie auf die unterschiedliche Reaktion einzelner Persönlichkeiten. Wichtig ist uns jedoch an dieser Stelle die allen Jugendlichen gemeinsame Tatsache, daß sie die Zukunft mehr als Realität zur Kenntnis nehmen, als die Kinder es tun.

Vorläufig verfügen wir noch nicht über verläßliche Daten, die darüber Aufschluß geben, wie der Durchschnitt der Jugend unseres Kulturkreises sein zukünftiges Leben sieht. Es gibt zwar Autoren, deren Fragebogenstudien anzudeuten scheinen, daß der Großteil der Jugend bestimmte Zukunftsbilder bezüglich Beruf und Familiengründung hat. L. Rosenmayr findet zum Beispiel in einer in Österreich vorgenommenen Untersuchung an fünfzehn- bis siebzehnjährigen Gymnasiasten, daß 60 Prozent von ihnen bestimmte Lebensziele haben, wie »Lebenssicherheit«, »guter Verdienst und Besitz«, »Macht, sozialer Rang«, »Freude am Beruf«, »gutes Familienleben« und ein kleiner Prozentsatz (5 Prozent) auch »charakterliche Werte und persönliche Entfaltung«.

Rosenmayr hat auch detailliertere Antworten auf die Frage gesammelt, wie diese Jugendlichen ihre Pläne durchzuführen beabsichtigen, wobei es sich allerdings hauptsächlich um die Berufsvorbereitung handelt. Überraschend viele jedoch folgen auch persönlichen Vorbildern.

Die Bündigkeit der Antworten, die Rosenmayr erhielt, widerspricht in manchen Punkten den Ergebnissen der hier erwähnten und anderer Interview- und Tagebuchuntersuchungen, in denen die Zukunftspläne Jugendlicher zur Sprache kommen. Sicher ist jedenfalls, daß vorläufig in unserem Erziehungssystem noch keine systematische Vorbildung in Richtung auf eine Lebensplanung gegeben wird. Und in der Tat wissen wir noch nicht genug darüber, wie eine angemessene Lebensplanung vor sich gehen sollte. Dieses Buch ist zum großen Teil dem Studium gerade dieses Problems gewidmet.

Auf Grund früherer kinderpsychologischer und biographischer Studien kam ich zu dem Schluß, daß normalerweise irgendwann zwischen zehn und zwanzig eine Erfassung *des Lebens als eines Ganzen* sich einstellt und damit ein Planen, das sich versuchsweise auf das Leben als Ganzes bezieht. Während Zielsetzungen in der Kindheit der ersten Lebensphase im allgemeinen kurzfristig sind, finden wir in der zweiten Lebensphase des Jugendalters die ersten Ansätze langfristiger, das ganze Leben umfassender Zielsetzungen. Normalerweise sind diese als vorläufig und als Versuche zu verstehen. Allzu frühe definitive Festlegungen sind, wie wir sogleich am Beispiel sehr früher Eheschließungen feststellen werden, gewöhnlich nicht günstig, weil nicht von Dauer.

Die Untersuchung von Lebensläufen scheint darauf hinzuweisen, daß eine gewisse flexible Weitsichtigkeit bei gleichzeitiger Ordnung hinsichtlich der Erwartungen und Zielsetzungen in den Jahren zwischen zwanzig und vierzig von Vorteil ist, wobei kurzfristige vorläufige Pläne im Vordergrund und weitreichende Hoffnungen und Ziele mehr im Hintergrund stehen sollten.

2. Wandel von Erwartungen und Zielen in der mittleren Lebensphase

In der mittleren, dritten Lebensphase der späteren Zwanzig, der Dreißig und beginnenden Vierzig gehört sodann zum wünschenswerten Wandel, daß die Erwartungen und Zielsetzungen zunehmend mehr Menschen einbeziehen und nicht mehr nur auf das Individuum selbst beschränkt bleiben. Ferner werden die Erwartungen und Lebensziele nun konkreter und definitiver.

Linda, *eine Sozialarbeiterin, mit der ich, als sie Anfang der Fünfzig war, eine tiefenpsychologische Studie ihres Lebens machte, hatte viele Probleme, was die Erwartungen und Zielsetzungen ihrer mittleren Lebensjahre betraf.*

Als sie mit Anfang Zwanzig heiratete, planten sie und Hal gemeinsam eine Zukunft, in der sie beide nach Abschluß des Studiums einen Beruf ausüben wollten, er als Journalist, sie als Sozialarbeiterin, und in der sie auch Kinder haben wollten.

Bald aber mußte Linda sehen, daß sie sich in ihren Erwartungen und Hoffnungen getäuscht hatte, da ihr Mann Schwierigkeiten in seinem Beruf bekam. Er stritt viel und verfeindete sich leicht. Sein Starrsinn trieb oft auch Freunde aus dem Haus. Linda sah sich genötigt, infolge seines unregelmäßigen Einkommens die Beendigung ihres eigenen Studiums zu verschieben und als Sekretärin den nötigen Unterhalt zu verdienen. Auch ihre Hoffnung auf Kinder mußte sie aufschieben, da nicht nur die Unsicherheit ihrer Lage dagegen sprach, sondern auch Hal plötzlich gegen das Kinderhaben war.

Es dauerte viele Jahre, bis es Linda gelang, ihren Mann auf eine gesicherte Bahn zu bringen, und bis sie ihr eigenes Leben ihrer ursprünglichen Erwartung gemäß in ihrem Beruf und als Mutter gestalten konnte.

Erwartungen und Zielsetzungen, wie wir sie bei Linda finden, sind mehr oder weniger repräsentativ für einen Großteil der aus geordneten Verhältnissen kommenden jungen Menschen des Mittelstandes. Linda wuchs in recht bescheidenen, aber doch verhältnismäßig gesicherten Verhältnissen auf. Ihr Vater war Manager einer Orangen-Plantage, die Familie war kinderreich, und die Mutter sowie Linda, die älteste Tochter, hatten alle Hände voll zu tun.

Lindas Zukunftspläne begegneten von früh an und auch späterhin vielen, jedoch überwindbaren *Schwierigkeiten,* wie das im Leben häufig der Fall ist. Schon als kleines Mädchen mußte sie, dem strengen Vater gehorchend, oft auf das für sie so interessante Lesen verzichten, um der Mutter zu helfen. Auch wollte der Vater keinen weiblichen »Blaustrumpf« im Hause haben. Nur ihrer Mutter hatte sie es zu verdanken, daß sie ihre Studienwünsche verfolgen konnte.

Als sie später heiratete in der sicheren Erwartung, mit ihrem Mann gemeinsam ihr Berufs- und Familienleben gestalten zu können, begegnete sie neuen Schwierigkeiten, denen nämlich, die der Charakter und die Laufbahn ihres Mannes boten.

Kurzum, wir haben hier das Bild eines für den breiten Durchschnitt der Mittelklasse charakteristischen Lebens: In den mittleren Jahren sind Erwartungen und Ziele entscheidend auf Familie und Beruf gerichtet. Die Pläne werden jeweils im Sinne persönlicher Bedürfnisbefriedigung verfolgt, zugleich jedoch im Dienst anderer Menschen, etwa der Angehörigen oder der Öffentlichkeit. Wir wollen dieses Streben, das der Hilfe, dem Fortschritt oder der Schaffung irgendwelcher über die eigene Befriedigung hinausreichender Werte gewidmet ist, als *Dedikation* bezeichnen.

Während in primitiven Kulturen die menschlichen Erwartungen und Zielsetzungen der mittleren Lebensperiode sich auf Erfüllungen und Dedikationen in den eben beschriebenen Formen beschränken – das heißt auf die Gründung eines Ehe- und Familienlebens und auf irgendeine Tätigkeit im Dienst der Gemeinschaft –, ist das Repertoire der von den Menschen in Aussicht genommenen und verwirklichten Lebensformen in den hochentwickelten Kulturen bekanntlich ungleich größer.

Als Extreme stehen sich gegenüber einerseits in ungewöhnlich engen Bahnen verlaufende, auf die Verfolgung einer isolierten Einzelexistenz eingeschränkte Lebensläufe und auf der anderen

Seite ungewöhnlich weit gespannte, große Lebensbereiche umfassende Entwicklungen. Während das erste Extrem als pathologisch zu betrachten ist, stellt das andere in dem Maße eine Höchstentwicklung dar, wie es einem Individuum gelingt, die von ihm umspannte Welt zu bemeistern. Natürlich kann auch ein zu weit gespanntes Leben versagen. Das Thema des Versagens wird uns noch ausführlicher zu beschäftigen haben.

Als Beispiel eines überaus weit gespannten, gelungenen Lebens möge hier eine kurze Darstellung von *Albert Schweitzers* Entwicklungsgang gegeben werden.

Schweitzer, der aus einer Pfarrersfamilie stammte, begann sein Studium mit Theologie und Philosophie. Von früh an war ihm die Persönlichkeit und die Lehre Jesu Christi von besonderer Bedeutung; er widmete intensive Studien der Frage, wie der historische Christus aufzufassen sei, und versuchte der Lösung des Problems näherzukommen, wie ein Mensch unserer Zeit im Sinne Christi leben könne.

Neben diesen religiösen und historischen Fragen war für Schweitzer die Musik von größtem persönlichem Interesse. Er studierte Orgelmusik und Orgelbau und vertiefte sich vor allem in die Musik Johann Sebastian Bachs.

1905, in seinem dreißigsten Lebensjahr – damals lehrte er bereits als Professor an der Universität Straßburg –, kam er plötzlich zu dem Entschluß, Medizin zu studieren und als Arzt nach Zentralafrika zu gehen. Mochte der Entschluß auch recht schnell gefaßt worden sein, so hatten ihn doch die Erwägungen, die ihn zu seiner Entscheidung führten, schon seit langer Zeit beschäftigt. Wie er in seiner Autobiographie sagt, war es ihm bereits als jungem Studenten unfaßbar, daß es ihm erlaubt sein sollte, ein behagliches und glückliches Leben zu führen, während so viele Menschen mit so schweren Sorgen und Leiden kämpften. Dies Problem belastete ihn zunehmend. Er fühlte, daß er die glücklichen Jahre, die er dem Studium von Wissenschaft und Kunst gewidmet hatte, nur dann rechtfertigen könne, wenn er den Rest seines Lebens in den Dienst der Menschheit stellte.

Zunächst hatte Albert Schweitzer eine Tätigkeit für elternlose Kinder in Europa in Aussicht genommen. Doch dann erschien es ihm plötzlich wie eine Berufung, als er zufällig in einer Zeitungsmeldung von den Bedürfnissen der Mission im Kongo las. Sein Entschluß, als Arzt in diese Mission zu gehen, war gefaßt; er verfolgte den Plan unbeirrt trotz heftigen Widerspruchs seitens seiner Verwandten und Freunde.

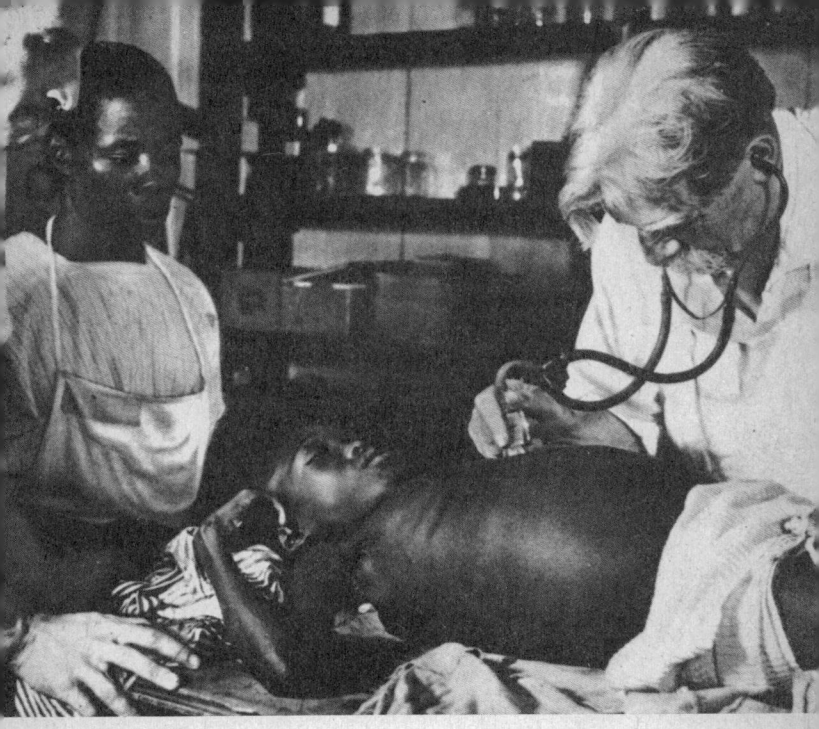

8 Das große Beispiel für ein überaus weit gespanntes, in Dedikation erfülltes Leben: Albert Schweitzer in Lambarene

Jedermann weiß, daß und wie Albert Schweitzer diesen seinen Entschluß durchführte, wie er als Arzt unter den Eingeborenen im Kongo lebte und wirkte, daß er völlig in Harmonie mit sich selber war und blieb und sein Leben für richtig und angemessen hielt.

Hier haben wir einen Fall, in dem die *Dedikation* alle eigene Bedürfnisbefriedigung völlig überschattet und in dem zugleich eine umfassende Lebensverwirklichung in Ehe und Familiengründung, wissenschaftlicher Arbeit, musikalischer und medizinischer Tätigkeit sowie im religiös fundierten Dienst an der Menschheit wahrhaft gemeistert worden ist.

Übrigens finde ich es im Zusammenhang mit dem Unternehmen des vorliegenden Buches besonders interessant, daß Schweitzer der Ansicht ist, die Welt könne durch *Nachdenken* moralisch verbessert werden. Genau dies ist es, was der moderne Psychotherapeut zustande bringt, wenn er am erfolgreichsten ist, dann nämlich, wenn er die Menschen zu *adäquatem Nachdenken über sich selber* erzieht. Adäquat – das bedeutet hier objektiv, ehrlich und innerlich frei, ohne sich selber zu belügen, ohne sich durch Leidenschaften hinreißen zu lassen und ohne sich über den eigenen Edelmut etwas vorzumachen.

So sagte eine meiner Patientinnen, als sie wegen einer Erbschaftsangelegenheit mit ihren Verwandten in Streitigkeiten verwickelt war: »Eines kann ich wenigstens von mir sagen, worin ich den anderen überlegen bin, nämlich daß ich in der Therapie objektiv denken gelernt habe und mir nichts über mich selbst vormache.«

Diese mittlere Lebensperiode, die wir hier betrachten, ist offenbar entscheidend für das, was ein Mensch aus seinem Leben macht. Wenigstens gilt dies für die überwiegende Mehrheit der Fälle.

Jedoch finden sich offenbar bereits in der vorangehenden Lebensphase des Jugendalters fast immer Ansätze zu dem, was ein Mensch später unternimmt. So weist Albert Schweitzer darauf hin, daß er sich bereits als Student mit der Tatsache des Leidens auf der Welt beschäftigt und sich gefragt hat, wie man ihr im Geiste Christi beikommen könne.

Im Falle von Linda fanden wir, daß schon in ihrer Jugend eine Lebensweise vorgebildet war, in der sich die Verfolgung eigener Interessen mit dem Dienst an der Familie verbindet.

Der im folgenden dargestellte Fall zeigt in seinem einfachen, aber wohlgeordneten Leben einen klaren, planvollen Aufbau.

Bill Roberts, *der aus einer Bauernfamilie in Kentucky stammt, nahm mit vierzehn Jahren sein Leben in die eigene Hand, als er sich nach dem Tode seines Vaters und der Wiederverheiratung der Mutter in seinem Elternhaus nicht mehr wohlgelitten fühlte. Mit Zustimmung der Eltern ging er zu Verwandten nach Chicago, wo er seinen Unterhalt durch eigene Arbeit verdiente.*

Nach einer mißglückten Liebesbeziehung heiratete er mit sechsundzwanzig eine Jugendfreundin aus seiner Heimat.

In beiden Entschlüssen, nämlich sein Leben auf sich selbst zu stellen und auf eine unglückliche Liebe zugunsten einer guten, wenn auch nicht auf Leidenschaft gegründeten Ehe zu verzichten, zeigt Bill Roberts schon früh einige Züge, die für ihn charakteristisch sind.

Erstens ist er fähig, zu verzichten und Kompromisse zu schließen, wenn diese der Wirklichkeit angemessener sind als starres Festhalten an seinen Wünschen. Zweitens ist sein gesamtes Planen und Handeln auf eine konstruktive Lebensgestaltung hin gerichtet.

Bill Roberts ist als Angestellter einer Lastwagenfirma ein tüchtiger Arbeiter und stets bemüht um seine eigene Fortbildung sowie um die Verbesserung seiner Berufschancen. Er ist sparsam, und selbst in finanziell schwierigen Zeiten verliert er nie sein Ziel aus den Augen, nämlich seine ihm sehr am Herzen liegende, recht große Familie gut zu versorgen und später genug Geld zum Erwerb eines eigenen Heims zu haben. Er zeigt auch dahin gehend Voraussicht, daß er den Umzug in den Westen plant, in eine Stadt, in der die Arbeitsgelegenheiten und die Schulen gut sind und die Lebensweise ihm zusagt.

In diesem einfachen, aber soliden und im wesentlichen glücklichen Lebenslauf finden wir neben einer realistischen Anpassung der Lebenserwartungen eine *adäquate* und zugleich *konstruktive Zielsetzung und Zielverwirklichung.*

Adäquat ist die Zielrichtung dieses Mannes, weil sie seinen Umständen sowie seinen Fähigkeiten angemessen ist. In seinem späteren Leben sehen wir ihn, umgeben von seiner Familie, mit der er glücklich zusammenlebt, im eigenen Haus mit Garten, in gesicherten Verhältnissen und als tatkräftigen Bürger, der in der Kirche, in der Politik und in kommunalen Angelegenheiten mitwirkt.

Konstruktiv ist diese Lebensgestaltung, weil sie zum Aufbau führt, das heißt zur günstigen Entwicklung aller Beteiligten.

Allerdings hatte Bill Glück insofern, als ihm ein günstiges Schicksal beschieden war. Vielen Menschen gelingt ein solches wohlgeplantes Leben nicht, weil ihnen persönliche Schicksalsschläge widerfahren oder weil sie in weltpolitische Umwälzungen verwickelt werden. Und eine große Anzahl von Menschen wächst unter so unglücklichen Lebensverhältnissen heran, daß sie ein geordnetes Planen überhaupt nicht kennenlernen oder daß ihr Sinnen schon von früh an auf *Destruktion* oder Zerstörung statt auf Aufbau gerichtet ist.

Lebensansätze dieser Art haben zum Beispiel Fritz Redl und David Wineman in ihrer Untersuchung »Kinder, die hassen« beschrieben: *Die vierzig acht- bis elfjährigen Knaben gehörten zu einem auf drei Jahre veranschlagten Erziehungsprojekt in Detroit. Sie lebten durchschnittlich über ein Jahr lang in einem mit Wohlfahrtsmitteln unterhaltenen Heim unter Leitung zweier Psychologen. Alle kamen aus den unglücklichsten Familienverhältnissen, für die nicht nur Armut, sondern auch elterlicher Streit, Alkoholismus, Promiskuität und andere unerfreuliche Lebensweisen charakteristisch waren und in denen die Lieblosigkeit in der Behandlung der Kinder oft bis zur Rücksichtslosigkeit und Brutalität ausartete. All diese Kinder hatten das Gefühl, daß niemand sie haben wollte, und alle waren sie von Haß gegen die Menschen und die Welt erfüllt. Der Haß ging so weit, daß zum Beispiel – wie Dr. Wineman beobachtete – fast jeder der Knaben, wenn er im Spielraum irgendein Spielzeug umherliegen sah, es sofort auf den Boden warf, darauf herumtrampelte und es zerstörte, ohne es je für einen konstruktiven Zweck zu gebrauchen.*

Diese Behandlung unschuldigen Spielzeugs zeigt die allgemein auf Destruktion eingestellte Lebenshaltung vielleicht noch deutlicher als die Reaktion auf Menschen. In ihr kommt während der ersten Monate fast kein anderes Gefühl als Haß und blinde Wut zum Ausdruck. Wie es im Handeln zu wilden Aggressionen kommt, so kreist in Gesprächen die Phantasie um Pläne für grausame Angriffe auf die Mitbewohner des Hauses.

An einem Abend zum Beispiel, an dem F. Redl Danny und Joe ermahnte, die Kameraden nicht im Schlaf zu stören, führten die beiden ein Gespräch, bei dem sie einen Plan ausheckten, den Psychologen umzubringen: Sobald er eines Tages in den Keller ging, wollten sie ihm dort auflauern und mit einem Hammer den Schädel einschlagen. An einem anderen Tag berauschte sich Andy in der Phantasie: »Wir werden alle umbringen.«

Fluchen, wütendes Herumwerfen von Speisen und Möbelstücken und körperliche Angriffe auf andere Knaben waren an der Tagesordnung. Bemerkenswert ist jedoch, daß trotz dieser extremen Verhältnisse im Laufe des Jahres gewisse Verbesserungen erzielt wurden. Allerdings ist die anhaltende Wirkung dieser Änderungen durchaus zweifelhaft, da die psychologische Erziehung dieser Kinder zu kurz war und die meisten nach Ablauf des einjährigen Aufenthaltes in ihre traurigen Verhältnisse zurückkehrten.

Und hier nun mag man sich fragen: Wie sehen die Lebenserwartungen und die Zielentwicklungen derart verwahrloster Menschen aus? Offenbar sind sie in ähnlicher Weise auf das Zerstören eingestellt wie gesund Heranwachsende auf das Konstruktive.

Destruktive Lebenspläne oder solche mit destruktiven Durchgangsphasen begegnen uns aber nicht selten auch in solchen Fällen, in denen die Lebensbedingungen sehr viel besser waren und diese Art der Entwicklung nicht vorausgesehen werden konnte.

Als ein besonders interessantes Beispiel dafür erscheint mir der von Truman Capote in seinem »Kaltblütig« dargestellte Fall der Mörder der Familie Cutter in Kansas. Insbesondere Richard Hickock bietet das Bild einer fast unbegreiflichen Entwicklung.

9 Immer wieder versicherte der »perfekte« Mörder Richard Hickock (am Auto) seinem Komplizen Perry: »Ich bin völlig normal« (Aus dem Film »Kaltblütig«)

Der sorgfältig dokumentierten Schilderung Capotes zufolge stammt Richard Hickock (Dick) aus einer einfachen, bei den Nachbarn angesehenen Farmerfamilie. Er beschreibt seine Kindheit und sein Elternhaus als »normal«; der Vater sei streng gewesen, habe ihn aber gelegentlich durch ein Geschenk erfreut. Beide Eltern mußten hart arbeiten; trotz der ärmlichen wirtschaftlichen Verhältnisse der Familie sei der Haushalt reinlich und ordentlich gewesen. Immer wieder betont Dick seine »normale« Entwicklung und Persönlichkeit; seine Schuljahre stellt er als sehr normal dar, ebenso sein Interesse am Sport und seine Freundschaften.

Richard Hickocks Eltern behaupten, die Entwicklung zum Schlechten habe erst begonnen, nachdem sich Richard bei einem Autounfall mit etwa achtzehn Jahren eine Gehirnverletzung zugezogen hatte. Die neurologischen Befunde, die während der späteren Gerichtsverhandlungen herangezogen wurden, gaben keinen eindeutigen Hinweis auf einen Gehirnschaden, der die hemmungslose, auf Zerstörung eingestellte Lebensweise des jungen Mannes hätte erklären können.

Richtig ist jedoch, daß nicht lange nach diesem Unfall seine
kriminelle Laufbahn begann. Sie fing an mit sexuellen Vergehen
an Kindern, Diebstählen, Scheckfälschungen, Trunksucht und ähn-
lichem und endete mit dem Mord an einer vierköpfigen Familie.
Aber selbst nachdem dieser Mord geschehen war und sein Kom-
plize Perry *immer wieder jammerte: »Irgend etwas in uns muß*
falsch sein, wenn wir so etwas tun konnten«, erklärte Dick mit
kalter und harter Stimme, daß er »normal« sei – normal, nur
klüger als andere, denn sein Plan schien sich zunächst durchaus
bewährt zu haben. Und in der Tat hatte Richard Hickock den
hohen Intelligenzquotienten von 130. (Der Durchschnitt liegt bei
90 bis 110.)
Es war Dicks Plan gewesen, ein »perfektes Verbrechen« zu be-
gehen, bei dem die Rechnung glatt aufging: Unter vollständiger
Vorausberechnung aller Umstände sollte der Raubmord ausgeführt
werden; anschließend wollte er sich mit der Beute irgendwo
niederlassen, um ein »normales« Leben zu führen. Und da die
Mörder zunächst mehrere Monate unentdeckt blieben, bildete sich
Richard tatsächlich ein, ihm sei ein »perfektes Verbrechen« gelun-
gen, obwohl er fast gar kein Geld erbeutet hatte.
Genug davon! Die Geschichte dieses Verbrechers wird hier nur
deshalb in solcher Ausführlichkeit erzählt, weil in diesem Fall aus
einem scheinbar völlig normalen Vorleben eine so ungewöhnlich
destruktive Lebensplanung hervorging.
Niemand vermag bis jetzt mit Bestimmtheit etwas darüber zu
sagen, bis zu welchem Grade unter den Menschen normale oder
relativ normale Lebenszielsetzungen vorherrschen. Aber die Tatsache, daß unsere gesellschaftlichen und kulturellen Institutionen
mehr oder weniger Bestand haben und funktionieren, spricht für
die Annahme, daß die konstruktiven Lebensformen überwiegen.
Allerdings gibt es bei vielen Menschen Lebensansätze, die sich
hinsichtlich Erwartungen und Zielsetzungen als falsch erweisen.
Eines der wichtigsten Lebensgebiete, auf dem in unserer Zeit
besonders viele Lebensansätze revidiert werden, ist die *Ehe*. Die
überall sprunghaft zunehmende Zahl der Ehescheidungen hat
Anlaß zu vielen Überlegungen über die Ursachen dieser Erscheinung gegeben. Wahrscheinlich sind mehrere Faktoren verantwortlich zu machen. Erstens ist für weite Kreise die Ehe heute nicht
mehr das Sakrament, als das sie früher ganz allgemein galt, so daß
Ehen leichter gelöst werden als einst. Ein zweiter, sicher sehr
wichtiger Grund ist darin zu sehen, daß die Erwartungen, die
moderne Menschen hinsichtlich der Gleichberechtigung beider

Partner und des gegenseitigen Verständnisses haben, sehr viel weiter reichen als je zuvor.

»Unsere Persönlichkeiten paßten nicht zueinander.« Diese Aussage erscheint in W. J. Goodes Studien über Ehescheidungen in einer großen Anzahl von Fällen als Grund für die Scheidung.

Die von Goode untersuchten über 400 geschiedenen Frauen hatten ein Durchschnittsalter von neunzehneinhalb Jahren bei ihrer ersten Heirat und ein Durchschnittsalter von achtundzwanzig Jahren bei ihrer Scheidung. 76 Prozent der über zwei Jahre Geschiedenen waren wieder verheiratet. Die große Mehrzahl (87 Prozent) der Frauen, die wieder geheiratet hatten, stellte fest, daß ihre zweite Ehe weitaus besser sei als ihre erste.

Diese Tatsache kann sicherlich nicht als allgemeingültig angesehen werden, da heute relativ viele Menschen mehrere Ehen eingehen; dennoch ist diese von Goode als so häufig festgestellte Verbesserung in der zweiten Ehe bemerkenswert. Sie weist nämlich auf die Unreife und auf die voreilige Festlegung bei den vielen Eheschließungen allzu junger Menschen hin, die einander viel zuwenig kennen und die sich oft genug nach der Heirat ganz unerwartet in entgegengesetzte Richtungen entwickeln. Die späteren Ehen aber sind glücklicher, weil erstens die Geschiedenen aus der Erfahrung gelernt haben und weil sie zweitens jetzt älter, reifer und den Anforderungen des Ehelebens besser gewachsen sind.

Die Ehescheidung stellt – davon ganz abgesehen, wie notwendig sie den Beteiligten zu sein scheint – fast immer ein *Trauma* dar, das heißt eine innere Verletzung. So stellt Goode fest, daß zwar die überwiegende Mehrzahl der von ihm untersuchten geschiedenen Frauen von der Richtigkeit ihrer Scheidung überzeugt war, daß aber fast alle die Scheidung als traumatisch empfanden, und dies um so mehr, wenn Kinder da waren oder je älter und je länger verheiratet die Frauen waren oder je weniger ihre Religion oder ihre Lebensphilosophie sie Scheidungen grundsätzlich gutheißen ließ. Die Scheidung wird, selbst wenn der Partner für sie verantwortlich gemacht wird, fast immer als eine Lebensverfehlung erlebt: Man hat das Gefühl, daß man nicht in diese Lage hätte kommen dürfen. Auf die Probleme von Liebe und Ehe werden wir noch einmal zu sprechen kommen (Seite 163 ff.).

Selbstverursachte Neuorientierungen in den Dreißig oder Vierzig oder noch später werden deshalb meist als Mißlingen erlebt, weil eine Person dieser höheren Altersstufen irgendwie die Verpflichtung fühlt, im Leben *stabilisiert* zu sein – stabilisiert in dem Sinne, daß eine Verankerung in einer bestimmten Lebenssituation stattgefunden hat. Diese Lebenssituation sollte idealerweise dem Individuum Glück und Befriedigung gewähren und ihm Gelegenheit geben, in den Bereichen des Familien- und Berufslebens durch konstruktive Betätigung *Lebenswerte* zu schaffen. In den vorher zitierten geglückten Lebensläufen fanden wir eine solche ideale Lebenssituation gegeben.

3. *Wandel von Erwartungen und Zielen in den letzten Lebensphasen*

Ob nun aber der bisherige Lebenslauf geglückt ist oder nicht – in den letzten Lebensphasen finden abermals Wandlungen in den Erwartungen und Lebenszielen statt. Allerdings variieren hier die Auffassungen darüber, was man noch aus seinem Leben machen kann, sehr stark, ja es scheint sich die Einstellung zum Leben in der Tat mit den Jahren immer mehr zu wandeln. Dies ist besonders der Fall, seitdem dank der modernen Hygiene und Medizin den Menschen ein zunehmend höheres Alter und zunehmend längere Gesundheit gegeben sind.

Trotzdem gibt es gewisse für den Durchschnitt geltende Tatbestände, die uns nicht vergessen lassen, daß von etwa fünfundvierzig bis fünfzig Jahren an ein Abbau der Kräfte einsetzen kann, wenn dies auch nicht mehr die absolute Regel ist.

Ein besonders tiefgreifendes Erlebnis für die Frau ist der Verlust der Zeugungsfähigkeit. Die weiblichen *Wechseljahre* fallen, wie eine Reihe von Statistiken ziemlich übereinstimmend zeigt, gewöhnlich in die Jahre zwischen vierzig und fünfundfünfzig, wobei das Maximum bei etwa siebenundvierzig bis neunundvierzig zu liegen scheint.

Dieses Enden der Zeugungsfähigkeit bedeutet freilich nicht notwendigerweise ein Abklingen oder gar ein Enden des sexuellen Interesses; jedoch empfinden viele Frauen es als schmerzlich, daß sie keine Kinder mehr bekommen können.

Recht beträchtlich ist aber auch, trotz aller Fortschritte der Medizin, bei beiden Geschlechtern die Zunahme schwerer, nicht selten chronischer *Krankheiten,* die das Wohlbefinden und die Arbeitsfähigkeit oft erheblich beeinträchtigen. Ein rapider Anstieg von Krankheiten mit tödlichem Ausgang ist von fünfundvierzig Jahren an zu beobachten, wobei Herzleiden, Krebs, Arterienverkalkung (und außerdem Unfälle) die Hauptrolle spielen. Herzkrankheiten, heute die häufigste Todesursache, sind nach Dublin für jeden zehnten Todesfall bei Fünfzehn- bis Vierundzwanzigjährigen verantwortlich; entsprechend den Altersgruppen steigt dann die Kurve stetig an: Bei den Fünfundzwanzig- bis Vierundvierzigjährigen sind bereits 25 Prozent Todesfälle durch Herzleiden verursacht, bei den Fünfundvierzig- bis Vierundsechzigjährigen die Hälfte und bei den über Fünfundsechzigjährigen zwei Drittel.

Der rapide Anstieg der Krankheitsrate um die Fünfzig geht aus folgender Abbildung hervor.

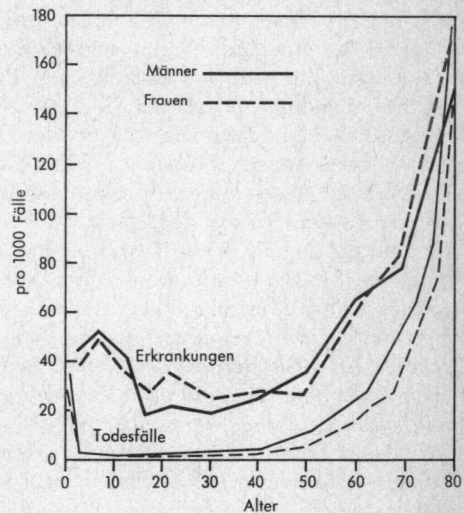

10 Lebensalter, Krankheit und Tod: Anzahl der Personen, die am Tage der Zählung krank waren bzw. im Jahre 1950 in den USA starben (Public Health Report)

Auf einige bemerkenswerte Eigentümlichkeiten der Erkrankungen alternder Menschen hat Edward Stieglitz aufmerksam gemacht. Er stellt fest, daß sich bei Alterserkrankungen gewöhnlich nicht, wie in jüngeren Jahren, eine einzelne Ursache als ausschlaggebend erweist, eine Infektion etwa oder dergleichen, sondern daß gewöhnlich eine Reihe von Schädigungen vorliegen. Dies ist selbst bei akuter Erkrankung und spezifischen Symptomen der Fall. Stieglitz spricht deshalb von einer »multiplen Ätiologie« im Alter. Auch Alban Vogt, der seine Studien im Basler Altersheim machte, spricht vom »Ineinandergreifen und Übereinandergreifen mehrerer Prozesse« in der Alterspathologie.

Der rapide Anstieg der Krankheitsrate in der letzten Lebensphase führt begreiflicherweise zu Gedanken über das Sterbenmüssen.

Gelegentlich beschäftigen sich zwar schon junge Menschen mit dem Problem des *Todes,* doch beginnt man im allgemeinen erst auf der Altersstufe beginnender Versagungen der Tatsache des bevorstehenden Endes ins Auge zu blicken. »Niemand beginnt wirklich zu leben, bis er nicht dem Sterben nahekam«, sagte Jesse Stuart, ein zeitgenössischer Dichter, nach einer beinahe tödlich verlaufenen Herzattacke.

Glücklich ist, wer in der vierten Phase, dem vorletzten Lebensabschnitt, keine schlimmeren Sorgen hat als den Wunsch, ein Lebenswerk noch vollenden zu können.

Albert Schweitzer setzte sich mit dieser Frage zu Anfang der Fünfzig auseinander. Er hat sein Wirken, so sagt er in seiner Autobiographie, fest und klar auf dem Prinzip der Ehrfurcht vor allem Lebendigen aufgebaut. Bei der Verfolgung des von ihm eingeschlagenen Weges erlebte er viel Befriedigung und Glück, jedoch auch Ängste, belastende Verantwortung und Müdigkeit. Und so fragt er sich mit sechsundfünfzig Jahren:

»Wieviel werde ich von der Arbeit, die ich mir vorgenommen habe, noch fertigbringen? Mein Haar beginnt zu ergrauen. Mein Körper fängt an, die Strapazen, die ich ihm zumutete, und die Jahre zu spüren. Dankbar blicke ich auf die Zeit zurück, in der ich, ohne mit meinen Kräften haushalten zu brauchen, rastlos körperliche und geistige Arbeit leisten durfte. Gefaßt und demütig schaue ich auf die aus, die kommt, damit mich Verzichten, wenn es mir beschieden sein sollte, nicht unvorbereitet treffe.«

Schweitzer hält also inne, um sein bisheriges sowie sein zukünftiges Leben als Ganzes zu überschauen mit der Absicht, sich darüber klar zu werden, was er bis zu diesem Zeitpunkt getan hat und was er in der Zukunft noch tun kann und will.

Im Falle Schweitzers führt die Selbstbewertung zu dem Ergebnis, daß er sein vergangenes Leben gutheißen kann. Er will es, soweit seine Kräfte erlauben, in derselben Weise zu Ende führen.

Wie viele Menschen mit ihrem vorangehenden Leben zufrieden sind, wenn sie diese Art der Rückschau vornehmen, ist vorläufig noch nicht bekannt. Tatsache ist jedoch, daß besonders in den Vierzig nicht selten eine völlige *Revision des Lebenslaufes* vorgenommen wird, weil bestimmte Erwartungen und Zielsetzungen sich als verfehlt erwiesen.

Ehescheidungen ebenso wie Berufswechsel werden in diesem Übergangsalter, das wir das *klimakterische* nennen wollen, oft in dem Bewußtsein vorgenommen, daß eine letzte Chance in Richtung auf eine Erfüllung des Lebens gesucht werden muß.

So kam ein fünfundvierzigjähriger Junggeselle, Adolf, *ein Mathematikprofessor, in psychotherapeutische Behandlung mit dem Wunsch, durch die Therapie die Fähigkeit zum Heiraten zu erwerben. Schüchtern und ungeschickt im gesellschaftlichen Verkehr, wußte er nicht, wie er sich Frauen, die ihn als möglicherweise gute Ehepartner beeindruckten, nähern sollte. Infolge dieser Ungeschicklichkeit beschränkten sich seine Beziehungen zum andern Geschlecht auf Affären mit aggressiven, ihn herausfordernden Frauen, mit denen er nur vorübergehende sexuelle Bindungen einging. Er fühlte sich unglücklich, ohne genau zu wissen warum.*

Leider stellte sich im Laufe der kurzen, nach einem halben Jahr abgebrochenen Psychotherapie heraus, daß Adolfs Problem nicht nur jene »Ungeschicklichkeit« war. Was ihm fehlte, lag viel tiefer.

Er war ein Mensch, völlig unfähig, zu lieben und sich hinzugeben, ein Mensch, der, ganz und gar selbstsüchtig, ausschließlich mit seinem eigenen Wohlbefinden beschäftigt war und die Ehe als ein Unternehmen auffaßte, das in erster Linie ihm selbst zugute kommen müsse.

Als er hörte, daß Hingabe und Teilnahme am Geschick des Partners wesentliche Grundlagen des ehelichen Glücks seien, erklärte er, daß er sich unmöglich so völlig umstellen könne und es also wohl besser für ihn sei, sein bisheriges Leben weiterzuführen.

Adolf, ein für seinen Beruf durchaus geeignet wirkender, wenn auch sehr unpersönlich lehrender Professor, fand in seiner beruflichen Tätigkeit einigermaßen Befriedigung. Sein persönliches Leben jedoch war leer und unerfüllt. Aber er lehnte es ab, sich dieser Tatsache völlig bewußt zu werden, das heißt sein Unbefriedigtsein wirklich zu durchdenken und sich als Mensch so zu sehen, wie er war. Die Psychotherapie erwies sich in seinem Fall als erfolglos, weil es nicht gelang, ihn innerlich zu packen und eine Umstellung herbeizuführen.

Es gibt auf der anderen Seite viele Fälle, in denen Menschen sich selbst aufrichtiger klarmachen, in welcher Richtung sie ihr Leben verfehlt haben.

Eduard, ein einundfünfzigjähriger Kaufmann, war seit fünfundzwanzig Jahren mit einer ehemaligen Jugendfreundin verheiratet und hatte drei herangewachsene Kinder, die er innig liebte. Auch seine Frau schätzte er sehr.

Plötzlich jedoch lernte er auf einer Geschäftsreise eine geschiedene Frau kennen, die nicht nur sehr schön, sondern auch ungewöhnlich lebendig und vital war. In diese Wanda, *eine kinderlose Frau in den Dreißig, verliebte sich Eduard mit aller Leidenschaft. Auch*

Wanda behauptete, nie etwas Ähnliches erlebt zu haben; beide waren sich darüber einig, daß sie vor dieser ihrer Begegnung nicht gewußt hatten, was wirkliche Liebe ist.

Während Eduard in der Beziehung zu Wanda zunächst nur eine glückliche Episode sehen wollte, versuchte Wanda ihn zu bewegen, sich scheiden zu lassen und mit ihr ein völlig neues Leben zu beginnen. Für Eduard begann damit eine Periode schwerer Konflikte: Trotz seiner leidenschaftlichen Liebe zu Wanda war er sich seiner tiefen Zuneigung zu seiner Frau und seinen Kindern bewußt, und sein Gewissen sagte ihm, daß er kein Recht zu einer so tiefgreifenden Veränderung hatte, die seiner Frau großen Schmerz bereiten müßte und ihm möglicherweise seine Kinder entfremden würde.

Andererseits sagte sich Eduard, daß er durch diese Liebe zu Wanda ein neuer Mensch geworden sei und mit ihr von nun an auch in seinem Beruf unendlich viel lebendiger und erfolgreicher sein würde.

In der Psychotherapie, in die er sich begab, wurde er gefragt, ob er es nicht für denkbar halte, diese innere Bereicherung und Verlebendigung für sein Ehe- und Familienleben fruchtbar machen zu können. Eduard jedoch behauptete, erst jetzt habe er entdeckt, wie wenig Gemeinsames ihn mit seiner Frau verbinde; zudem seien seine sexuellen Beziehungen zu ihr eigentlich nie gut gewesen, und jetzt sei er überhaupt nicht mehr imstande, auf sie zu reagieren.

Ohne der psychotherapeutischen Behandlung die Chance zu geben, daß sie ihm den Wert der Hingabe an seine Familie als vielleicht wichtigsten Gesichtspunkt in dieser Phase seines Lebens klar werden lassen konnte, entschloß er sich zur Scheidung, weil er darauf bestand, sich die Möglichkeit einer neuen, tieferen Lebensgemeinschaft nicht versagen zu können.

So umwälzende Veränderungen, wie die hier beschriebenen, können sich unter Umständen günstig auswirken. Die Frage ist natürlich, wie die jeweils Beteiligten reagieren.

Ein viel besprochenes derartiges Ereignis aus unseren Tagen war die Scheidung und Wiederverheiratung des Gouverneurs Nelson Rockefeller in seinem fünfundfünfzigsten Lebensjahr.

In diesem Fall hat sich dieser Lebensschritt offenbar als außerordentlich konstruktiv erwiesen, wenigstens soweit die eine der betroffenen Parteien in Frage kommt. Rockefeller gab dies in einer Bemerkung anläßlich einer Pressekonferenz zu verstehen, bei der er wegen seiner eventuellen Kandidatur für das Amt des Präsiden-

11 Das Höhepunkterlebnis: Nelson Rockefeller und seine zweite Frau Happy nach seiner Wiederwahl zum Gouverneur

ten befragt wurde. Er verneinte sein Interesse daran und sagte: »Etwas geschieht im Leben, und man verliert seinen Ehrgeiz, weil man ein Gefühl der Erfüllung hat.« (Los Angeles Times, 17. September 1967) Von Rockefeller und seiner zweiten Frau Happy heißt es, sie seien ein »göttlich glückliches Paar«. Außerdem erlebte er seine Wiederwahl als Gouverneur als den Höhepunkt seiner politischen Laufbahn und zugleich als Rechtfertigung seiner Scheidung und Wiederverheiratung.

Die Bezeichnung der Wiederwahl als »Höhepunkterlebnis« weist auf eine Erfahrung hin, mit der sich Abraham Maslow intensiv beschäftigt hat. Maslow diskutiert diese Höhepunkterlebnisse in ihrer außerordentlichen, einzigartigen Bedeutung: Sie haben einen Erfüllungscharakter wie kaum sonst ein anderes Erlebnis. Sie können verschiedenster Art sein, ein Erlebnis in der Natur, in der Liebe, ein einzigartiger Erfolg. Ich selbst habe im Zusammenhang meiner Darstellung des »menschlichen Lebenslaufs als psychologisches Problem« Höhepunkterlebnisse besprochen.

In diesen Fällen nun kommt ein Prinzip deutlich zum Ausdruck, das wir bisher noch nicht berührt haben. Es ist das Ziel der Selbstverwirklichung.

Dieser Begriff, den ursprünglich Karen Horney und Erich Fromm eingeführt haben und der dann von Kurt Goldstein, Abraham Maslow, Carl Rogers, von mir selbst und anderen weiterentwickelt wurde, bezeichnet ein Prinzip, das heute in der Psychologie sowohl wie in der Pädagogik als grundlegend und überaus wichtig gilt. Dieses Prinzip haben die genannten Autoren im Gegensatz zur Lehre Sigmund Freuds aufgestellt und verfochten, zu jener Lehre nämlich, daß das Hauptziel des Lebens »*Lustgewinn*« sei oder, mit einem moderneren Begriff, »*Homöostasis*«, wobei unter Homöostasis die in jedem Lebewesen wirksame Tendenz zur Wiederherstellung innerer Gleichgewichtszustände verstanden wird.

Mit Selbstverwirklichung im Sinne der genannten Autoren ist gemeint, daß Menschen sich erfüllt fühlen, wenn sie ihre bestmöglichen Eigenschaften und Fähigkeiten, das heißt ihre besten *Potentialitäten*, zur Auswirkung gelangen lassen können. Die Befriedigung durch Selbstverwirklichung halten diese Autoren für grundsätzlicher und lebenswichtiger als diejenige, die durch »Lust« irgendwelcher Art gewonnen werden mag. Und wenn man gar Freuds Idee des Lustgewinns als Ziel durch das Ziel der Wiederherstellung des Gleichgewichts (Homöostasis) ersetzen will, so wird dieses von den genannten Autoren überhaupt nicht als Ziel betrachtet: Im Gleichgewicht sein, das ist ein wünschenswerter Lebens*zustand*, aber kein Lebens*ziel*.

Ich selbst sehe in der Selbstverwirklichung nur dann ein voll befriedigendes Lebensziel, wenn der sich Verwirklichende zu einer Art des Wirkens gelangt, die den Charakter der Dedikation (Seite 35) hat und zur Verwirklichung von Werten im Dienste anderer führt. Dieses Ziel wird von Viktor Frankl, der dem Problem eindringliche Untersuchungen gewidmet hat, für das entscheidende Hauptziel des Lebens gehalten – für das, was dem Leben »Sinn« verleiht.

Andererseits glaube ich selbst jedoch nachgewiesen zu haben, daß *Dedikation ohne Selbstverwirklichung* unbefriedigend bleibt und sogar zum Erlebnis eines unerträglichen Opfers führen kann. Ich habe dies in meinen Studien über den menschlichen Lebenslauf an der Biographie des Jesuitenpaters *Paul Ginhac* gezeigt, der offenbar nicht für den geistlichen Beruf geboren war und schwer unter der seelischen Last der klösterlichen Lebensweise litt. Sein qualvolles Ringen um Befriedigung in der Hingabe an diese Lebensweise half ihm in keiner Weise.

Die Frage, wie ein Mensch Selbstverwirklichung und Dedikation adäquat zu verbinden vermag, ist nicht leicht zu beantworten. Niemand vermag vorher mit Sicherheit zu wissen, was er von sich selbst unter bestimmten Umständen erwarten kann. Die in diesem Buch besprochenen Fälle und Lebensläufe sollen als Wegweiser dienen, vor allem solange wir noch über keinerlei Erziehungshilfen für diese Probleme verfügen.

Ein kurzes Beispiel mag die hier aufgeworfenen Fragen weiter beleuchten.

Johannes, ein protestantischer Pfarrer, kommt mit zweiundvierzig Jahren zu dem Schluß, daß er einen Fachpsychologen konsultieren möchte, um sich über seine Einstellung zu seinem Beruf und über seine Eignung als Pfarrer klar zu werden.

Johannes hat einen inneren Widerstand gegen das Predigen. Er ist der Ansicht, daß Predigten den Menschen weder religiös noch moralisch wirklich helfen können; ihm liegt es mehr, sich in persönlicher Beratung zu betätigen. Im Laufe einer längeren Psychotherapie wird ihm bewußt, daß er hauptsächlich deshalb hatte Pfarrer werden wollen, weil er dem Vorbild seines bewunderten Vaters nachstrebte und weil in seiner Familie die ältesten Söhne von jeher diesen Beruf gewählt hatten.

Er scheute sich, mit dieser Tradition zu brechen, obwohl ihm schon während des Studiums Bedenken wegen seiner Eignung kamen. Je länger er dann in diesem Beruf tätig war, desto weniger befriedigt fühlte er sich.

Zu einem Berufswechsel konnte er sich jedoch zunächst nicht aufraffen, denn dieser warf nicht nur geistig-seelische, sondern auch praktische Probleme auf, da Johannes eine Familie mit drei Kindern zu ernähren hatte.

Endlich entschloß er sich doch, sein Pfarramt aufzugeben und mit einem neuen Berufsziel an die Universität zurückzukehren. Er wollte ein psychologischer Berufsberater werden. Es geschah dies im Einvernehmen mit seiner Frau, die unterdessen durch Arbeit als Sekretärin den Unterhalt für die Familie verdienen wollte.

Das Beispiel, das uns Johannes bietet, stellt einen Fall dar, bei dem eine gute psychologische Beratungsstudie wahrscheinlich schon viele Jahre früher jene unangemessene Motivation aufgedeckt hätte, die zu dem Entschluß geführt hatte, Pfarrer zu werden. Dieser psychologisch begabte, aber nicht religiös inspirierte Mann hätte in der Tat schon vor dem Beginn seines theologischen Studiums auf eine andere, für ihn angemessenere Bahn gelenkt werden sollen.

Nun mag mancher mehr realistisch denkende Leser die Frage stellen, warum es denn gar so lebenswichtig sei, daß ein Mensch den absolut »richtigen« Lebenspartner und den durchaus »richtigen« Beruf hat. Gewiß ist beides nur relativ selten der Fall, und Persönlichkeiten wie Nelson Rockefeller erscheinen als vom Glück besonders Begünstigte, denen das Leben keinerlei Befriedigungen und Güter zu versagen scheint.

Dieser ungewöhnliche Fall darf uns natürlich nicht als Maßstab dienen; wohl aber ist die Frage berechtigt, warum der hier diskutierten Selbstverwirklichung so große Bedeutung zukommt. Hat es nicht immer und überall Menschen gegeben, die ihr Leben nutzbringend und zufrieden gelebt haben, ohne die Gelegenheit zu vollkommener Verwirklichung ihrer besten Möglichkeiten zu finden?

Ist es nicht genau besehen das Schicksal der großen Mehrzahl der Menschen, daß sie sich mit sehr viel weniger als solchen Vollkommenheiten abfinden müssen? Und gibt es nicht überall und zu allen Zeiten Menschen, die ihr Leben in Ehe und Beruf ohne bedeutende Erfüllungen zwar, aber doch anständig und mit unterschiedlichem Grad von Befriedigung leben?

Diese Einwände sind nicht von der Hand zu weisen. Die größte Mehrzahl der Menschen muß mit Kompromissen leben. Jedoch ist in unserer Zeit mehr als früher das Verständnis dafür wach geworden, daß es nicht in erster Linie darauf ankommt, ein angenehmes Leben zu haben, sondern daß es die *spezifischen,* das heißt die dem Individuum am genauesten angemessenen *Beziehungen und Betätigungen* sind, die Erfüllung bringen. Die Einstellung auf solche Formen der Betätigung ist daher berechtigt und sinnvoll, selbst wenn diese oft nur teilweise oder gar nicht verwirklicht werden können. Wie das im Zusammenhang von Lebensläufen aussieht, wird uns im weiteren noch eingehend beschäftigen. Tatsache ist, daß viel zuwenig Menschen gelernt haben, sich in konstruktiver Weise mit ihrem Leben als einem Ganzen zu befassen und Ereignisse sinnvoll zu deuten.

Zum Beispiel werden, wie Ursula Lehr zeigte, im fünften und sechsten Lebensjahrzehnt oft *Rollenwechsel* notwendig, auf die viele sich nicht vorbereitet haben und ungünstig reagieren. Die häufigste Ursache solchen Rollenwechsels besteht darin, daß die Kinder herangewachsen sind und das Haus verlassen haben und daß die Eltern – besonders die Mutter – sich einer wichtigen Lebensaufgabe beraubt sehen.

Zwar bereiten sich heute immer mehr Frauen auf diesen Zeitpunkt vor, indem sie, bevor sie Kinder haben, einen Beruf erlernen oder ausüben, zu dem sie später zurückkehren können. Zahlreiche Frauen aber leben auch heute noch zu sehr in den Tag hinein, als daß sie sich auf Lebensziele in den späteren Jahren einstellen könnten. Das gilt in nicht geringerem Maße auch für Männer.

Sehr viele, wenn nicht überhaupt die meisten Menschen stellen sich ein späteres Leben mit verringerten Pflichten als höchst wünschenswert vor. Es sind diejenigen, die sich mit ihrer *Pensionierung* ein idyllisches Leben erhoffen, ohne sich je mit aller Deutlichkeit die Langeweile und Leere vorzustellen, die ihnen bevorsteht, wenn sie nicht neue Interessen entwickelt haben. Bei der Auswertung von 96 Interviews, die Dr. Ilse Pichottka, Renate Praetorius und Dr. Ursula Lehr dankenswerterweise in zwei deutschen Städten für meine Untersuchung unternahmen, zeigt sich bei einer großen Anzahl der Menschen in den Vierzig bis Sechzig ein – wie mir scheint – recht verfrühtes Bedürfnis nach »Ruhe und Frieden«.

So sagt zum Beispiel eine fünfundvierzigjährige verheiratete Frau Helene, *Mutter einer Tochter:* »Ziele habe ich eigentlich nicht mehr so arg viel. Praktisch habe ich alles erreicht, was ich mir in der Jugend so vorgestellt hab': einigermaßen a Wohnung, keine Not. Es geht jetzt halt so dahin, und ich hoffe, daß es so bleibt. Erreichbar wäre noch, daß ich mir mal an Pelzmantel kauf' und a bißl an Schmuck.«

Die sechzigjährige verwitwete Modistin Elise *fühlt mit Resignation, daß sie nichts von dem erreicht hat, was sie sich vorgenommen hatte. Zunächst seien mangelnde Mittel daran schuld gewesen, daß sie die Handelsschule nicht besuchen konnte, und später hätten die politischen Verhältnisse ihr und ihres Mannes Fortkommen erschwert.*

Die Ausnahme bilden solche Personen, die daran denken, sich weiterzuentwickeln oder die sogar noch etwas Neues beginnen wollen.

So sagt die einundfünfzigjährige Sprachlehrerin Rosa, *das Wichtigste sei für sie, sich fortzuentwickeln und das Beste aus sich zu machen.*

Ein anderes Beispiel ist Manfred, *fünfundvierzig Jahre alt, der in der Zukunft noch etwas Schöpferisches leisten möchte und zu einem Fortschritt der Gesamtheit beitragen zu können hofft. Ihm liegt daran, an der Überwindung von Vorurteilen mitzuarbeiten.* »Scharf getrennt« *vom ersten sieht er ein zweites Ziel vor sich: nämlich sich und seiner Familie die Zukunft zu sichern. Auch er will* »Ruhe und Frieden haben und bestimmten Liebhabereien nachgehen«.

Auch eine intensivierte Beschäftigung auf einem bevorzugten Interessengebiet findet sich selten. So ist zum Beispiel Franz, *ein* dreiundsechzigjähriger Oberlehrer, entschlossen, sich nach seiner Pensionierung noch eingehender als bisher seinen politischen Interessen zu widmen.

Nirgends in diesem Interview-Material ist jedoch jene reiche Interessenentfaltung zu beobachten, die der bereits erwähnte Bill Roberts (Seite 38/39) nach seiner vorzeitigen Pensionierung entwickelte. Er mußte sich pensionieren lassen, da er nach einer schweren Krankheit und einer Nierenoperation im Alter von neunundvierzig Jahren den Anstrengungen seines Berufs nicht mehr gewachsen war.

Bill Roberts erwarb zunächst ein kleines Lebensmittelgeschäft, in dem ihm seine Frau helfen konnte; mit vierundsechzig Jahren übergab er es dann seinem jüngsten Sohn.

Während und neben der Tätigkeit in seinem Geschäft, vor allem aber auch später, als er sich »zur Ruhe gesetzt« hatte, entwickelte er erstaunlich vielseitige Interessen. Er selbst sagte, daß er seit etwa seinem fünfundfünfzigsten Lebensjahr, nachdem er gemeinsam mit seiner Frau seine vier Kinder großgezogen und die Familie wohlversorgt hatte, sich nun damit befassen konnte, »Gutes in der Welt« zu vollbringen. Er ist Mitglied der Presbyterianischen Kirche, gehört der Freimaurerloge an, ist aber auch politisch aktiv tätig. Stets hält er sich in seinen Kenntnissen auf dem laufenden, indem er die wichtigsten Tageszeitungen liest. Außerdem gehört er mit seiner Frau einem Volkstanzklub an; er geht zum Fischen und auf die Jagd, wobei er stets einen seiner Söhne mitnimmt. Er schwimmt, spielt Golf, geht ins Kino, sieht sich Baseball im Fernsehen an und hört gern Schallplatten. Er liebt gesellige Zusammenkünfte mit Verwandten und Freunden und spielt gern Kanasta. Seine besondere Zuneigung gilt seinem Garten, in dem er vor allem verschiedene Sorten von Rosen pflegt; er führt aber auch Instandsetzungsarbeiten im Haus und in der Garage aus und hält sein Auto stets in gutem Zustand. Und nicht zuletzt repariert er die Spielsachen seiner Enkelkinder.

Angesichts eines solchen reichen Lebens erscheint es als höchst bedauerlich, wenn Menschen im absteigenden Teil ihrer Lebenskurve interessenlos und ziellos mehr oder weniger dahinvegetieren.

Es klingt nach allzu früher Resignation, wenn der zweiundsechzigjährige ledige Rentner Ulrich erklärt: »Ziele? Was soll man dazu sagen, in meinem Alter? Ich wüßte auch gar nicht, welche Ziele noch für mich erreichbar wären. Ich habe keine Ziele mehr, ich bin zufrieden, weil ich weiß, das Leben wird so weitergehen, bis ich einmal sterbe. Mit Zufriedenheit meine ich Wunschlosigkeit. Wenn ich nur gesund bleibe, bin ich zufrieden. Ich habe hier im Altersheim alles, was ich brauche: mein Essen, meine Kleidung, mein Zimmer.«

Begreiflicherweise ist in diesem Alter die Furcht vor schweren und unheilbaren Krankheiten sowie der Wunsch nach Erhaltung der Arbeitsfähigkeit bis zur Pensionierung.

In einigen Fällen wird über »Erfüllung des Lebenssinnes« unter religiösen Gesichtspunkten, einmal über »Abrundung der eigenen Persönlichkeit« gesprochen.

Die den meisten Arbeitnehmern mit fünfundsechzig Jahren aufgezwungene *Pensionierung* markiert für einen Großteil den offiziellen Beginn des Alters, selbst wenn sie sich noch zwanzig Jahre oder länger bester Gesundheit erfreuen.

So sagt der fünfundsechzigjährige, eben pensionierte Beamte Berthold: »*Ich war ja froh, daß ich meine Ziele bisher, die ja lediglich im Beruflichen lagen, daß ich eben mit denen nicht mehr konfrontiert werde. Sie müssen das mal von meiner Warte aus sehen. Für die meisten ist ja heute mit fünfundsechzig der Abschluß im Leben da. Ich war vorige Woche mit einem ehemaligen Kollegen zusammen, der ist noch ein bißchen älter als ich, der sagt auch, ich trachte danach, meine Gesundheit zu erhalten und daß ich mit meinen materiellen Dingen zurechtkomme, daß die finanziellen Dinge in Ordnung gehen, und im übrigen, genau was ich immer gesagt habe, sieht man zu, daß man nun die letzten Jahre doch angenehm im Rahmen seiner Familie durch ein gutes harmonisches Verhältnis und . . . es kommen da schon . . . die Berührungspunkte sind ja nun enger, ich bin ja nun auch den ganzen Tag hier im Haus, da könnte schon manchmal ein bißchen ein Stein des Anstoßes . . . Aber das muß man eben vermeiden. Der eine oder andere muß da schon sagen, gut, wenn das oder das ist, tolerierst das, und man spricht sich darüber aus, aber dann alles in anständiger Weise, ohne viel Radau und ohne Krach, wie man es ja auch manchmal erlebt. Das ist das Wichtigste. Was sollte man sonst noch für Ziele haben?*«

In derselben Tonart drückt sich August *aus, ein Achtundsechzigjähriger:* »*Mein Gott, was will man sich in unserem Alter noch für Ziele setzen? Ein sorgenfreies Alter, daß man gesund bleibt. Früher habe ich immer angestrebt, ein Haus zu bauen, das ist natürlich durch die Kriege und die Währungsreform hinfällig geworden. Was ich mir jetzt noch wünsche, ist ein kleines ›Eldorado‹, wo man sich als Privatier etwas mit der Natur beschäftigen kann. Solange ich noch auf einen Berg gehen kann, weiß ich, daß ich gesund bin.*

Hauptsorge ist meine Frau, denn mit der Hausfrau steht und fällt das Familienleben; daß die Enkelkinder geraten; daß die Politik keine Enttäuschungen mehr bringt.«

Demgegenüber spricht der fünfundfünfzigjährige Gregor davon, daß er noch »irgend etwas tun« möchte. Was dies aber sein soll, ist ihm nicht klar, außer was die Pflege von Haus und Garten angeht: »Berufsmäßig sind meine Ziele ja bereits abgeschlossen; ich stehe in einem Alter, in dem das Berufsziel hintansteht. Sonst möchte ich sagen, daß ich die anschließende nichtberufliche Zeit körperlich und geistig gesund erleben kann, daß die häuslichen, familiären Verhältnisse sich ideal, ja harmonisch gestalten und die Familie sich gesund hält, daß man noch irgend etwas tun kann, damit man nicht ganz einrostet, etwas tun, das meinen Lebensabend ganz ausfüllt und mich noch ganz beschäftigen kann.«

Gesundheit und Vitalität sind in diesem Alter individuell sehr unterschiedlich. Es gibt Menschen, die zu krank oder zu müde sind, als daß sie sich aktiv betätigen könnten. Aber die soeben Genannten scheinen nicht durch Gebrechen an ihrer Weiterentwicklung gehindert zu sein, sondern durch den Mangel an Interessen.

Ursula Lehr hat in einer interessanten Untersuchung über »subjektive Alterssymptome« feststellen können, daß das »Sich-alt-Fühlen« viel weniger von einer bestimmten Zahl der Jahre oder von körperlichen Veränderungen abhängig ist, als vielmehr eine Reaktion auf »bestimmte Lebenssituationen« darstellt – auf Lebenssituationen, die soziale Bedeutung haben.

In diesem Sinne müssen wir die heute sehr oft mit fünfundsechzig Jahren erfolgende Pensionierung als eine Erfahrung bezeichnen, die sich hinsichtlich des Planens einer Zukunft nur ungünstig auswirkt. Durch die Pensionierung wird das Individuum aus dem Kreis der Kollegen und aus der im Gesellschaftlichen verankerten Arbeit fort in ein privates Leben verwiesen, in dem die meisten Menschen offenbar nicht mehr viel mit sich anzufangen wissen – zum guten Teil nicht zuletzt deshalb, weil ihnen Anleitung und Gelegenheit zur Entwicklung in neue Richtungen fehlt.

Andererseits gibt es aber doch relativ viele Menschen, die sich heute auch in späteren Lebensjahren noch voll auf der Höhe fühlen und sich neue Wirkungskreise zu erschließen wissen, völlig unangefochten von der Vorstellung, sie sollten ihre aktive Lebensweise irgendwie einschränken.

Eine weitgereiste, sehr aktive vierundsiebzigjährige deutsche Witwe, eine ehemalige Schullehrerin, die auf einer Weltreise gerade in Los Angeles war, als Lord Snowdons Film über die

Auswirkungen der Altersphase in England gezeigt wurde, war empört über die überwiegende Zahl derer, die als völlig hilflos und ohne Interessen dahinvegetierend dargestellt wurden. »Es scheint mir«, sagte sie, »daß Lord Snowdon keine Ahnung hat von dem ausgefüllten Leben all jener Alternden, die nicht in Heimen dahinsiechen, sondern zum Teil völlig neuartige Interessen verfolgen, Reisen unternehmen oder Hobbys betreiben, für die sie früher keine Zeit hatten. Das Bild, das er bietet, ist einseitig verzerrt.«

Herbert Otto hat sich seit einigen Jahren intensiv mit der Frage der Entwicklung menschlicher *Potentialitäten* speziell im Alter befaßt, wobei wir unter diesem Begriff die Fähigkeiten und möglichen Verhaltensweisen eines Menschen verstehen. In umfassenden Studien, die hauptsächlich an der Universität von Utah durchgeführt wurden, konnte er den außergewöhnlichen Zuwachs an Lebensbefriedigung und Lebenskraft nachweisen, der durch die Entwicklung von Potentialitäten in den Interessen und Betätigungen gewonnen wird: Aktivitäten verschiedenster Art, angefangen von kunsthandwerklicher Tätigkeit, künstlerischen und musikalischen Interessen bis zur Teilnahme an der Erörterung philosophischer, kirchlicher, politischer und sozialer Fragen, erweisen sich als Bereicherungen für die persönliche Entwicklung des Individuums wie auch als segensreich für sein Familienleben.

Auf solchen Einsichten aufbauend, müßte in großem Maßstab eine *Erziehung* dahin gehend erfolgen, daß sie die Menschen aus der müden Einstellung des Sich-fallen-Lassens in ihrem letzten Lebensdrittel herausführt und ihnen zu der *aufbauenden Idee persönlicher Vollentwicklung* verhilft.

»Wir müssen das Ende des Lebens jetzt nicht herabsinken lassen«, sagte *Wilhelm von Humboldt* im Alter von fünfundvierzig Jahren.

Hier werden die Unterschiede zwischen unserer körperlichen und unserer geistigen Existenz sichtbar. Biologisch betrachtet stellt das Leben einen Aufstieg bis zu einem Höhepunkt der Kräfte und körperlich bedingten Fähigkeiten dar, auf dem das Individuum eine Zeitlang verweilt, durchschnittlich von etwa fünfundzwanzig bis fünfzig Jahren, wonach dann ein Abstieg beginnt. Betrachtet man jedoch die geistige Entwicklung, so kann ein Mensch weiter und weiter reifen bis zu einer Vollendung, für die dann der Tod einen sinnvollen Abschluß darstellt. So ist zu verstehen, was der gleiche Wilhelm von Humboldt mit sechzig Jahren äußerte: »Der Tod und das neue Leben ergreifen nur immer das für sie Gereifte. So muß also auch der Mensch diese Reife in sich befördern, denn die Reife für den Tod und das neue Leben ist nur ein und dieselbe.

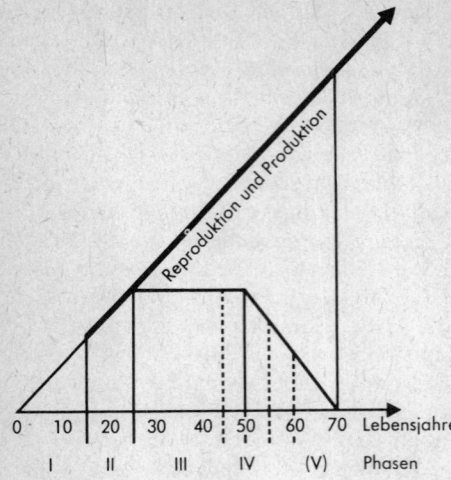

12 Biologische Lebenskurve: Das Ansteigen in Phase IV und V zeigt den Richtungswechsel vom Aufbau zum stationären Wachstum und von diesem zum Abbau. Der den Aufstieg fortsetzende Pfeil stellt die Lebensergebnisse dar, die jenseits der Phase V (nach dem Tode) das Individuum in dem von ihm Geschaffenen (Produktion) und in seinen Kindern (Reproduktion) fortwirkend überleben. (Aus Ch. Bühler: Der menschliche Lebenslauf als psychologisches Problem, 1959)

Der Gedanke des Todes hat nichts, was abschrecken oder ungewöhnlich bekümmern könnte; man sieht das Ausscheiden aus dem Leben als eine Entwicklungsstufe in der Folge des Daseins.«
Humboldt starb mit achtundsechzig Jahren.
In der hier abgebildeten schematischen *Lebenskurve* wird alles, was zum schaffenden Leben des Menschen gehört, in einer aufstrebenden Diagonale dargestellt, mit einem Pfeil, der über das biologische Dasein des Individuums hinausweist. Mit dieser Diagonalen und dem Pfeil soll angedeutet werden, daß die Kinder, die wir in die Welt setzen, sowie all das, was wir schaffen (und hierzu gehören die Wirkungen, die wir durch unsere Arbeit, durch unsere Beziehungen zu den Mitmenschen und unser Wirken hervorbringen), daß all dies sich fortpflanzt und weiterbesteht. Hierzu gehören das Fortbestehen solider Leistungen, das Nachwirken freundlicher und hilfreicher Worte und Handlungen ebenso wie das Weiterleben der Schöpfungen großer Denker oder Künstler.
Es kann nicht der geringste Zweifel daran bestehen, daß das Ende der Menschen, die sich auch während ihres Alterns noch als wachsend und am Leben aktiv teilnehmend wissen, sich weitaus befriedigender gestaltet. Hierfür haben wir zahlreiche Belege, und zwar nicht nur von geistig Schaffenden, sondern auch von einfacheren »Durchschnittsmenschen«.

Ein klassisches Beispiel ist Gabriele von Bülow. *Jung verwitwet, war sie von Kindern, Enkeln und Urenkeln ständig umschwärmt und in Anspruch genommen; niemals wurde sie müde, Liebe und Wärme um sich zu verbreiten. Ein Wirken in der Öffentlichkeit lehnte sie konsequent ab, so zum Beispiel die ihr mehrfach ange-tragene, damals sehr begehrte und einflußreiche Stellung einer Oberhofmeisterin bei der preußischen Königin. Heiter, gesund und aktiv bis in ihr spätes Alter, nannte sie sich selbst die »Lokomotive«, weil sie mehr als alle anderen Familienmitglieder zu allem, was unternommen werden sollte, die Initiative gab. Über die Bezeichnung »Greisin« empört sie sich noch als Dreiund-achtzigjährige. 1887, im Alter von fünfundachtzig Jahren, stirbt sie, bis zuletzt munter und klar.*

Die letzten von uns angeführten Beispiele haben uns in die fünfte Lebensphase geführt, die mit etwa Fünfundsechzig beginnt und bis in die Siebzig, Achtzig, Neunzig, ja bis zu hundert Jahren reichen kann. Diese Phase scheint bei den einzelnen Menschen größere Unterschiede aufzuweisen als alle anderen: Zwischen solchen, die durch Krankheit oder Verbrauchtsein völlig zerrüttet oder gar erschöpft sind, und denen, die in scheinbar nahezu voller Schaffenskraft ihren Weg weitergehen, besteht in dieser Lebens-phase eine ungeheure Kluft.

Beispiele wie das der Gabriele von Bülow, wie das der bekannten amerikanischen Künstlerin »Grandma« Anna Mary Moses (1860–1961), die mit siebenundsechzig Jahren zu malen begann und die noch als Einundneunzigjährige jede Woche drei bis vier Bilder malte, oder wie der Bundeskanzler Konrad Adenauer, der mit dreiundachtzig Jahren in einer Rundfunkrede seine Dispo-sitionen für die nächsten Jahre entwarf – diese und viele andere geben Kunde von einem glücklichen, erfüllenden Wirken in den späten Jahren bis zum Lebensende.

Menschen, die noch im hohen Alter ihren Interessen nachgehen oder auf irgendeine Weise aktiv tätig sind, erwarten sich für ihre Lebenserfüllung mehr als eine gesicherte Existenz oder Ruhe und Frieden: Sie wollen noch am menschlichen Schaffen und Streben teilnehmen und etwas dazu beitragen. Sie sprechen mit größerer Begeisterung von ihrem Leben als jene, die wie der vorhin zitierte August sagen: »Mein Gott, was will man sich in unserem Alter noch für Ziele setzen.« Dabei ist dieser achtundsechzigjährige Pfleger, der eine große Familie hat, nicht etwa unzufrieden oder enttäuscht. Doch hat er sein Streben frühzeitig enden lassen und resigniert nun in mancherlei Hinsicht, vor allem bezüglich

13 »Grandma Moses« vor einem Selbstportrait – ein großartiges Beispiel glücklichen, erfüllenden Wirkens bis zum Lebensende

materieller Ziele, die er nicht zu erreichen vermochte. Und wie es in den meisten der aus diesem Interview-Material herangezogenen Beispiele der Fall war, zeigt er kein aktives Interesse an Problemen des öffentlichen Lebens.

Dies also sind die wichtigsten Erlebnisse der letzten Lebensphase:
Das Gefühl der Erfüllung,
Resignation,
das Bewußtsein der Verfehlung.
Gelegentlich hegen Menschen unerfüllbare Erwartungen bis an ihr Ende. Häufig scheinen sie abschließende Erlebnisse zu haben. Viele sehen mit Angst oder Depression dem Tode entgegen. Andere, besonders jene, die an ein Fortleben nach dem Tode glauben, sind weniger mit dem Problem des Endes beschäftigt als mit der bangen Frage, ob sie zum ewigen Leben berufen sein werden. Andere wiederum zeigen Resignation gegenüber dem unvermeidlichen Abschluß ihres Daseins.

Tiefdenkende, wie zum Beispiel Wilhelm von Humboldt, Carl G. Jung oder Rainer Maria Rilke, sehen im Tode die Erfüllung des Lebenssinnes, für den man ebenso reif sein sollte wie für andere Lebensaufgaben und Lebensphasen.

III   Konstante Züge in Erwartungen und Zielsetzung

Trotz aller Wandlungen, die sich durch Wachstum, Reifung und Altern sowie durch Erfahrung und Lernen ergeben, bleibt der Mensch sich doch in vieler Hinsicht stets gleich. Diese beachtliche *Konstanz* in Charakterzügen, Strebungen und Handlungsweisen, im Fühlen und Denken der Individuen hat die Psychologen von jeher beschäftigt.

Eine der vollständigsten neueren Untersuchungen über diese Probleme der Konstanz hat Hans Thomae vorgenommen. Systematisch diskutiert er die vielen verschiedenen Bereiche innerhalb der Persönlichkeit, in denen Konstanz festzustellen ist.

Für unsere Zwecke mag es genügen, die Konstanz unter den zwei hier wichtigsten Gesichtspunkten zu besprechen. Es sind dies einerseits konstante Züge in der *einzigartigen Gestaltung,* die ein Individuum seinem Leben gibt, und andererseits Festlegungen von Reaktionen, die sich aus dem *einzigartigen Erfahrungsverlauf* eines individuellen Lebens ergeben. Durch beide stets ineinander verwobene Faktoren wird jeweils die *einzigartige Lebensgeschichte* des Individuums bestimmt.

1. Individuelle Eigenheiten und Lebensstil

Betrachten wir dies etwas genauer. Was erstens die konstanten Züge in der *einzigartigen Gestaltung* angeht, die ein Individuum seinem Leben gibt, so nimmt diese, wie wir heute wissen, in dem Moment ihren Anfang, in dem die Existenz des betreffenden Menschen beginnt.

Alle neueren Beobachtungsstudien an Neugeborenen, wie sie Bernice Eiduson in einer umfassenden Arbeit bespricht, weisen eindeutig darauf hin, daß jedes Baby von Anfang an sich in völlig individueller Weise benimmt und auch in individueller Weise auf seine Umgebung reagiert. Intensität, Tempo, Rhythmus im Ausdruck seiner Bedürfnisse variieren von Kind zu Kind und bleiben in ihrer Eigenart konstant. Neigungen, Bevorzugungen und Interessen weisen gleichfalls diese Individualität und Konstanz auf.

So wurden zum Beispiel an jedem Neugeborenen individuelle Geschwindigkeiten, Rhythmen und Bewegungskoordinationen beim Saugen festgestellt, ebenso individuelle Unterschiede in der Art, wie die Säuglinge auf Hätscheln reagieren. Zeiten und Intensität des Schreiens zeigen gleichfalls individuelle und konstante Züge, ebenso Bewegungsarten, Grad und Art der Reaktion auf Sinnesreize und vieles andere mehr.

Die hier erwähnten Merkmale der *Individualität* mögen dazu dienen, kurz das Problem *angeborener* Züge zu streifen.

Wer von der Bedeutung der angeborenen, das heißt der vererbten Tendenzen oder gar Charakterzüge überzeugt ist, wird sofort darauf hinweisen, daß offenbar die konstanten individuellen Eigenheiten, über die wir eben berichteten, auf bestimmte *Anlagen* zurückgehen. Dies ist zweifellos richtig. Doch ist die genaue Feststellung dessen, was nun wirklich angeboren ist, außerordentlich schwierig. Dies hat seinen Grund darin, daß – wie wir bereits auf Seite 11 dargelegt haben – vom Beginn der individuellen Existenz an der Ausdruck der eigenen Dispositionen eines Kindes durch *Einflüsse aus der Umgebung* mitbestimmt wird. Oder noch genauer gesagt: Die eigene Disposition eines Kindes wird von Anfang an durch die Umgebung in der einen oder anderen Richtung modifiziert.

Beispiele einer viel beobachteten Kategorie sind hypersensitive Babys. Als *hypersensitiv,* das heißt überempfindlich, bezeichnet man Individuen, die auf alle Arten von Reizen besonders stark reagieren. Bei Neugeborenen äußert sich die Hypersensitivität hauptsächlich in Schreckreaktionen auf laute Geräusche oder auf andere starke Sinnesreize wie grelles Licht oder eine etwas rauhe Behandlung. Auch Nahrungsschwierigkeiten können hier häufig auftreten. Diese Säuglinge schreien gewöhnlich häufiger und länger als andere.

Studien an individuellen Fällen haben gelehrt, daß solche Babys durch besonders sorgfältige, schonende Behandlung manchmal allmählich größere Widerstandskraft und ein besseres Gleichgewicht erlangen können.

Das gilt allerdings nicht allgemein. So hat zum Beispiel Lauretta Bender gezeigt, daß schizophrenen, das heißt geistig schwer gestörten Kindern selbst die liebevollste mütterliche Fürsorge nicht zu einer Verbesserung ihrer Reaktionen zu verhelfen vermag.

Die Desensitivierung – das heißt die Entwöhnung von extremer Überempfindlichkeit – kann in der Psychotherapie auch bei Erwachsenen gelingen. Das bedeutet natürlich nicht, daß ein Hypersensitiver zu einem robusten Menschen umerzogen werden kann. Aber eine gewisse Veränderung ist zu erzielen.

Das Problem der Feststellung angeborener Tendenzen sowie ihrer Veränderbarkeit ist überaus kompliziert und vorläufig von der Wissenschaft noch nicht gelöst, und zwar deshalb, weil die Variabilität der an der Wirkung beteiligten Faktoren so groß ist, daß es unmöglich wird, bestimmte Entwicklungen der Charakterzüge vorauszusagen. Es ist daher ratsam, von Spekulationen über angeborene Tendenzen vorerst abzusehen.

Eine weitere wichtige Feststellung ist die, daß die Einzigartigkeit des Individuums sich nicht nur in seinen sogenannten »*Trieben*« kundgibt, also im Ausdruck seiner eigenen Bedürfnisse, sondern auch in seiner *Lernweise,* das heißt in der Art und Weise, in der es die Umweltgegebenheiten aufnimmt, verarbeitet und seinem Wissen und Können einverleibt.

B. S. Bloom kommt in vorsichtigen Schlußfolgerungen aus umfassenden Studien zu dem Ergebnis, daß im Alter von zwei Jahren schon mindestens ein Drittel der in der Adoleszenz (also im Alter von zwölf bis achtzehn Jahren) sich zeigenden intellektuellen Interessen voraussagbar ist, ebenso wie der Grad der individuellen Abhängigkeit sowie der Aggressivität. Bei einem Alter von fünf Jahren hält er mindestens die Hälfte dieser Züge für voraussagbar. Mehrere andere Autoren sind zu ähnlichen Befunden gekommen. Betont sei aber nochmals, daß bei diesen Voraussagen nichts über angeborene Tendenzen behauptet wird, sondern nur über die wahrscheinliche Weiterentwicklung von Verhaltenskomplexen, wie sie sich im Kleinkinderalter ausgebildet haben.

Die Gesamtheit dieser Züge der individuellen Lebensgestaltung ergibt das, was man heute den *Lebensstil* eines Individuums nennt. Dieser Begriff wird gegenwärtig anders gebraucht als im Sinne Alfred Adlers, der ihn geschaffen und eingeführt hat. A. Adler beschrieb die Entwicklung des Individuums als bestimmt durch eine innere Gerichtetheit, die er als »Leitlinie«, »Lebensstil« und »Lebensplan« bezeichnete. Wie von Peter Hofstätter besonders klar dargelegt worden ist, sieht Adler diese Tendenzen allerdings nicht als Arten der Lebensgestaltung seelisch gesunder Menschen an, sondern sie sind ihm das Resultat dessen, was er »Überkompensation« von Minderwertigkeitsgefühlen nennt – das heißt willkürlich gesetzte Ziele, die den Zweck haben, sich Überlegenheit zu sichern. Hofstätter sagt denn auch, daß Adlers »Leitlinie« der »Lebenslüge« bedenklich nahe komme.

In der heutigen Lebenspsychologie werden die von Adler geprägten Begriffe mit veränderten Definitionen aufgenommen. Das Wort »Lebensstil« wird, wie erwähnt, für die Einzigartigkeit der gesamten individuellen Lebensgestaltung verwendet. In dieser einzigartigen Reaktions- und Verhaltensform eines Individuums können *gesunde* mit *neurotischen* Zügen verbunden sein, und das bedeutet, daß Verhaltensweisen, in denen sich echte Bedürfnisse ausdrücken, neben solchen stehen, die als Abwehr gegen unbewältigte Anforderungen benutzt werden (über Neurose siehe Seite 116 f.).

Gottfried zum Beispiel ist ein etwas phlegmatischer Junge. Obwohl durchschnittlich begabt, hat er eine verhältnismäßig langsame Reaktionsweise. Auch ist er schüchtern und unaggressiv.

Im Gegensatz zu ihm ist seine Mutter eine schnell handelnde und aggressive Frau. Gottfrieds Langsamkeit macht sie ungeduldig: Sie schilt ihn wegen seines langsamen Sprechens und nennt ihn »Dummkopf«.

Gottfrieds natürliche Langsamkeit und Zurückhaltung entwickelt sich durch die Angriffe seiner Mutter zu einer neurotisch furchtsamen Haltung. Er geht seiner Mutter aus dem Weg und ist oft überhaupt nicht zum Sprechen zu bringen. Als Erwachsener erinnert er sich, daß er als etwa Achtjähriger den Entschluß faßte, bei Tisch nie etwas zu sagen, weil seine langsame Ausdrucksweise den Spott der Mutter und des älteren Bruders herausforderte, während sein Vater dasaß, ohne ihn zu verteidigen.

Infolge dieser Umstände wurde aus Gottfrieds natürlicher Langsamkeit eine furchtsame Zurückhaltung und seine Ausdrucksweise zunehmend ungeschickter, nicht zuletzt auch deshalb, weil seine Lehrer in der kleinstädtischen Schule ihm ebenfalls keine besondere Hilfe angedeihen ließen.

Leider wissen wir vorläufig noch relativ wenig über individuelle konstante Züge, und so können auch in dieser Hinsicht Verhaltens-Inventare noch nicht mit Sicherheit angelegt werden. Ebenso unbekannt ist, bis zu welchem Grade konstante oder aber wandelbare Züge im Menschen vorherrschen. Und am wenigsten wissen wir, wie oben besprochen, darüber, inwieweit wir bei diesen konstanten Zügen den Begriff »*angeboren*« verwenden dürfen.

Unzweifelhaft gibt es eine *Spontaneität*, worunter wir Verhaltens-, Gefühls- und Denkweisen verstehen, die vom Individuum selber auszugehen scheinen. Und es gibt eine jedem Individuum eigene und damit einzigartige Einstellung zum Leben. In welcher Weise jedoch bereits vom Augenblick der Empfängnis an das vererbte, angeborene Material durch spezifische Umwelteinwirkungen mitgeformt wird, hat vorläufig noch nicht nachgewiesen werden können. Daher meinen wir mit dem Wort »Disposition«, das wir häufig gebrauchen werden, eine vom Individuum ausgehende Tendenz zu Verhaltensweisen, die sich unter den Einwirkungen gewisser Lebensbedingungen früher oder später herausgebildet haben mag.

2. Prägung durch individuelle Erfahrungen

Zu Beginn dieses Kapitels sagten wir, daß bei der Konstanz der einzigartigen Lebensgestaltung ein zweiter, ebenfalls Konstanten bildender Faktor eine Rolle spielt, nämlich die Erfahrung. Das eben erwähnte Beispiel von Gottfried zeigt deutlich, wie seine spezielle Lebenserfahrung die Konstanz seiner Lebensgestaltung verstärkend beeinflußt. Eine andersartige, hilfreichere und verständnisvollere Umgebung hätte seine Konstanten-Tendenz zur Langsamkeit zwar nicht zu beseitigen, aber vielleicht doch zu mindern vermocht.

Individuelle Erfahrungsverläufe können die Festlegung von Reaktionsweisen unter Umständen außerordentlich verstärken. Besonders lehrreich sind hier die Experimente des bekannten Tierpsychologen Konrad Lorenz. Er zeigte zunächst an Wildgänsen, daß bestimmte Elemente ihres Verhaltens zu einem bestimmten schon sehr frühen Zeitpunkt in definitiver Weise festgelegt werden; diesen Vorgang nannte er Prägung. Was Konrad Lorenz beobachtet und im Experiment gesichert hatte, war dies: Die jungen, eben aus dem Ei schlüpfenden Gänse »nehmen« das erste lebende Wesen, das sie sehen, als Elterntier »an«; sie folgen ihm nach, sie betteln es an. Normalerweise ist dieses Wesen eine Wildgans; ist es aber – wie im Experiment – ein Mensch, so bleiben die Junggänse auf diesen »geprägt«, das heißt, sie »hängen« ihm buchstäblich »an«.

Von großer Bedeutung hinsichtlich der Schlußfolgerungen auf Menschenkinder ist ein interessantes Experiment mit Mäusen: Junge Mäuse wurden wiederholt in einen Käfig gebracht, in dem eine aufs Kämpfen trainierte, besonders starke Maus sie angriff und prompt besiegte. Je jünger die Mäuse waren, die solchermaßen frühe Niederlagen erlitten, desto zaghafter und furchtsamer ver-

14 Der Tierpsychologe und Verhaltensforscher Professor Konrad Lorenz mit einer auf ihn geprägten Graugans

hielten sie sich auch noch als erwachsene Tiere. Ältere Mäuse jedoch, die vordem bereits Erfahrungen gemacht hatten und nun solche Niederlagen hinnehmen mußten, wurden nicht in demselben Grade eingeschüchtert.

Prägungen kommen, wie diese Experimente zeigen, hauptsächlich in frühen Ersterfahrungen zustande. Und so erfährt auch das zu Beginn seines Lebens einer liebevollen oder einer lieblosen Mutter anheimgegebene Menschenkind eine Prägung dergestalt, daß es auf eine ähnliche Behandlung von seiten anderer eingestellt ist.

Prägende Einwirkungen finden jedoch auch noch später statt. So können die Lebensweise einer Familie, der in der Schule vorwaltende Ton oder die Wesensart einer Nachbarschaft, in der man aufwächst, derart prägend wirken, daß man sie als einem selbst zugehörig erlebt sowohl im guten wie im bösen Sinn.

So sagte mir der fünfunddreißigjährige Patient Andreas, daß er unglaublicherweise noch heute gelegentlich den Impuls zum Diebstahl verspüre, obwohl er eine gute Stellung hat und in geordneten Verhältnissen lebt. Aber zu den Eindrücken, die er von früh an in seinem Elternhaus erhielt, gehörte, daß niemand etwas dabei fand, wenn Andreas ein ihm nicht gehörendes Spielzeug oder ein paar Äpfel nach Hause brachte. So kam es, daß er nicht selten in diesem oder jenem Laden dies oder das einsteckte, wenn niemand ihn beobachtete. Die moralisch laxe Einstellung der Eltern hat hier zur Prägung einer zunehmend kriminellen Tendenz beigetragen.

Gertrud, eine andere Patientin, sagte, das Heiraten habe ihr nie als ein Ideal vorgeschwebt, weil sowohl in ihrem Elternhaus wie auch in dem ihrer Freundinnen sich ihr das Ehe- und Familienleben als etwas eingeprägt hatte, das mit ständiger Sorge und Streiterei nahezu gleichbedeutend war.

3. Festlegung von Gewohnheiten

Neben der Prägung, bei der es sich um die Wirkung eindrucksvoller, hauptsächlich früher Erlebnisse handelt, gibt es eine zweite Art der Festlegung von Verhaltensweisen, und zwar als Folge häufig wiederholter Erfahrungen. Für dieses »Einfahren« von *Gewohnheiten* ließen sich unzählige Beispiele aus allen Lebensgebieten und allen Lebensaltern anführen – jedem Leser werden selbst genügend Fälle bekannt sein. Vielleicht kann man sogar sagen, daß der größte Teil unseres Lebens sich in Gewohnheiten abspielt, denen die Individuen in unterschiedlichem Grade anheimfallen.

Nicht umsonst spricht man ja vom »Gewohnheitstier«, wenn man einen Menschen bezeichnen will, dem es ungeheuer schwerfällt, sich von seinen Gewohnheiten zu lösen und etwas Neues zu beginnen. Das andere Extrem sind Menschen, denen Gewohnheiten unerträglich sind: »Neuerungssüchtig« lehnen sie jedes geregelte Leben ab, in dem nun einmal gewisse Gewohnheiten gang und gäbe sind.

Gardner Murphy, der sich mit diesem Faktor der Gewöhnung besonders eingehend befaßt hat, bezeichnet den Vorgang als *Kanalisation.* An vielen Beispielen zeigt er eindrucksvoll, wie besonders unsere Neigungen und Abneigungen weitgehend durch Gewohnheit bedingt sind: Sie verlaufen in bestimmten Geleisen, wie wir das gewöhnlich nennen: Murphy wählt dafür das Bild eines Kanalsystems.

Eine Unzahl von Beispielen könnte man nennen: Angefangen von dem Baby, das alle vier Stunden hungrig wird, wenn es an diese Zeitspanne gewöhnt ist, oder das nur eine bestimmte Flüssigkeit annimmt, an die es gleich zu Anfang gewöhnt wurde, bis hin zu dem Erwachsenen, der ein bestimmtes Arbeitstempo, an das er sich einmal gewöhnt hat, nicht leicht ändern kann oder der die ihm vertraut gewordene Wohnung und Wohngegend nicht verlassen will – in allen solchen und ähnlichen Fällen ist die festlegende Wirkung der Gewohnheit offenkundig.

Der jeweils individuell verschiedene Grad der Festlegung durch Gewohnheiten trägt stark zur Persönlichkeitsformung bei.

4. Festlegung durch emotionale Erfahrungen

Im vorigen Kapitel haben wir den Persönlichkeitswandel behandelt, wie er durch eine *traumatische*, das heißt eine seelisch verwundende *Erfahrung* stattfinden kann. Nach einem solchen Wandel jedoch kann im Gefolge dieser Art Erfahrung weiterhin eine Festlegung erfolgen.

Ein Beispiel einer solchen Früherfahrung bietet der Fall Philipp. Er war zwei Jahre alt, als sein Vater aus dem Krieg heimkehrte. Philipp hatte ihn nie gesehen und bis dahin in enger Vertrautheit mit seiner Mutter gelebt, die in der Beziehung zu ihrem Sohn Trost für die lange Abwesenheit ihres Mannes suchte.

Eines Morgens, als Philipp die Tür zum Schlafzimmer seiner Mutter öffnete, fand er sie nackt auf dem Bett sitzend und neben ihr einen ihm fremden Mann. Philipp war starr vor Schreck. Der Mann jedoch stand auf, nahm Philipp auf den Arm, trug ihn zum Bett und sagte: »Philipp, mein Sohn, komm zu deinem Vater und deiner Mutter. Sieh mal, wie schön deine Mutter ist.« Philipp hatte – wie er als Neunzehnjähriger in der Psychotherapie berichtete – seine Mutter nie entkleidet gesehen; ohne zu wissen warum, erlebte er die Szene als einen schweren Schock. Die Anwesenheit dieses fremden Mannes, der sich sein Vater nannte, die Art, wie er von ihm und offenbar auch von seiner Mutter Besitz ergriff, die Art, wie seine Mutter vor diesem Mann entblößt dasaß und wie beide lächelten – all dies schien ihm furchterregend fremd und erfüllte ihn mit Angst und Wut zugleich.

Der Schock war so schwer, daß – wie Philipp sich später klarmachte – die Beziehung zu seinen Eltern dadurch entscheidend beeinflußt wurde. Er fühlte sich von seiner Mutter verstoßen und durch den Vater verdrängt, einsam und verlassen; beiden Eltern gegenüber war er von tiefem Mißtrauen erfüllt.

Obwohl ihm seine Eltern in den folgenden Jahren viel Liebe entgegenbrachten, konnte er nie die innere Entfremdung überwinden, die sich in jenem fatalen Augenblick eingestellt hatte.

Das Beispiel zeigt einen Gefühlswandel, der auf eine traumatische Erfahrung zurückgeht und zur Festlegung einer neuen Einstellung des Sohnes zu seiner Mutter führt.

Eine anders geartete Beeinflussung der Lebenseinstellung ergab sich in folgendem Fall:

Diane, eine jetzt dreißigjährige unverheiratete Frau, erinnert sich im Verlauf ihrer Psychotherapie an ein folgenschweres Erlebnis, das sie als Zweijährige hatte.

Ihre Mutter, die seit Dianes Geburt gekränkt hatte, mußte sich einer Unterleibsoperation unterziehen, weshalb das Kind für längere Zeit bei Verwandten untergebracht wurde. Schon vor der Operation hatte man dem Kind wiederholt damit gedroht, die Mutter werde, falls Diane nicht immer sehr artig sei, noch schwerer erkranken. Als schließlich der Zustand der Mutter tatsächlich ernster wurde und sie operiert werden mußte, kam Diane, die sich nun bei den kinderlosen und nicht besonders kinderlieben Verwandten befand, der Gedanke, sie habe das Kränkerwerden ihrer Mutter verschuldet und werde jetzt dafür bestraft. Sie weinte unaufhörlich, und niemand vermochte sie zu trösten.

Als Diane Monate später in ihr Elternhaus zurückkehrte, hatte sich die Überzeugung ihrer Schuld endgültig in ihr festgesetzt. Die Mutter kränkelte auch weiterhin und hatte offenbar weder die Kraft noch das Interesse, sich ihrem Kind zu widmen. Der Vater war vollauf mit den Sorgen um seine Frau beschäftigt, das Kind blieb einer Hausgehilfin überlassen. All das bestärkte Dianes Schuldgefühle.

Unglücklicherweise gehörte die Familie einer Baptistengemeinde an, in der besonders viel von Schuld und Sühne gesprochen wurde. Was Diane hier an Lehren und Predigten hörte, bestärkte sie nur in der Überzeugung, daß alle Menschen schwere Sünder seien, besonders aber sie selbst, und daß man nur dann Vergebung und Gnade erlangen könne, wenn man sein Leben Jesu Christo widme und sich strenger Glaubenszucht unterwerfe.

Diese Auffassung beseelte Diane so ausschließlich, daß sie, als sie heranwuchs, sich all und jede Lebenslust versagte. Als es zwischen ihr und einem jungen Burschen zu einer Liebesbeziehung kam, brach sie diese im gleichen Augenblick ab, in dem sich sexuelle Regungen einstellten, und faßte den Entschluß, nicht zu heiraten, sondern sich ganz ihrer beruflichen Tätigkeit zu widmen.

Da Diane sehr attraktiv war, sah sie sich im Laufe der Jahre mehrfach gezwungen, Bewerber abweisen zu müssen – mit zunehmend stärkerer Verzweiflung. Eine Zeitlang dachte sie sogar daran

Nonne zu werden, doch war ihr dieser Schritt unmöglich. Schließlich begegnete ihr abermals ein Mann, der sie stark beeindruckte und sie beinahe in eine sexuelle Beziehung verwickelte. Da brach sie zusammen. Auf Anraten eines Pastors – sie gehörte zu dieser Zeit einer moderner eingestellten Kirchengemeinde an – begab sie sich in psychotherapeutische Behandlung.

Bei Diane haben wir es mit einem Fall zu tun, in dem bestimmte Lebensumstände im Zusammenwirken mit einer persönlichen Einstellung zu Erlebnissen eine Lebensauffassung herausbilden, die für das Individuum selbst zerstörend werden kann.

Wir wollen hier in dem von uns bereits definierten Sinn von einer *destruktiven* (im Gegensatz zu einer *konstruktiven*) Lebensauffassung sprechen. Unsere früheren Beispiele destruktiver Lebenseinstellungen bezogen sich allerdings hauptsächlich auf Fälle, in denen die zerstörende Tendenz auf andere gerichtet war. Diane hingegen ist ein beispielhafter Fall einer unbewußt selbstzerstörerischen Lebenseinstellung. Es gehört zu den wichtigsten Kennzeichen der destruktiven Einstellung, daß das Individuum jene Eigenschaften und Fähigkeiten zur Wirkung bringt, die für es selbst und andere besonders nachteilig sind. Ganz anders die konstruktive, die aufbauende Lebensauffassung: Bei ihr werden Erfahrungen und eigene Dispositionen vom Individuum so verarbeitet, daß ein für die Entwicklung des Individuums günstiger *Lebensplan* entsteht – günstig in dem Sinne, daß er die besten *Potentialitäten* zur Wirkung bringt.

Was aber ist ein *Lebensplan?* Mit diesem Wort wollen wir die meist vagen, unter Umständen jedoch bestimmteren Entwürfe bezeichnen, die heranwachsende Menschen machen, wenn sie an ihr späteres Leben denken. Teils skizzenhaft, teils mit mehr Details malen sie sich die Zukunft aus. Hierbei können je nach der individuellen Eigenart künftige Tätigkeiten und Erlebnisse, Wünsche, Verpflichtungen oder andere Gesichtspunkte im Vordergrund stehen.

Im Falle Dianes sahen wir das komplexe Zusammenwirken von gewissen Erfahrungen und gewissen Dispositionen des Individuums zu einem völlig auf Selbstverzicht und auf religiöse Verpflichtung eingestellten Lebensplan. Hierbei spielten Gefühle eine entscheidende Rolle. Sie beeinflußten das Denken dieses Kindes in Richtung auf eine ganz bestimmte Motivation. Diese wurde so lange starr beibehalten, bis der Zusammenbruch eine Änderung notwendig machte. In einem solchen Fall kann ein wirklich günstiger Wandel nur von der Psychotherapie erhofft werden, und zwar deshalb, weil Diane sich von früh an allzusehr auf bestimmte Gedankengänge festgelegt hatte und jetzt für die Möglichkeit anderer Lebensauffassungen erst aufgeschlossen werden mußte.

Als sie in späteren Phasen ihrer mehrere Jahre dauernden Behandlung der Psychotherapie-Gruppe, zu der sie gehörte, einen Bericht über den Prozeß ihrer inneren Wandlung gab, betonte sie, wie neu und unerwartet das Erlebnis dieser Änderung für sie war. Bis dahin, sagte sie, hatte sie von Selbstbewertung nur in moralischem und religiösem Sinn gehört. Ihre Eltern oder ihr Pastor sprachen von bestimmten Verhaltensweisen als von »guten« oder »schlechten«. Jetzt lernte sie zum erstenmal, sich *tatsachengemäß* klarzumachen, wie ihre Denk- und Handlungsweise zustande gekommen war. Sie begriff, daß diese nicht aus freier Wahl eines wertvollen Zieles erwachsen war, sondern aus Ängsten und Schuldgefühlen, daß sie auf mißverstandenen Vorgängen und falschen Deutungen von Lebenswerten beruht hatte. Dieses *den Tatsachen gerecht werdende Verständnis seelischer Vorgänge* und das *Durchdenken von Lebenswerten* sind die großen Hilfen, die die moderne *Psychotherapie* dem seelisch Verirrten geben kann. Bei Abirrungen dieser Art handelt es sich viel seltener darum, daß Menschen »auf schlechte Wege« geraten, als vielmehr darum, daß sie einen Weg einschlagen, der sie krank werden läßt, weshalb sie auf einem solchen Weg niemals zu einer Lebenserfüllung gelangen können.

Emotionale Erfahrungen, wie die von Philipp und Diane berichteten, sind Beispiele besonders *ungünstiger Lebensanfänge*: Die durch unglückliche Umstände bewirkte seelische Trennung dieser Kinder von ihrer Mutter hatte ungünstige Lebenseinstellungen zur Folge.

Umgekehrt gibt es natürlich auch viele *günstige Lebensanfänge* mit Einstellungen und Erwartungen, die man als günstig in dem Sinn bezeichnen kann, daß sie konstruktiv und nicht destruktiv sind.

Greifen wir zum Beispiel kurz auf den Fall Lindas *zurück, von dem wir auf Seite 34 berichteten. Linda hatte einen schwierigen Vater, der wenig Verständnis für ihre Interessen und Neigungen aufbrachte. Jedoch hatte sie eine ungewöhnlich verständnisvolle Mutter, die liebevoll dafür sorgte, daß Lindas frühe Kindheit sehr glücklich war.* »Mein ganzes Leben lang«, *sagte Linda als Fünfzigerin,* »war die Liebe meiner Mutter mir innerlich gegenwärtig und beglückend.«

Diese Mutter gab ihrem Kind das Gefühl, daß das Leben schön und interessant ist, daß trotz aller Schwierigkeiten die meisten

Probleme zu lösen sind. Sie, die liebevolle Mutter, vermittelte der Tochter die gleiche liebevolle, verstehende Grundeinstellung gegenüber den Mitmenschen und lehrte sie, Kompromisse zu schließen und doch zugleich an den für die Lebenserfüllung wichtigsten Zielen festzuhalten.

Lindas Lebensanfänge befähigten sie zum Entwurf eines Lebensplans, der in den Grundgedanken festgelegt, in der Ausführung jedoch flexibel war. Linda hoffte, den richtigen Partner für eine Liebesheirat zu finden, auch wollte sie Kinder haben. Gleichzeitig jedoch bereitete sie sich auf eine berufliche Ausbildung vor, wobei ihr eine Tätigkeit als Sozialarbeiterin am meisten ihrem Lebensplan zu entsprechen schien.

Wie wir bereits erfahren haben, mußte Linda bei der Verwirklichung ihres Lebensplanes Kompromisse machen. Obwohl die Schwierigkeiten in der Persönlichkeit ihres Mannes, seine Berufsprobleme und seine langjährige Weigerung, Kinder zu haben, ihr viel Kummer bereiteten, ließ sie nie von ihrem hoffnungsvoll auf das Positive gerichteten Ausblick in die Zukunft ab. Und in der Tat gelang es ihr allmählich, wenn auch spät, alle Hindernisse zu überwinden und ihr Leben gemeinsam mit ihrem Mann zu der erhofften Erfüllung zu bringen.

5. Lebensplan und Daseinsthema

Zu Beginn dieses Kapitels haben wir den von Adler geprägten Begriff des *Lebensstils* definiert, und zwar in einer von Adler etwas abweichenden Weise, indem wir vorschlugen, jene Gesamtheit der Züge eines Individuums, die seine Eigenart und Einzigartigkeit ausmachen, als Lebensstil zu bezeichnen. Dies ist auch die Art, wie etwa die modernste Kinderpsychologie das Gesamtverhalten eines Neugeborenen in seiner Eigenheit charakterisiert. In Aktivität und Tempo, in den Reaktionen auf neue Reize und in noch anderen Verhaltensformen zeigt sich der eigen- und einzigartige Lebensstil schon des jüngsten Individuums geprägt durch das Ineinanderwirken von Anlagen und Erfahrungen.

Ein solch kleines Kind hat natürlich noch keinen Lebensplan, und es hat auch noch nicht das, was man als Daseinsthema bezeichnet. Der Begriff *Lebensplan,* den wir im vorangehenden Abschnitt einführten, soll hier verwendet werden, um ein mehr oder minder bewußtes Programm zu bezeichnen, mit dem ein Mensch gewöhnlich vom Jugend- oder frühen Erwachsenenalter an ins Leben geht.

Ein derartiges Programm ist konkret auf bestimmte Ziele gerichtet, die erreicht werden sollen.

Wir gaben das Beispiel von Lindas Lebensplan, der sowohl die Ehe als auch einen bestimmten Beruf umfaßte. Wir erwähnten Dianes Lebensplan, nicht zu heiraten und sich nur einem Beruf zu widmen.

Es gibt auch andere Lebenspläne, in denen die in Aussicht genommenen Ziele genauer umrissen sind und sich auf etwas ganz Bestimmtes richten, das der Betreffende haben oder sein will. Hier ein Beispiel:

Ein Mann namens Ludolf war entschlossen, reich zu werden. Da er unter sehr erbärmlichen Verhältnissen aufwuchs und bereits als Vierzehnjähriger zum Einkommen der Familie beitragen mußte, war dies ein ehrgeiziger und scheinbar nicht realisierbarer Plan. Durch außergewöhnliche Tüchtigkeit, größte Sparsamkeit und kluge Maßnahmen arbeitete sich Ludolf vom Laufburschen jedoch tatsächlich zum Geschäftsinhaber hinauf und hatte, wie geplant, mit sechzig Jahren einen beträchtlichen Wohlstand erworben.

Wie wir bereits erwähnten, können Lebenspläne realistisch sein, das heißt, den eigenen Potentialitäten und der Situation angemessen, oder aber unrealistisch. Sie können konstruktiv oder destruktiv sein, gesund oder neurotisch.

Auf diese Einzelheiten wollen wir hier noch nicht eingehen, sondern uns statt dessen mit einem dritten Begriff beschäftigen, der weiteres Licht auf diese Zusammenhänge wirft. Es handelt sich um den Begriff der *Daseinsthematik,* mit dem sich besonders deutsche Psychologen viel befaßt haben.

Das Wort »Daseinsthema« bezeichnet sehr anschaulich eine Deutung der Art, wie ein Mensch lebt, indem es auf die Tatsache hinweist, daß die Menschen ihr Leben gewissermaßen einem »Thema« widmen. Gewöhnlich wird der Begriff »Thema« im Zusammenhang mit der Literatur verwendet: Ein Schriftsteller wählt ein Thema für seinen Roman. In Analogie dazu hat eine Reihe von Psychologen darauf aufmerksam gemacht, daß auch menschliche Lebensläufe ein »Thema« haben – nach E. Lersch das, worauf es einem Menschen in seinem Leben ankommt und welche Strebungen er zur Verwirklichung bringen will. H. Thomae sieht die Daseinsthematik eines Menschen durch die von ihm gesetzten »Ziele« und verwendeten »Techniken« bestimmt. Er und eine Reihe anderer Psychologen haben Listen von Daseinsthemen aufgestellt.

Der Begriff des Daseinsthemas setzt die Kontinuität gewisser

Strebungen voraus. Er gründet sich auf die Beobachtung, daß es vielen Menschen im Leben um etwas Bestimmtes geht. Dies trifft wahrscheinlich für all jene zu, die einigermaßen zielgerichtet leben, wobei jedoch zu betonen ist, daß es offenbar erstens sehr verschiedene Abstufungen thematischer Bestimmtheit gibt und zweitens viele Menschen, die ziellos dahinleben.

Die *Grade thematischer Bestimmtheit* sind oft außerordentlich verschieden und häufig schon von früh an erkennbar.

Ein Beispiel ungewöhnlich früher Selbstbestimmung ist bei Van Cliburn *zu beobachten, der schon als Sechsjähriger in einem Gespräch mit seinem Vater darauf bestand, Pianist werden zu wollen, nachdem er sich bereits mit drei Jahren von seiner Mutter, die ebenfalls Pianistin war, Klavierstunden erbettelt hatte. Sein Lebensthema war die Musik, und sie ist es geblieben.*

Ein anderes Beispiel ist der achtjährige Martin (Seite 12), *dem seine Mutter seit ihrer Scheidung – damals war er sieben Jahre alt – immer wieder eingeschärft hatte, daß sie eines Tages von ihm ihrer beider finanzielle Sicherstellung erwarte. Der begabte und ehrgeizige Knabe fühlte sich verpflichtet und auch berufen, sich mit allen Kräften dem Lebensunterhalt und darüber hinaus dem Erwerb von Wohlstand für seine Mutter und sich selbst zu widmen.*

Dieses Thema finden wir sehr oft gerade bei amerikanischen Jugendlichen, die entschlossen sind, sich aus kümmerlichen Verhältnissen heraufzuarbeiten. Ludolf (Seite 73) war ein weiteres Beispiel.

Im allgemeinen ist die Adoleszenz das Alter, in dem Lebensthemen gewählt werden. Wiederum finden wir hier sehr verschiedene Grade der Bestimmtheit.

Ein Beispiel für eine außerordentlich ausgeprägte und sehr spezialisierte Selbstbestimmung bietet Joseph Conrad, *der in früher Jugend seine Heimat Polen verließ, um Seemann zu werden, und von dem Erlebnis des Meeres so stark gepackt wurde, daß er in seinen späteren Jahren das Meer und die Seefahrt zum Hauptgegenstand seiner berühmten Romane machte.*

Sehr früh stellen schöpferische Wissenschaftler sich auf ein der Forschung gewidmetes Leben ein. Unter den Lebensläufen von Chemikern, die B. Eiduson zusammengetragen hat, findet sich eine ganze Reihe von Berichten über eine sehr frühe Beschäftigung mit dem Problem der Naturgesetze. »Schon als Kind«, sagte einer der Wissenschaftler, »gefiel mir alles, was eine natürliche Ordnung darzustellen schien. Es war mir, als ob ich die Natur verstand.«

Die Untersuchung solcher »natürlichen Ordnungen« blieb für ihn sein Leben lang von zentraler Bedeutung.

Die Intensität der Selbstbestimmung ist in diesen Fällen offenbar die Folge spezifischer Interessen und Begabungen. Unter Umständen entwickelt sich hier allerdings eine derart einseitige Leidenschaft in der Beschäftigung mit dem einen Lebensthema, daß andere wichtige Lebensziele darüber völlig vernachlässigt werden. Die Weltgeschichte weist genug Beispiele von Reformern, Revolutionären und Eroberern auf, die ihre Ideen geradezu mit Besessenheit verfolgt haben – teils zum Segen für die Menschheit, teils zum fürchterlichen Unheil. Dieser Grad der Vorherrschaft eines Lebensthemas ist im allgemeinen eine *krankhafte Fixierung*, obwohl gelegentlich das unnachgiebige Eintreten für eine Sache der Menschheit zugute kommen kann.

Gesunde Menschen beschränken sich im allgemeinen nicht auf ein einziges Thema. Ihr privates wie ihr berufliches Leben ist ihnen gleichermaßen wichtig. Der Aufbau des Privatlebens gemeinsam mit einem Lebenspartner im Kreise einer Familie mag für sie ein ebenso wichtiges Daseinsthema darstellen wie das erfolgreiche Ausüben eines Berufes, der sie auszufüllen vermag.

Als Beispiel sei Walter genannt, ein Physikprofessor, der von Kindheit an leidenschaftliches Interesse für Apparate und Maschinen hatte, das sein Leben lang anhielt. Die Erforschung mechanischer Vorgänge betrachtete er als seine eigenste Aufgabe. Daneben aber widmete er sich mit nicht geringerer Aufmerksamkeit seiner Familie, die ihm ungewöhnlich viel bedeutete.

Darüber hinaus noch wurde eine Idee für ihn zum bestimmenden Lebensthema: Aufgrund persönlicher Erfahrungen entwickelte sich in ihm die in seiner Adoleszenz zur Reife gelangende Überzeugung, daß er sich in seinem Leben für die demokratische Idee der Würde jedes einzelnen Menschen einsetzen wollte, wo immer er konnte.

Hier finden wir den im Jugendalter nicht seltenen Ansatz einer Überzeugung, ein Daseinsthema, dem Walter in der Folge treu bleibt. Er vermag es, diese Idee mit seinen sonstigen persönlichen und sachlichen Interessen zu verbinden, während von anderen Menschen solche ideellen Themen häufig zugunsten realistischerer und einträglicherer Ziele aufgegeben werden.

Viele einfache Menschen folgen einem durchaus natürlichen Gefühl, wenn sie sich sowohl persönlich wie mit materiellen Mitteln für bestimmte Ziele einsetzen, deren Verfolgung ihnen ein ausgeglichenes Leben sichert.

Ein treffendes Beispiel gibt jener Bill Roberts, *den wir schon auf Seite 38 und 54 kennengelernt haben. Die Tatsache, daß dieser Mann, der auf ein glückliches und befriedigendes Leben zurückblickt, Amerikaner ist, kann mit gutem Recht als mehr oder weniger zufällig gelten, weil wir diese Art von Menschen und diese Form der Lebensführung vielerorts in der westlichen Kultur und vielleicht auch in anderen Kulturen antreffen können.*

Bill ist zur Zeit dieses Interviews siebenundsechzig Jahre alt. Er bezieht eine bescheidene Rente und wohnt mit seiner Frau in einem kleinen freundlichen Eigenheim. Wie er dort lebt und was er treibt, wissen wir bereits.

Er ist in einfachen Verhältnissen aufgewachsen. Mit zwölf Jahren verlor er den Vater, den er sehr geliebt hatte, mit vierzehn zog er zu Verwandten in die Großstadt und arbeitete in einer Fabrik. So war er infolge seines Entschlusses, das Elternhaus zu verlassen, weil der Stiefvater ihm nicht recht zugetan war, schon sehr früh nahezu ganz auf sich selbst gestellt.

Nachdem er im Alter von siebzehn bis zwanzig Jahren seinen Militärdienst abgeleistet hatte, versuchte er sich beruflich dadurch zu verbessern, daß er in die Verkehrsbranche überwechselte, wo er eine geregelte Ausbildung erhielt. Er arbeitete zunächst bei der Eisenbahn, später als Angestellter einer Lastwagenfirma.

In seinem persönlichen Leben zeigt Bill dieselbe Entschlossenheit und Zielstrebigkeit wie in seiner beruflichen Entwicklung. Da seine Jugendliebe, die er heiraten wollte, von ihm den Übertritt zu einer anderen Konfession verlangte, was seinen Überzeugungen widersprach, gab er sie auf und heiratete mit sechsundzwanzig Jahren eine Schulfreundin aus seiner Heimatstadt.

Nach der Rückkehr aus dem Ersten Weltkrieg, zu dem er kurz nach seiner Eheschließung eingezogen worden war, hatte seine Frau ihm den ersten Sohn geschenkt. In den nächsten Jahren vergrößerte sich die Familie um drei weitere Kinder. Die beiden Söhne und die beiden Töchter sind glücklich verheiratet. Bill ist stolz auf sie und auf seine neun Enkelkinder und sagt: »Wir waren eine engverbundene Familie, und wir sind es noch.«

Sein Lebenslauf wurde bereits erzählt: Da waren die finanziellen Schwierigkeiten während der Krisenjahre nach 1929, da war die Operation im Alter von neunundvierzig Jahren, die Bill zwang, seinen Beruf aufzugeben. Mit dreiundfünfzig Jahren erwarb er ein kleines Lebensmittelgeschäft, ähnlich wie sein Vater es neben der von ihm bewirtschafteten Farm gehabt hatte, zog sich aber mit vierundsechzig Jahren vom Geschäft zurück und übergab es seinem

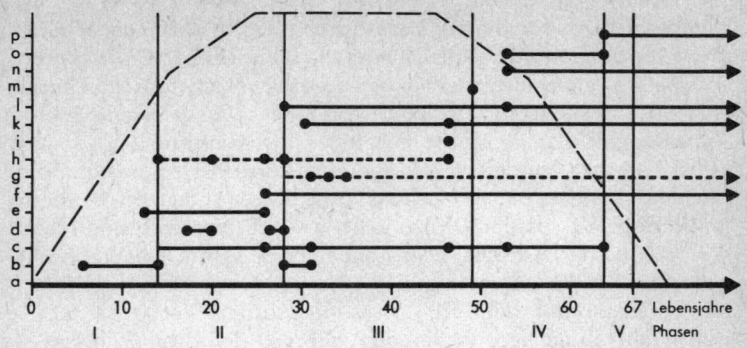

15 Lebenslaufschema von Bill Roberts (Aus Ch. Bühler: Der menschliche Lebenslauf als psychologisches Problem, 1959)

a: 67 Lebensjahre, unterteilt in 10 Jahre
b: Erziehung
c: Berufslaufbahn
d: Heeresdienst
e: Jugendfreundschaften
f: Ehe
g: Kinder

h: Ortswechsel
i: Große Reise
k: Eigene Heimgründungen
l: Kircheneintritt und Tätigkeit in kirchlichen Organisationen
m: Krankheit

n: Alle Kinder selbständig, verlassen das Haus
o: Gründung des eigenen Geschäfts
p: Rentner
- - biologische Lebenskurve

jüngsten Sohn. Und dieser Mann, der gewiß kein leichtes Leben gehabt, es aber entschlossen und geradlinig geführt hat, bezeichnet sein Leben als glücklich.

Der Auf- und Abstieg im Lebensablauf dieses Mannes, der als gesund und trotz einfacher Verhältnisse in der Tat glücklich genannt werden kann, entspricht in seiner Regelmäßigkeit dem biologischen Auf- und Abstieg, der in der gebogenen Kurve oberhalb des Lebenslaufschemas angezeigt ist.

Die Gipfelperiode seines Lebens war die Zeit vom sechsundzwanzigsten bis zum neunundvierzigsten Lebensjahr. Dies ist die Periode seiner Reife. Nach einer Phase des Versuchs der Selbstbestimmung, die bei Bill infolge seiner Familienverhältnisse schon mit vierzehn Jahren beginnt, stabilisierte er seinen Lebensgang mit sechsundzwanzig in Ehe und Beruf. Er gründet eine Familie, baut ein Haus, erringt sich eine gewisse gesellschaftliche Stellung und macht Fortschritte in seinem Beruf. Als *Höhepunkt* seines Lebens bezeichnet er eine dreimonatige Ferienreise, die er mit sechsundvierzig Jahren unternahm; damals durchfuhr er mit seiner Familie die ganzen Vereinigten Staaten im Auto, um alle Landschaften seiner Heimat kennenzulernen.

Charakteristisch für diesen Mann ist die Art, wie er auf Lebensprobleme reagiert und seine Entschlüsse faßt. Bill ist kein Kämpfer, er läßt sich aber auch niemals zu etwas zwingen, das ihm nicht paßt oder nicht richtig erscheint. Von früh an zeigt er eine große *Anpassungsfähigkeit*, sie ist zweifellos die Haupttendenz seines Lebens. Jedoch handelt es sich um eine Form der Anpassung, die sich den Versagungen des Lebens nicht passiv unterwirft, sondern ihnen geschickt aus dem Wege geht, wie Bill mehrfach und schon von früh an beweist. Daß Bills Leben auf diese Art gelang, beruht auf seiner Art der Anpassung. Er ist öfter zu Entsagungen genötigt: Sie beginnen mit dem für ihn schmerzlichen Verlassen seines Elternhauses und dem vorzeitigen Abbruch der elterlichen Erziehung, und sie enden mit der frühen, durch Krankheit erzwungenen Aufgabe seiner Arbeit. Trotzdem findet er von der Mittelperiode seines Lebens an immer neue Erfüllungen.

Dieser Lebenslauf, so scheint mir, zeigt deutlich, wie richtige Entschlüsse im Sinne einer angemessenen *Selbstbestimmung* zum Gelingen des Lebens beitragen.

Die Selbstbestimmung erfolgt hier aufgrund angemessener und wohlausgewogener Lebenserwartungen und führt zu befriedigenden Lebensergebnissen. Sie sind angemessen, weil sie sich auf Erreichbares richten, und sie sind wohlausgewogen, weil persönliche und sachliche Ziele in ihnen eine gleich wichtige Rolle spielen.

Wir haben oben einseitige Fixierungen als krankhaft bezeichnet, das heißt, daß sehr häufig eine extreme Einseitigkeit nicht so sehr allein durch Begabungen und Interessen als vielmehr durch ein Versagen auf anderen Gebieten bedingt ist.

Nehmen wir einen Fall wie Martin (Seite 12 und 74). *Wir erwähnten bereits, daß dieser ehrgeizige und begabte Mann schon als Knabe sein Leben ganz der finanziellen Sicherstellung und dem Erwerb von Wohlstand für seine Mutter und sich widmete. Mit unerhörten Opfern hatte er sich das Studium ermöglicht und aus dem Nichts eine Werkzeugfabrik gegründet und ausgebaut.*

Das Wirken in dieser Firma und die Verwaltung seines Vermögens beschäftigten ihn ausschließlich. Seine kinderlose Ehe mit einer sehr an ihm hängenden Frau spielte eine relativ geringe Rolle in seinem Innenleben. Er war kontaktarm und hatte wenig Freunde.

In seiner einseitigen Konzentration auf Wirtschaft und Wohlstand bewährte sich sein Talent für diese Seite des Lebens, aber gleichzeitig enthob ihn auch dieses Übermäßig-in-Anspruch-genommen-Sein der Notwendigkeit, sich sein völliges Versagen hinsichtlich der menschlichen Beziehungen eingestehen zu müssen.

Die Leidenschaft für sein Daseinsthema hat in Martins Fall eine weitgehend neurotische Grundlage, das heißt, sie entwickelte sich teilweise auf Kosten anderer Lebensgebiete, die Martin nicht bemeisterte.

Diesem Extrem, wie Martin es verkörpert, stehen auf der anderen Seite Extreme völliger *Bestimmungslosigkeit* gegenüber. Nicht selten trifft man Jugendliche an, die nach Beendigung ihrer Schulausbildung bei ihrem sogenannten Eintritt ins Leben nicht die geringste Ahnung haben, was sie mit ihrem Leben anfangen sollen.

Hubert, der aus einer zerrütteten Familie stammt und eine recht unglückliche Kindheit und Jugend verbrachte, sagt, daß er absolut nicht weiß, was er gern tun möchte. Er sagt dies als Siebzehnjähriger, und er sagt es noch immer als Dreiundzwanzigjähriger, nach verschiedenen mißglückten Versuchen, einen Beruf zu ergreifen und in ihm vorwärtszukommen. Eine Zeitlang studierte er, konnte sich aber nicht genug auf das Lernen konzentrieren. Dann nahm er verschiedene Stellungen an, ohne aber je irgendwo längere Zeit zu bleiben. Von all den Beschäftigungen, in denen er sich versuchte, schien ihm keine eine ausreichend interessante Zukunft zu versprechen. Hubert war durchschnittlich begabt, zugleich aber auch das, was man eine schwierige Persönlichkeit nennt: Er zerstritt sich leicht, kritisierte viel und war unfähig, sich für etwas zu begeistern. Seine Wunschträume, die sich auf viel Geld und auf weitgehende Unabhängigkeit bezogen, waren zu weit von der ihm erreichbaren Wirklichkeit entfernt, als daß es sinnvoll schien, irgend etwas in ihrer Richtung zu unternehmen. Hubert besaß weder den Fleiß noch die Energie und das Selbstvertrauen, um sich wie Ludolf und Martin emporzuarbeiten. Diese beiden hatten realistische Zukunftsbilder, während Huberts Ideen vage und wirklichkeitsfremd waren.

Das Fehlen einer Zielorientierung, das für Huberts berufliche Entwicklung charakteristisch war, galt nicht minder im persönlichen Bereich seines Lebens. Auch hier hatte er kein Zukunftsbild, in dem die Hoffnung auf Beziehungen zu einem Lebenspartner oder auf Gründung einer Familie eine Rolle spielten.

Hubert kommt, wenn auch aus bescheidenen, so doch aus finanziell relativ gesicherten Verhältnissen. Nicht irgendwelche schwierigen Lebensumstände waren der Grund dafür, daß es ihm nicht gelang, sich ein wirksames Zukunftsbild zu schaffen, sondern das, was ihn daran hinderte, war seine Neurose (Seite 98). Keine der ihm offenstehenden Möglichkeiten schien ihm reizvoll genug, sich dafür mit all seiner Arbeitskraft einzusetzen. Er selbst erkennt im Laufe seiner früh abgebrochenen Psychotherapie, daß an allem sein Mangel an Hingabefähigkeit schuld ist: Er liebt niemand, er glaubt an nichts, und er hat keine innere Beziehung zu irgend etwas im Leben, das zu erreichen ihm tatsächlich möglich und zugleich wichtig genug erscheint.

Dies vollständige Fehlen eines Daseinsthemas findet man bei jenen seelisch kranken oder innerlich unterentwickelten Menschen, die ihr Leben nie als ein Ganzes anzusehen vermögen, sondern in den Tag hinein leben oder von einem Tag auf den anderen existieren. Für manche engt sich das Daseinsthema darauf ein, heute und morgen etwas zum Essen zu haben und einen Schlafplatz zu finden.

In Fällen besonders schwerer seelischer oder physischer Krankheiten kann es zum Daseinsthema werden, irgendeine alltägliche Verrichtung vollbringen zu können. So zeigt R. Ekstein in einer Arbeit über schizophrene – das sind geisteskranke – Adoleszenten, wie es zum Daseinsthema eines jungen Mädchens wurde, Tag für Tag zu genau der gleichen, der für sie »rechten« Zeit an der Autobushaltestelle zu sein.

6. Daseinsthema und Integration

Das Daseinsthema hat, wie wir aus dem Vorangegangenen sehen konnten, einen integrierenden Einfluß: Es hilft einem Menschen, sich auf bestimmte, besonders wichtige Zielrichtungen hin zusammenzufassen, zu integrieren.

Diese Integration ist günstig, solange die Zielrichtungen so gewählt werden, daß sie den eigenen *Fähigkeiten und Möglichkeiten* entsprechen. Es gibt aber auch Menschen, die sich auf Ziele versteifen, die ihnen völlig unangemessen sind.

Als Beispiel mag der bereits erwähnte Bruno gelten, der, von seinem ehrgeizigen Vater angestachelt, Arzt werden wollte (Seite 30). Das Überwechseln auf eine Handelshochschule, nachdem ihm wegen unzureichender Leistungen und mangelnder wissenschaftlicher Begabung der Zugang zum Medizinstudium versagt worden war, führte bei Bruno zu einer tiefen Depression, aus der er sich nur mit Mühe herausarbeitete.

Brunos Unfähigkeit, sich mit seinem Schicksal abzufinden, hatte dann zehn Jahre später seinen Zusammenbruch zur Folge: Er war, um mit seiner geliebten Medizin in Verbindung zu bleiben,

Vertreter einer pharmazeutischen Firma geworden, empfand jedoch diese Rolle, in der er Ärzte, Krankenhäuser, Apotheken und andere Firmen zum Kauf von Arzneimitteln veranlassen sollte, als erniedrigend und suchte zunehmend im Alkohol Zuflucht vor seinen quälenden Gefühlen. Nach einem Autounfall infolge von Trunkenheit und der Entlassung aus seiner Stellung bestand seine Familie darauf, daß er sich psychotherapeutisch behandeln ließ, wobei sich seine tiefe Unzufriedenheit mit dem Leben enthüllte. Nach längerer Dauer erwies sich die Psychotherapie als erfolgreich.

Das zuerst von Brunos Vater und dann von Bruno selbst entwickelte Lebensthema der ärztlichen Berufswelt war ein Wunschtraum, den zu verwirklichen ohne Rücksicht auf Brunos Potentialitäten angestrebt wurde – ein Traum nicht so sehr aus Interesse für die ärztliche Tätigkeit als solche als vielmehr um des Prestiges willen, mit dem dieser Beruf für viele Menschen – und so auch für Brunos Vater und Bruno selbst – verbunden ist. In Wirklichkeit lagen Brunos Fähigkeiten auf ganz anderem Gebiet – und das war es, was er in der Therapie sich klarzumachen lernte: Seine Begabung bestand darin, daß er geschickt mit Menschen verhandeln konnte. Und wie er schließlich einsah, war diese Fähigkeit von großem Vorteil für einen kaufmännischen Beruf. Bei entsprechendem Einsatz konnte er hier denn auch Wertvolles leisten und sich eine gute Position erarbeiten.

Lag in diesem Fall eine Überschätzung der eigenen Potentialitäten vor, so gibt es andererseits Fälle, in denen eine Unterschätzung zum Zusammenbruch führt.

Elma ist die dreißigjährige Gattin eines Professors, die ihr Leben darauf aufgebaut hat, ihrem Mann und ihrer Familie zu dienen. Diese Vorstellung von der Rolle der Frau hatte sie von ihrer Mutter übernommen: Ähnlich wie ihre Mutter brach sie nach ihrer Verheiratung mit John *ihr Kunststudium ab, um sich ausschließlich den Ihren zu widmen. Sie hatte zwei Kinder, deren eines in den ersten Jahren häufig kränkelte, so daß sie vollauf beschäftigt war.*

Als ihr Sohn Johnnie, inzwischen wesentlich kräftiger geworden, eingeschult wurde – seine ältere Schwester Lena ging schon seit zwei Jahren zur Schule –, kam eine Depression, die sich in Elma allmählich vorbereitet hatte, zum vollen Ausbruch.

Schon während der vergangenen neun Jahre ihrer Ehe hatte Elma zunehmend das Gefühl gehabt, daß ihre gänzlich auf das Wohl der Familie konzentrierte und beschränkte Tätigkeit sie selbst als Persönlichkeit unentwickelt ließ. Sie bekämpfte dieses Gefühl, da sie andere Frauen kannte, die in ihrer Tätigkeit als Gattin, Mutter und Hausfrau sowie in den dazugehörigen gesellschaftlichen Verpflichtungen völlig aufzugehen schienen.

Trotz heftiger Selbstkritik nahm Elmas Depression so überhand, daß sie endlich beschloß, ihr abgebrochenes Kunststudium wieder aufzunehmen, um zu sehen, ob ihr dies helfen würde. Elma war künstlerisch außerordentlich begabt; alle, die wußten, was sie leistete, redeten ihr gut zu (wie es auch ihr Mann tat), sie solle sich im Kunsthandwerk beruflich betätigen.

Niemand sah hierin ein unüberwindbares Problem – außer Elma selbst. Unter dem starken Einfluß ihrer Mutter hatte sie sich in das Daseinsthema der »in ihrem Heim waltenden« Frau als das für sie allein richtige hineingelebt, und so hielt sie es für selbstsüchtig, ihrer eigenen Entwicklung nachzugehen und ihrer Familie Zeit und Kraft zu entziehen.

Auch sie bedurfte psychotherapeutischer Hilfe, um sich über ihre Lebensaufgaben und Lebensziele Klarheit zu verschaffen.

Die beiden letzten Fälle zeigen uns das Daseinsthema in seiner Beziehung zu den Potentialitäten einer Person. Hierbei wird noch etwas anderes deutlich.

Elma hat Potentialitäten in der Richtung künstlerischer Betätigung. Diese sollte neben Ehe und Familie eines ihrer Lebensthemen sein, sie vermeidet es jedoch, ihr Leben in dieser Richtung auszubauen. Ihre Begründung ist, daß sie, ebenso wie ihre Mutter, die der Frau zugewiesene Rolle einzig und allein in der Tätigkeit für die Familie sieht und ihren eigenen Interessen nicht genug Wichtigkeit beizumessen in der Lage ist.

Begründungen dieser Art nennen wir in der Psychologie *Rationalisierungen*. Bezogen auf unseren Fall heißt das: Elma gibt sich diese Begründung für ein Verhalten, das ihr in gewisser Weise leichterfällt, obgleich es sie nicht befriedigt.

Man wird vielleicht fragen, wie so etwas möglich ist. Ist man nicht um so mehr befriedigt, je leichter einem eine Sache fällt? Offenbar nicht. Letztlich befriedigt ist man, wenn man das tut, woran man glaubt. Elma war in Konflikt geraten, weil ihr unklar war, woran sie als das Richtige glauben sollte. Die Lehren ihrer Mutter kamen einem natürlichen Bedürfnis in ihr entgegen, nämlich dem, sich selbstbeschränkend anzupassen. (Wir erinnern uns, daß dies eine der von uns besprochenen vier Grundtendenzen ist.) Die selbstbeschränkende Anpassung war in Elma so ausgeprägt, daß sie die schöpferische Expansion (auch diese ist eine der vier Grundtendenzen), die ihre Begabung von ihr verlangt hätte, vermeiden wollte. Warum? Vielleicht deshalb, weil ihr die Ausbildung ihres

Talentes im Sinne einer schöpferischen Expansion zu mühsam war und für ihr Leben Komplikationen mit sich brachte. So redete sie sich ein, daß sie an die Ideale ihrer Mutter glaubte, obwohl sie sich schließlich eingestehen mußte, daß dies nur ein Vorwand und nicht wirklich ihre Überzeugung gewesen war.

7. Grundtendenzen und Lebensthema

Elmas Fall ist ein Beispiel dafür, wie die *Grundtendenzen* eines Menschen die Wahl seines Daseinsthemas mitbedingen. Hierauf hat bereits H. Thomae hingewiesen, wenn er sagte, daß die Daseinsthematik eines Menschen sowohl durch die von ihm gesetzten »Ziele« wie auch durch die von ihm verwendeten »Techniken« bestimmt ist. Diese Techniken oder Methoden ergeben sich großenteils aus den Grundtendenzen.

Elma wählte als ihre Lebenstechnik und ihr Lebensziel den Dienst an ihrer Familie, denn ihre vorherrschende Grundtendenz war, sich *anzupassen.* Ihre künstlerische Begabung hingegen hätte verlangt, daß sie sich mehr *expansiv* entwickeln sollte. Aber es lag Elma nicht, aus der Stille ihres Heims in die Welt hinauszugehen, und so unterdrückte sie jede Aktivität, die in der Richtung ihres künstlerischen Talents lag. Bestärkt in dieser Haltung wurde sie durch die moralische Überzeugung von ihren Pflichten gegenüber der Familie, die ihre Mutter in ihr erweckt hatte. Durch diese Überzeugung, die sie sich zum Gewissen gemacht hatte, versuchte sie in sich eine innere Ordnung herzustellen, die ebenfalls eine der vier Grundtendenzen ist. Befriedigung fand sie darin jedoch nicht, weil eben ihre Überzeugung nicht echt war.

Ein Fall wie dieser zeigt uns, wie überaus kompliziert die Vorgänge sind, die unseren Zielsetzungen und unseren Überzeugungen zugrunde liegen.

Wie aber soll ich das je verstehen und was soll es mir nützen, so mag mancher Leser sich an dieser Stelle fragen. Unsere Antwort lautet: Die psychotherapeutische Praxis hat uns gelehrt, daß Menschen bei genügend sorgfältigem Eingehen auf ihre Probleme diese schwierigen Zusammenhänge verstehen lernen und daß dies für sie von Nutzen ist.

Ein Konflikt wie der Elmas ist bei modernen Frauen sicher nicht selten, und die sorgfältige *Selbstanalyse* im Hinblick auf das, was man *wirklich* tun *will* und was man *wirklich* tun *sollte*, kann ganz gewiß außerordentlich hilfreich sein.

Die meisten Menschen wissen nicht, was sie *wirklich* tun wollen und was sie *wirklich* tun sollten. Sie haben nie gelernt, sich selbst wirklich zu verstehen und ihre Wünsche und Pflichten klar zu durchdenken. In diesen beiden Richtungen soll dieses Buch Einsichten vermitteln – als ein Leitfaden, in welchem der Versuch gemacht wird, die ungeheure Kompliziertheit menschlicher Strebungen darzulegen und zugleich moderne moralische Prinzipien aufzustellen, wie sie sich aus den Erkenntnissen der Humanistischen Psychologie ergeben. Das Wichtigste dieser Prinzipien ist, die Menschen darauf hinzulenken, daß sie *nach der Entwicklung ihrer besten Möglichkeiten oder Potentialitäten streben,* und dies auf solche Weise, daß sie dabei so gut wie möglich *der Befriedigung ihrer eigenen Bedürfnisse* sowie *ihren schöpferisch expansiven Fähigkeiten* gerecht werden, während sie sich gleichzeitig so weit wie nötig *anpassen* und für *Werte und Überzeugungen* einstehen, die der Menschheit dienen.

Leider sind die Lebensverhältnisse vieler Menschen so beschaffen, daß sie von Anfang an eine disharmonische Entwicklung der Grundtendenzen und eine Festlegung auf einseitige Ziele fördern, besonders wenn die vorgegebenen Dispositionen ungünstig sind. Ein Beispiel aus der psychotherapeutischen Praxis möge dies belegen.

Andreas, den wir bereits kurz erwähnten (Seite 66), war Angestellter und vierunddreißig Jahre alt, als er sich wegen seiner, wie er sagte, »inneren Zerrissenheit« in psychotherapeutische Behandlung begab. Er litt unter mehreren Problemen und Konflikten. Als erstes trank er zu stark; zwar hatte er mehrfach versucht, mit dem Alkohol Schluß zu machen, doch war ihm dies ungemein schwergefallen. Aufgerafft zu dem Entschluß, nicht mehr zu trinken, hatte er sich wiederholt, seit er vor zwei Jahren in zweiter Ehe eine Frau geheiratet hatte, mit der ihn zum erstenmal in seinem Leben Liebe und gegenseitige Hochachtung verband. In der Tat war Cora der erste Mensch, an den er wirklich glaubte. Sie vereinigte das in sich, was er bewunderte: Sie sah gut aus, war ebenso verständnis- und liebevoll wie intelligent und in ihrem Beruf als Lehrerin tüchtig, und sie hatte strenge sittliche Überzeugungen, die ihm imponierten.

Hier nun aber kam sein zweiter Konflikt ins Spiel. Coras sittliche Lebensauffassung machte auf Andreas zwar großen Eindruck, doch konnte er sich vorerst noch nicht zu ähnlichen Ansichten und Handlungsweisen entschließen. Ihm erschien die menschliche Gesellschaft seit jeher als verächtlich, und seine einstigen religiösen

Überzeugungen hatte er seit langem aufgegeben. Warum sollte man sich irgendwelche Einschränkungen auferlegen? Vielleicht Cora zuliebe; oder vielleicht, weil die Welt und die Gesellschaft doch besser waren, als er gemeint hatte.

Und was wollte er selbst? Bei dieser Frage gab es wiederum Konflikte. Von sehr früh an nämlich hatte sich bei ihm aufgrund seiner Erfahrungen mit seinen Eltern eine bestimmte Lebenseinstellung herausgebildet. Eine dieser Erfahrungen war, daß er mit seiner Mutter stets irgendwie fertig werden konnte, sei es, daß er etwas von ihr erbettelte oder ihr etwas vorschwindelte; eine andere bestand darin, daß sein Vater selbst es mit der Wahrheit nicht immer so genau nahm, so daß das sehr aufmerksame und hochintelligente Kind den Vater gelegentlich bei Lügen ertappte. Aber nicht nur das: In etwas späteren Jahren bemerkte Andreas, daß der Vater es in finanziellen Dingen nicht allzu genau nahm. All diese Erfahrungen führten ihn zu dem Schluß, daß es nützlich sei zu schwindeln, wenn man es nur geschickt anstellte. Die Erfolge, die er dann selbst mit dieser Auffassung hatte, gaben ihm schon als Schulbuben das Gefühl einer gewissen geistigen Überlegenheit. Und was waren die Erfolge? Diebstähle, bei denen er nicht ertappt wurde. Bestärkt wurde er in seiner Einstellung dadurch, daß niemand ihn zu Hause befragte, woher der Sack Kartoffeln oder die schönen Äpfel kamen, die er mitbrachte. Man begnügte sich damit, daß er erzählte, er habe sie sich dadurch verdient, daß er in Hansens großem Lebensmittelgeschäft packen half. Aber das war nur die halbe Wahrheit; denn zu dem, was man ihm dort gab, hatte er noch Erhebliches hinzugestohlen. Außerdem nahm er heimlich Geld aus der Kasse, einmal so viel, daß eine große Untersuchung stattfand, bei der er aber wiederum nicht erwischt wurde.

Wie wir sagten, gaben Andreas' Eltern ihm keineswegs ein Vorbild strenger Sittlichkeit, und die Strafen, die er gelegentlich erhielt, wenn er bei einem allzu argen Streich ertappt wurde, hatten keine Wirkung auf ihn. Zuweilen aber geriet er doch in innere Konflikte, dann nämlich, wenn er zur Beichte ging. Dabei war er von tiefer Reue über sein Tun ergriffen, denn damals war er noch ein überzeugter Anhänger der katholischen Kirche, und sein Glaube verursachte ihm zeitweise Gewissensqualen und Ängste.

Warum setzte er dennoch diese Lebensweise fort? Zunächst kann man im Sinne der psychoanalytischen Theorie sagen, daß Andreas sich von seinen Eltern nicht geliebt und wenig beachtet fühlte und daß er sich Ersatz für die ihm vorenthaltenen Liebesbezeugungen schaffen wollte. Aber warum nahmen dann weder sein Bruder noch seine Schwestern eine ähnliche Entwicklung? Auch sie wuchsen doch in diesem von Sorgen und Streit erfüllten Elternhaus zweier liebearmer Menschen auf, und dennoch stahl keiner von ihnen.

Der Trieb zum Stehlen entwickelte sich bei Andreas in solchem Maße, daß er schließlich kriminelle Dimensionen annahm: Andreas stahl Geld und Wertgegenstände. Als er kurz nach Beginn seines Studiums zum zweitenmal beim Diebstahl eines Autos ertappt wurde und ins Gefängnis kam, war es zu Ende mit seiner Aussicht auf ein Studium, nicht aber mit seinem Hang zum Stehlen.

Bevor wir darauf weiter eingehen, muß noch erwähnt werden, daß auch bestimmte Züge seiner sexuellen Entwicklung von ihm während der Therapie als eine Form des Diebstahls erkannt wurden. Schon früh, mit etwa zwölf Jahren, gewöhnte er sich an, nachts in das Zimmer seiner zwei Jahre jüngeren Schwester zu schleichen und der Schlafenden die Geschlechtsorgane zu streicheln, das heißt, sie zu masturbieren. Merkwürdigerweise wachte sie niemals auf (oder wollte sie nicht aufwachen?), so daß Andreas seine Gewohnheiten über längere Zeit hin fortsetzte.

In späteren Jahren fand der gutaussehende, charmante und von den Frauen meist verwöhnte junge Mann Gefallen an dem Versuch, Mädchen, die gelegentlich der Annäherung Widerstand leisteten, zu vergewaltigen, womit er zwar die eine oder andere zu gewinnen vermochte, häufiger jedoch durch eine energische Abfuhr beschämt wurde.

Wir sagten vorher, daß sich Andreas infolge des Autodiebstahls, der ihn ins Gefängnis brachte, die Möglichkeit zum Studium verbaut hatte. Das College nämlich, in dem der begabte Junge mit einem Stipendium angenommen worden war, verweigerte ihm die Aufnahme. Andreas mußte sich um eine Stelle als Lehrling bewerben.

Hier gab es weitere Konflikte für ihn. Äußerst begabt, wie er war, hatte er sich von ganzem Herzen gewünscht, studieren zu können. Da er jedoch nicht in der Lage war, sein Triebleben zu beherrschen, gelang es ihm in seiner Lehrstelle trotz Fleißes und guten Verhaltens nicht, sich so viel Vertrauen zu gewinnen, daß vielleicht das College ihn doch noch aufgenommen hätte.

Andreas' Hang zum Stehlen, zu sexuellen Abenteuern und zum Trinken ist, wie er in der Psychotherapie gestand, noch heute so stark, daß ihm die Beherrschung seiner Triebe nur unter größter Selbstüberwindung und selbst dann nicht immer gelingt. In Konflikt damit steht sein lebhaftes Interesse am Studieren und an

*einer der Wissenschaft gewidmeten Laufbahn. Erst seit Cora in
sein Leben trat und unter dem Einfluß ihrer Persönlichkeit erlangte
die Motivationskraft seiner wissenschaftlichen Interessen eine aus-
reichende Stärkung, so daß er sich zu einem neuen Entschluß
durchzuringen vermochte, dem nämlich, sofort Abendkurse an der
Universität zu besuchen und gegen die Impulse seiner bisherigen
Lebensweise anzukämpfen. Hinzu kam der weitere Entschluß,
sich in psychotherapeutische Behandlung zu begeben.*

Wenn wir in diesem Buch auch nicht die Absicht haben, auf schwer
pathologische Lebensgeschichten einzugehen, so scheint uns dieser
an der Grenze zu ernsteren Krankheiten liegende Fall doch von
allgemeinem Interesse – zum Teil auch deshalb, weil Andreas
einer jener Psychopathen ist, denen man im Alltag nicht selten
begegnet, die wegen ihres Charmes und ihrer lebhaften, interessanten Persönlichkeit auf viele Menschen anziehend wirken und
sie so über ihre Krankheit – oft Charakterschwäche genannt – hin-
wegtäuschen. Die Diskussion dieses Falles erscheint uns aber vor
allem deshalb von Nutzen, weil er die Komplexität von Lebenseinstellung und Zielantrieben besonders deutlich zum Ausdruck
bringt.

Fragt man Andreas, wie er selbst sein Verhalten erklärt, so sagt er:
»Ich wollte und will eben alle diese Dinge haben, und ich sah
keinen Grund, mir nicht zu nehmen, was ich haben konnte.« Wenn
man weiter fragt, so findet man heraus, daß Andreas, bevor er Cora
traf, niemanden und nichts wirklich respektierte.

Aber trotz seiner Verachtung für alles um ihn hatte er im tiefsten
Innern Zweifel und Gewissensskrupel. Zuweilen fürchtete er die
Strafe Gottes, und manchmal verachtete er sich selbst und wünsch-
te sich eine Bestrafung seiner Taten.

Außerdem mußte er sich mit den Jahren in zunehmender Verzweiflung eingestehen, daß er sich mit der Nachgiebigkeit gegenüber seinen Begierden den Zugang zu dem von ihm ersehnten
Studium und zu einem akademischen Beruf selbst verschloß.

Wie läßt sich nun all dies verstehen? Versuchen wir, hier unsere
Theorie der *Grundtendenzen* des Lebens anzuwenden. Wie bei
allen rücksichtslos ihren Begierden folgenden Menschen – dies
fand auch H. Thomae in einer Untersuchung an kriminellen
Jugendlichen bestätigt – ist die Tendenz zur eigenen *Bedürfnisbefriedigung* ungemein stark, so daß sie alle anderen Tendenzen
verdrängt.

In einem Fall, wie Andreas ihn repräsentiert, wird deutlich, daß
der Mangel an Liebe und Verständnis, unter dem ein Kind leidet,

weitgehend für diesen extremen Trieb zur Befriedigung von Begierden verantwortlich ist. Wir müssen aber wohl, da doch Andreas' Geschwister sich ganz anders entwickelten, auch angeborene Tendenzen in Richtung einer exzessiven Bedürfnisbefriedigung in Betracht ziehen.

Ihre Ausprägung wurde bei Andreas begünstigt durch die ungewöhnlich hohe Intelligenz des Knaben, die ihm erlaubte, geschickt alle Schwierigkeiten zu meistern und sich in nahezu sämtlichen kritischen Situationen allen anderen überlegen zu fühlen.

Eine solche Verbindung von exzessiver Triebhaftigkeit und hoher Intelligenz ist für viele kriminelle Psychopathen charakteristisch. Diese Konstellation liegt etwa der Psychologie Richard Hickocks zugrunde, des einen Mörders der Familie Cutter – wir besprachen den Fall und Truman Capotes brillante Darstellung bereits auf Seite 41 ff. Wie auch bei anderen Mördern – etwa bei dem noch heute bekannten Fall Leopold und Loeb, Söhnen reicher Eltern, die einen vierzehnjährigen Schulkameraden umbrachten, oder bei Bonnie und Clyde, die bedauerlicherweise kürzlich durch einen glänzenden Film glorifiziert worden sind – kommt jedoch hinzu, daß diese Menschen mit einer ganz ungewöhnlichen inneren Kälte handeln, mit der sie jedes Mitgefühl verdrängen.

Hier nun liegt ein bedeutender Unterschied zwischen Andreas und dem Typus des üblichen Psychopathen. Andreas war nicht gefühllos, wenn er auch das Mitgefühl zu verdrängen suchte. Er war nie völlig kalt, oder (wenn wir Capotes Titel verwenden wollen) »kaltblütig«, und dies war denn auch der Grund, warum er schließlich von einer Persönlichkeit wie Cora so stark beeindruckt und zum erstenmal zu wahrer Liebe erweckt werden konnte.

Durch diese Liebe und die Achtung, die sie ihm abforderte, wurden alle anderen bisher von ihm niedergehaltenen Tendenzen wieder wirksam. Sein Gewissen, eine von ihm fortwährend unterdrückte Instanz, die ihn an eine sittliche *Ordnung* gemahnte, begann sich deutlicher zu regen. Er fühlte immer dringlicher den Wunsch, sich besser in die Gesellschaft *einzupassen,* wollte wieder »dazugehören«. Und vor allem regte sich an Coras Seite das starke Verlangen, endlich auf die Entwicklung seiner geistigen Fähigkeiten hinzuarbeiten, um die er sich so lange überhaupt nicht gekümmert hatte. Es war für Andreas gewiß nicht leicht, sich neben dem ehrlichen alltäglichen Broterwerb in Abendkursen auf einen akademischen Grad vorzubereiten. Doch hierbei wurden seine bis dahin völlig vernachlässigten *schöpferisch-expansiven* Kräfte aktiviert, und Andreas entdeckte darin eine für ihn neuartige und beglückende Befriedigung, die er sich bisher versagt hatte. So stellte sich allmählich ein besseres Auswiegen der Grundtendenzen ein, das durch Andreas' zunehmendes Selbstverständnis in der Psychotherapie weiter gefördert wurde. Entscheidend bei alldem war, daß er, wie er in der Psychotherapie sagte, nach und nach an neue Werte zu glauben begann. Das Ziel, systematisch auf einen akademischen Grad hinzuarbeiten, und das Ziel, die Frau, die er liebte, glücklich zu machen und nicht zu enttäuschen, wurden für sein Handeln allmählich immer stärker bestimmend als die Erfüllung momentaner Bedürfnisse und Impulse – und das heißt, sein Verhalten wurde allmählich von völlig neuen Ordnungsprinzipien geregelt.

Genug. Der Leser mag nun die Frage erheben, warum wir einem pathologischen Menschen hier so viel Raum geben. All dies, so wird vielleicht der Einwand lauten, treffe doch nur in seltenen Fällen zu: Wir anderen stehlen doch nicht, wir sind keine Alkoholiker, und sexuelle Perversionen liegen uns fern.

Vielleicht ist der Einwand berechtigt. Und doch ist dieser Fall auch für den sogenannten Durchschnittsmenschen außerordentlich lehrreich, und zwar aus mehreren Gründen. Erstens erscheint mir der Fall lehrreich, weil in ihm die Entwicklung pathologischer Verhaltensweisen, die dem Normaleren oft unverständlich erscheinen, besonders klar wird. Dies wiederum ist deshalb wünschenswert, weil wir, wie schon gesagt, täglich solchen bestechend liebenswürdigen Psychopathen begegnen, die andere Menschen ausnutzen und denen man besser entgegentreten kann, wenn man sie versteht. Und zweitens kann dieser Fall den Durchschnittsmenschen auf Impulse aufmerksam machen, die er gelegentlich bei sich selber spüren mag, ohne sie sich eingestehen zu wollen und ohne ihnen zu folgen. Niemand ist so vollkommen, daß er nicht gelegentlich auf Abwege geriete oder doch ihnen nahekäme.

IV Gesunde und kranke Zielsetzungen

1. Einführende Gedanken

Mehrmals im Laufe unserer einführenden Betrachtungen sprachen wir von gesunden und kranken Zielsetzungen. Gemeint ist damit natürlich seelisch gesund und seelisch krank.

Mit diesen Begriffen geraten wir auf ein sehr schwieriges Gebiet, in dem sich etwas auszukennen jedoch für jedermann nützlich ist. Denn die wenigsten Menschen sind sich klar darüber, wie sehr sie sich oft selber schaden, indem sie ihren neurotischen Neigungen nachgeben – mehr noch: Die meisten Menschen sind geradezu beleidigt, wenn sie hören, daß jemand sie neurotisch nennt, und wenn ihnen geraten wird, sich in psychotherapeutische Behandlung zu begeben. Besonders Leute, die einer solchen Behandlung am dringendsten bedürften, erklären gewöhnlich mit Entrüstung, daß sie kerngesund seien.

Bei alledem kommt es nun darauf an, was man unter Neurose versteht und welche Art Psychotherapie zur Verfügung steht.

2. Erziehung und Psychotherapie

Um das letztere vorwegzunehmen: *Die Psychotherapie,* an die wir denken, ist sowohl in der Form der individuellen Therapie wie als Gruppentherapie ein modernes Verfahren, das der Erziehung nähersteht als der Krankenheilung und damit eine – vorläufig leider noch nicht allzu weit verbreitete – Methode darstellt, welche die Menschen in die Lage versetzt, durch Aussprache und Interpretation sich und ihre Gefühle sowie die Gefühle anderer verstehen zu lernen. In dieser Form ist die Psychotherapie eine Ergänzung der Erziehung, und zwar eine Ergänzung, die es, wie sich heute mit zunehmender Dringlichkeit zeigt, systematisch zu organisieren gilt. Warum, muß nun zunächst genauer erklärt werden.

Jeder Mensch weiß, was *Erziehung* ist: in erster Linie die Heranbildung der jungen Generation. Dem Heranwachsenden werden teils in der Familie, teils in Lehranstalten unterschiedlicher Art Kenntnisse und Fertigkeiten vermittelt, durch die er befähigt werden soll, sich später im Leben zu erhalten und selbständig fortzuhelfen. Und soweit es sich um Kenntnisse und Fertigkeiten handelt, ist das erzieherische Vorgehen auch durchaus systematisch geregelt. Doch damit ist noch nicht alles getan, was mit der Erziehung erstrebt wird: Überall auf der Welt vermittelt die ältere Generation der jüngeren bestimmte Prinzipien und Ideen, die darauf hinzielen, den Heranwachsenden als Person in einer bestimmten Richtung festzulegen. So werden schon in primitiven Gesellschaften Tapferkeit, Ehrlichkeit (oder aber überlistende Schlauheit), Treue, Respekt vor den Alten und andere Einstellungen und Verhaltensweisen beigebracht. In der europäischen sowie in der asiatischen Geschichte der Erziehung hat von jeher das Prinzip der *Menschenbildung* und – wie Robert Ulich zeigt – »*die Idee der Menschheit*« eine Rolle gespielt.

Die Idee der Menschheit – mit diesem Begriff ist gemeint, daß in den höheren Kulturen den Denkern, von denen die Erziehungssysteme geschaffen wurden, etwas anderes und mehr vorschwebte als lediglich das Prinzip Nützlichkeit: Sie wollten gute, sie wollten wertvolle Menschen erziehen. Was sie als gut und wertvoll erachteten, dafür nur zwei Beispiele: Johann Amos Comenius, der berühmte letzte Bischof der Mährischen Brüder, der zur Zeit des Dreißigjährigen Krieges und danach erheblichen Einfluß auf das europäische Geistesleben ausübte, wies schon damals auf eines der wichtigsten Prinzipien menschlicher Entwicklung hin, indem er verlangte, die Erziehung solle zu innerer Freiheit führen. Und Immanuel Kant sagt: »Erziehung ist der Prozeß, durch den der Mensch zum Menschen wird.«

Aber was macht den Menschen zum Menschen? Unsere Klassiker Goethe und Schiller, Kant und Wilhelm von Humboldt haben sich eingehend mit dieser Frage des Menschentums befaßt, die dann in der Folgezeit, wie Ulich zeigt, von Darwin, Einstein, Freud und Jung erneut gestellt und zu beantworten versucht worden ist.

3. Die konstruktiv-destruktive Natur des Menschen

In den modernen, zunehmend auf konkreteres Material gestützten Untersuchungen tritt die Doppelnatur des Menschen: die Tatsache, daß er sowohl *konstruktiv* als auch *destruktiv* ist, immer mehr in den Vordergrund. Und immer deutlicher wird, daß wir und wie sehr wir mit dieser Tatsache zu rechnen haben. Es ist in der Tat so, wie es Richter L. Hand (E. Havemann zufolge) nach der Lektüre von William Shirers Buch »Aufstieg und Fall des Dritten Reiches« erschüttert sagte: »Es sind nicht nur die Nazis,

16 Die Schreckensvision der Atomkatastrophe: Das U-Boot mit den letzten Überlebenden verläßt den verseuchten Kontinent, versinkt dann aber auch (Aus dem Film »Das letzte Ufer«)

und es sind nicht nur die Russen – es ist die menschliche Natur, die sich durch die Jahrhunderte gleich bleibt. Wir alle haben völlig unvernünftige und grausame Wünsche, und dann erbauen wir alle uns an schönen Phrasen, um unser Verlangen zu rechtfertigen.« Diese Tatsache der zugleich konstruktiven und destruktiven Natur des Menschen gewinnt ganz besondere Bedeutung in unserem Zeitalter der Atombombe, mit der die Menschheit sich selbst endgültig vernichten kann. Wem das Ungeheuerliche dieser Aussicht noch nicht zur Schreckensvision geworden ist, der lese den Roman von Nevil Shute »On the Beach« (deutsch: »Das letzte Ufer«) mit seiner schockierend realistischen Schilderung vom Ende der letzten Überlebenden:

> »An diesem letzten aller Treffplätze
> tappen wir zusammen herum
> und vermeiden es zu sprechen,
> versammelt an diesem Strand
> des schwellenden Flusses . . . «

Was sollen, was können wir tun? Vielleicht können wir nichts tun. Vielleicht aber können wir doch etwas zu tun versuchen. Und die, wie mir scheint, einzige Möglichkeit, etwas zu tun, kommt von der modernen Psychologie her.

Wir haben gesagt, daß die Menschen sowohl konstruktiv wie destruktiv sind und daß sie es wohl immer sein werden. Schlimmer als diese Tatsache als solche ist jedoch, wie der Richter L. Hand sagt, daß wir alle uns an schönen Phrasen erbauen, um unser Verlangen zu rechtfertigen: Die Menschen wollen sich ihr destruktives Verhalten nicht eingestehen.

Genauer besehen, verhält sich dies noch etwas anders. Es gibt durchaus Situationen, in denen ein Mensch sich Verfehlungen eingesteht. Wenn er es tut, so geschieht das gewöhnlich unter moralischen oder religiösen Aspekten. Er sieht ein, daß er Unrecht getan oder gesündigt hat und dafür Abbitte oder Buße leisten muß.

Abbitte und Buße sind aber, wenn sie dem Sünder vielleicht auch zum Frieden mit sich selber helfen mögen, im allgemeinen nicht geeignet, eine Veränderung der Menschen herbeizuführen.

Wenn Menschen sich destruktiv verhalten, so haben sie selten einfache und eindeutig klare Gründe, die sie, nachdem sie diese erkannt haben, ohne weiteres aufgeben können.

Der Knabe Andreas, der stahl – wir lernten ihn im vorigen Kapitel kennen –, wußte zwar, daß er stahl, weil er bestimmte Dinge besitzen wollte. Wenn der Priester in der Beichte zu ihm sagte: »Du mußt diesen Begierden nicht nachgeben«, war Andreas wenigstens in seiner Jugend reuevoll und versprach, fortan nicht mehr zu stehlen.

Was ihn dann aber sein Leben lang zu weiterem Stehlen antrieb – und dessen war er sich nicht bewußt –, war einerseits sein Verlangen nach mütterlicher Liebe und andererseits das intellektuelle Überlegenheitsgefühl, das er genoß, wenn er sich durch sein Raffinement Vorteile über andere zu verschaffen wußte.

Diese tieferen Ursachen lernte Andreas sich erst in der Psychotherapie einzugestehen und klarzumachen. Und selbst dann wäre er noch nicht ohne weiteres bereit gewesen, sein Tun aufzugeben. Es war notwendig, daß er tatsächlich *fühlen* lernte, was er den Menschen durch sein Verhalten antat, und daß er den Wunsch in sich selbst erlebte, anderen *Werten* nachzustreben. Zu alledem bedarf es der Zeit sowohl wie einer angemessenen Führung.

Aber, so wird dieser oder jener Leser fragen, was hat all dies mit der Menschheit und mit der Atombombe zu tun? Die Antwort liegt nahe: Dadurch, daß die Menschen durch *psychologisches*

Selbstverständnis und das Verstehen anderer auch ihre destruktiven Tendenzen erkennen, gelangen sie möglicherweise dazu, diese besser zu beherrschen.

Doch selbst von dieser Hoffnung abgesehen, gibt es noch einen sehr konkreten, von vielen bereits erkannten Grund dafür, daß die weiteste Verbreitung psychologischer Menschenkenntnis heute von größter praktischer Bedeutung und schon deshalb höchst wünschenswert wäre: Dieser Grund liegt in der von uns hier wiederholt besprochenen Tatsache, daß die technische Handhabung der Maschinen heute der psychologischen Handhabung von Menschen hundertfach überlegen ist. Die Erkenntnis dieser Tatsache hat zu der weiten Verbreitung des sogenannten *Sensitivitätstrainings,* besonders in der Wirtschaft, geführt.

4. Das Sensitivitätstraining

Das Sensitivitätstraining ist eine moderne Methode, die dazu dient, dem Menschen ein besseres Verständnis für sich selbst und für seine Mitmenschen und damit eine bessere Art des Umgangs mit sich selbst und mit anderen zu vermitteln. Man geht dabei so vor, daß eine größere oder kleinere Anzahl von Personen zusammenkommt und über Probleme verschiedenster Art spricht, wobei man die Probleme nicht nur als solche diskutiert, sondern vor allem auch die mit ihnen verbundenen Gefühle: Man macht sich gegenseitig auf Eigenheiten aufmerksam, die andere verletzen oder Feindseligkeit erregen und so der eigenen Person schaden. Ein Beispiel möge dies kurz veranschaulichen.

Ein Angestellter einer großen Firma erzählte mir, wie in einer dort kürzlich eingerichteten Sensitivitätstrainingsgruppe Schwierigkeiten, die die gesamte Belegschaft mit einem Kollegen hatte, innerhalb kürzester Zeit beigelegt wurden. Dieser zwar tüchtige und wohlgesinnte Mann ging allen dadurch auf die Nerven, daß er bei jeder Unterredung jedem ins Wort fiel und besserwisserisch stets etwas Kritisches zu sagen hatte, wodurch er sich viele Feinde machte.

Niemandem fiel eine taktvolle Methode ein, mit der man diesen Mann auf sein Benehmen hätte aufmerksam machen können. Bei den Zusammenkünften der Sensitivitätstrainingsgruppe ergab sich jedoch sehr bald eine Gelegenheit, die Sache zur Sprache zu bringen. Bereits in der dritten Sitzung, in der Helmut in der ihm gewohnten Weise zu all und jedem das Wort ergriff, fragte einer der Kollegen ganz sachlich und freundlich, ob er eigentlich wisse, was er bei allen Gesprächen und Diskussionen immer wieder tue.

»Ich habe keine Ahnung, was Sie meinen«, sagte Helmut.

»Wissen Sie nicht«, fragte Eberhard, »daß Sie uns allen dauernd dazwischenreden, wenn wir etwas sagen wollen, und daß Sie stets dieses oder jenes besser wissen als wir?«

»Tue ich das wirklich?« fragte Helmut ungläubig.

»Eberhard hat völlig recht«, entgegnete ihm Alvin. »Wir alle empfinden es so, und wir haben auch schon oft darüber gesprochen. Bloß wußten wir nicht, wie wir es Ihnen beibringen könnten, ohne Sie zu beleidigen. Aber alle, die Sie durchaus schätzen, bedauern immer wieder, wie Sie sich durch Ihr Benehmen Feinde machen.«

»Feinde?« sagte Helmut erschrocken. »Aber ich bin doch keinem feindselig gesinnt!«

»Sicher ist das nicht Ihre Absicht«, antwortete Eberhard. »Aber Ihre Art macht Ihnen nun einmal Feinde bei all denen, die meinen, daß Sie nicht nur unhöflich sind, sondern auch überheblich.«

»Überheblich?« wiederholte Helmut ungläubig. »Das bin ich doch wirklich nicht.«

»Vielleicht beobachten Sie sich einmal selbst bei Diskussionen und fragen sich, was in Ihnen vorgeht, wenn Sie jeden, der etwas sagt, sofort unterbrechen.«

Auf Helmut machte diese Aussprache tiefen Eindruck, und wie einer seiner Kollegen mir berichtete, änderte er tatsächlich sein Benehmen, nachdem er noch einige Male auf Rückfälle aufmerksam gemacht worden war.

Das Beispiel sollte zeigen, wie eine relativ einfache, in einer Gemeinschaft von Zusammenarbeitenden jedoch ärgerliche Ungezogenheit in kurzer Zeit erfolgreich behandelt werden kann. Wichtig ist dabei, daß innerhalb einer solchen Gemeinschaft, deren Ziel das Selbstverstehen und das Verstehen anderer ist, Dinge gesagt werden können, die im täglichen Leben gewöhnlich nicht zur Sprache kommen oder, wenn sie in der Hitze des Gefechts doch einmal berührt werden, nur mit Feindseligkeit und Gereiztheit, was nicht gerade geeignet ist, jemanden zur Änderung seines Verhaltens zu veranlassen.

In Sensitivitätstrainings- und Therapiegruppen werden dagegen menschliche Schwächen in sachlicher Weise und in hilfsbereiter Absicht besprochen. Und wenn jemand diese Einstellung nicht zeigt und Wut oder Haß äußert – wie es unter Umständen der Fall sein kann –, wird er von den anderen Teilnehmern darauf aufmerksam gemacht. Diese versuchen dann, durch verständnisvolles Eingehen solchen Gefühlen beizukommen, sie zu verändern oder sie doch mindestens dem Betreffenden als Probleme zu Bewußtsein zu bringen. Die Sensitivitätstrainingsgruppe unterscheidet sich von der *Therapiegruppe* darin, daß in der ersten hauptsächlich offen zutage liegende Wirkungen und Gefühle besprochen werden, während die zweite, unter Führung des Therapeuten, zu den tieferen Ursachen und Zusammenhängen der akuten Erlebnisse vordringt, um auf die tieferliegenden Motive einzuwirken.

5. Erfolg und Mißerfolg der Psychotherapie

In einem halben Jahrhundert des Experimentierens mit psychotherapeutischen Methoden ist eine Tatsache bestätigt worden: daß wir in ihnen die einzigen zuverlässigen Maßnahmen besitzen, um auf die innersten Gefühle und Absichten eines Menschen Einfluß zu nehmen und ihn vom Destruktiven fort auf konstruktive Wege zu lenken.

Wie aber steht es mit den vielen Mißerfolgen der Therapie, von der manche Psychologen, wie zum Beispiel Hans J. Eysenck, so stark beeindruckt sind? Und wie verhält es sich mit der außerordentlich hohen finanziellen Belastung, die eine langwierige Psychotherapie mit sich bringt?

Eysenck beklagt sich mit Recht über die verwirrende Vielfalt der Verfahren, die heute den Namen Psychotherapie für sich beanspruchen, und er erklärt, daß sich vorläufig noch keines von ihnen theoretisch oder praktisch voll bewährt hat. Das ist richtig: Es ist sogar erwiesen, daß es, wie Allen Bergin kürzlich in einer Untersuchung berichtete, neben den wirklich zu einer Besserung des Patienten führenden Therapiemethoden auch solche gibt, die den Zustand des Kranken verschlechtern können. Ferner weist Eysenck darauf hin, daß viele Menschen auch ohne jede Psychotherapie allmählich gesünder werden können, daß vielen durch Aussprachen mit Freunden, Verwandten oder anderen Bezugspersonen geholfen worden ist und geholfen werden kann.

Zugegeben. Nehmen wir an, daß der eben erwähnte Helmut einen guten, aufrichtigen Freund gehabt und dieser ihn taktvoll und hilfreich auf seine Schwächen aufmerksam gemacht hätte. Ein solches »gutes Zureden« wäre unter Umständen ebenso wirksam gewesen wie die Besprechung in der Gruppe.

Unsere Annahme klingt durchaus überzeugend. Tatsache ist aber, daß Helmut einen solchen Freund eben nicht hatte, und Tatsache ist auch, daß die meisten Menschen niemanden haben, der sie in der rechten Weise auf ihre Schwächen aufmerksam macht, dem sie ihre Probleme ausführlich und tief genug eingehend vortragen können mit der Aussicht, Verständnis zu finden und Hilfe zu erhalten. Immer wieder hört man in der Therapie selbst Jugendliche berichten, wie vergeblich ihre Suche nach einem Menschen war, dem sie sich anvertrauen und von dem sie in irgendeiner Form Rat oder Aufklärung erhalten konnten.

Was den unterschiedlichen Grad des Erfolges verschiedener Therapeuten und therapeutischer Methoden betrifft, so ist dieser nicht abzuleugnen. Wir befinden uns vorläufig noch immer im Stadium des Probens und Prüfens.

Was die Erfolgschancen anlangt, so sind heute am relativ sichersten, wenn auch für schwere Fälle nicht genügend in die Tiefe dringend die *Gruppenmethoden,* die außerdem den Vorteil haben, für viele Menschen finanziell erschwinglich zu sein.

Bei den Gruppenverfahren findet selbst dann, wenn die Leitung der Gruppe nicht so ideal ist, wie sie sein sollte, fast immer ein hilf- und segensreicher Austausch zwischen den Mitgliedern der Gruppe statt. Und damit kommen wir auf die von Eysenck empfohlene *Interaktion* zu sprechen, jene Wechselwirkung innerhalb einer Gruppe von Menschen, die sich gegenseitig helfen wollen.

Der Vorteil, der sich ergeben würde, wenn Gruppenmethoden, zumindest in der Form des Sensitivitätstrainings, systematisch an allen Schulen eingeführt würden, und zwar von den frühesten Altersstufen an, wäre unermeßlich. Menschen, die von früh an die Gelegenheit zu einer – vom Erzieher ernst genommenen – gegenseitigen Aussprache erhielten, könnten sich auf solche Weise von ihren Feindseligkeiten befreien und zu Einsicht und Selbstverständnis gelangen, was durch unsere derzeitigen Erziehungssysteme keineswegs erreicht wird.

Hier würde der Grund gelegt für die Erziehung zu Humanität und Menschentum, wie viele Denker es sahen, oft freilich in der Meinung, dieses Ziel zu erreichen sei nur wenigen Auserlesenen möglich.

»Verstehe dich selbst«, hatten schon die alten Griechen über eine ihrer Lehrstätten geschrieben. »Das Verstehen des Lebens« betrachtete der indische Dichter und Denker Rabindranath Tagore als das Ziel der Erziehung. Und John Dewey weist darauf hin, daß Kommunikation, das heißt verständnisvolle gegenseitige Mitteilung, die Grundlage aller Formen der Gemeinschaft ist.

6. Anleitung zum Selbstverstehen

Da es, abgesehen von einigen Schulen in den Vereinigten Staaten, vorläufig noch keine Erziehungsanstalten gibt, die Gelegenheit zu den hier von uns als erstrebenswert dargelegten Erfahrungen geben, so werden wir in diesem Buch Fälle beschreiben, die es dem Leser ermöglichen, Einsicht in die Psychologie konstruktiver und destruktiver Entwicklungen zu gewinnen. Auf diese Weise hoffen wir ihm Anleitungen zu geben, wie er an und in sich selbst das Entstehen verfehlter oder erfolgreicher Verhaltensweisen und Entschlüsse verfolgen und verstehen kann.

7. Über neurotische Tendenzen

Damit kommen wir nun zu dem Problem der *Neurose*. Entgegen der allgemeinen Überzeugung, daß es sich bei Neurosen stets um Probleme mehr oder weniger schwer gestörter Individuen handele, sind neurotische Tendenzen praktisch bei nahezu jedermann anzutreffen. Nur wenn man dies richtig erkennt, wird man verstehen und einsehen, daß die heutige Art der Psychotherapie mehr eine Ergänzung der Erziehung als eine Methode der Krankenbehandlung ist.

Was aber sind diese allgemeinen neurotischen Tendenzen? Um dies zu verstehen, ist es am besten, mit Beispielen aus der frühesten Kindheit zu beginnen.

Wie wir schon sagten, beginnt jeder Mensch sein Leben mit gewissen angeborenen *Grundtendenzen* (Seite 18), die jedoch von allem Anfang an in der einen oder anderen Richtung von der Umwelt beeinflußt werden können.

Diese Grundtendenzen – Bedürfnisbefriedigung, selbstbeschränkende Anpassung, schöpferische Expansion und Aufrechterhaltung der inneren Ordnung – sind allen Menschen gemeinsam, treten aber von Anfang an in entwicklungsbedingter sowie je nach dem Individuum variierender, unterschiedlicher Relation auf.

Beim Neugeborenen und im frühesten Kindheitsalter ist normalerweise die stärkste Tendenz die zur Bedürfnisbefriedigung. Schon hier machen viele Individuen die Erfahrung, daß sie sich mit einem Zuviel oder Zuwenig abfinden müssen. Manchen gelingt dies; zum Beispiel gibt es nicht wenige in großen Familien Aufgewachsene, die es hinnehmen, daß ihre Mutter keine Zeit für sie hatte und irgendeines der älteren Geschwister sie mehr oder weniger hinreichend versorgte. Andere hingegen haben schon in früher Jugend Lebensschwierigkeiten in dieser Situation. *Wir erinnern uns an Luise, die sich mit zehn Monaten dadurch tief betroffen fühlte, daß die Mutter ihr keine Beachtung schenkte (Seite 16 f.). Ihre Geschwister, so berichtete Luise, die das sechste von sieben Kindern war, zeigten nicht dieselbe Reaktion, obgleich die Situation zumindest für alle jüngeren ähnlich war. Damit stellt sich die Frage, warum Luise anders reagierte als ihre Geschwister. Bei näherer Untersuchung finden wir, daß Luise einerseits besonders liebebedürftig, andererseits aber auch besonders anpassungsbedürftig ist. Mehr als alle anderen unterwirft sie sich dem tyrannischen Vater. Übereifrig im Wunsch, ihm zu gefallen, lebt sie ständig in Angst vor der rauhen Art und den Strafen dieses groben Mannes. Jahrelang ist sie Bettnässerin. Der Vater versucht ihr diese »Unart« mit Strafen auszutreiben, natürlich vergebens, denn für den Psychologen ist Bettnässen ein Zeichen tiefer Unsicherheit. Anders als die Geschwister, die nach Abschluß ihrer Schulzeit das Elternhaus verlassen, läßt Luise sich, obwohl ihr von der Schule ein College-Stipendium angeboten wird, dazu überreden, bei den Eltern zu bleiben, eine Stellung als Kassiererin anzunehmen und ihr Gehalt mit den Eltern zu teilen. Der Grund? Sie lehnte das Stipendium auf Weisung des Vaters ab, der rundweg erklärte, das Stipendium werde zum Leben im College nicht ausreichen, und zudem sei Luise es den Eltern schuldig, ihnen zu helfen. Die Kraft, sich dagegen zur Wehr zu setzen und darauf hinzuweisen, daß auch ihre Geschwister sich selbständig gemacht hatten, brachte Luise einfach nicht auf.*

Hier wird also ein besonders liebebedürftiges und zur Abhängigkeit neigendes Individuum dadurch geschädigt, daß ihm Liebe vorenthalten und statt ihrer die Unterwerfung unter eine rücksichtslose, rüde Disziplin zugemutet wird. Die Unsicherheit und das Leiden dieses Kindes drücken sich im Bettnässen sowie in einer tiefen *Depression* aus, von der die Luise sich als Fünfunddreißigjährige in der Psychotherapie zu befreien suchte.

Die Dynamik in dieser Neurosenbildung (statt Dynamik können wir auch Wirkungszusammenhänge sagen) ist offenbar dahin gehend zu beschreiben, daß hier ein Mensch seelisch nicht mit den Umständen fertig werden konnte, weil sie seinen Bedürfnissen zuwiderliefen und seine Widerstandskraft weit überforderten.

Diese Dynamik der mangelnden Bedürfnisbefriedigung, die bei gleichzeitig allzu hohen Anforderungen zu einem *Nichtbemeistern der Gegebenheiten* durch ein Individuum führt, das diesen Gegebenheiten nicht gewachsen ist, dürfte wohl die häufigste Grundlage für die Bildung von Neurosen sein.

Die neurotischen Reaktionen auf eine solche Situation bestehen in seelischen oder physischen Krankheitserscheinungen verschiedenster Art, die unabhängig vom Bewußtsein des Individuums auftreten. Sehr häufig wird der Betroffene nicht einmal gewahr, daß er krank ist, weil keineswegs alle neurotischen Reaktionen als Krankheiten empfunden werden.

Im Falle Martins *verhielt es sich so (Seite 12 und 74). Martin war sich keiner »Krankheit« bewußt, als er sich auf Anraten eines Freundes mehr oder weniger willig in psychotherapeutische Behandlung begab. In der Aussprache über sich selbst, mit der die Therapie begann, beschrieb er sich als etwas deprimiert, was er als Folge seiner Überlastung interpretierte.*

Es dauerte ziemlich lange, bis er sich einzugestehen vermochte, daß sein persönliches Leben völlig leer und abgestorben war, daß er die Fähigkeit, das Leben zu genießen, gänzlich unterdrückt und die Fähigkeit zum Glück gegenseitiger Liebe mit einem Lebenspartner überhaupt nie entwickelt hatte.

Martin war der Meinung gewesen, daß er durch ein ausschließlich auf Pflichterfüllung gestelltes Dasein nicht nur das Leben bemeistere, sondern es auch moralisch vorbildlich lebe. Erst allmählich kam er zu der Einsicht, daß er bei einem wirklich »richtigen« Leben nicht in solchem Maße unter Depressionen gelitten hätte.

»Richtig« in welchem Sinn? Im Sinne der adäquaten menschlichen Existenz, zu der die Erfüllung durch Liebe und durch eine in gewissem Grade genießende Bedürfnisbefriedigung ebenso gehört wie die Hingabe an die Leistung. Daß ein Leben ohne diese persönlichen Bindungen leer und unecht ist, wurde Martin nur langsam klar.

Übrigens findet man ein interessantes Beispiel in genau dieser Richtung in Ingmar Bergmans Film »Wie in einem Spiegel« von 1961, in dem ein Schriftsteller sich der Öde und Unrichtigkeit seines liebeleeren, einzig und allein dem Schreiben gewidmeten Daseins bewußt wird.

8. Ist die Neurose eine Krankheit?

Aber in welchem Sinn kann man ein liebeleeres, unpersönliches Leben eine *Krankheit* nennen? Mit dieser Frage kommen wir auf das heute vieldiskutierte Problem der Beurteilung dessen, was eine Neurose ist. Schon vor dreißig Jahren nannte der Wiener Adler-Schüler Oswald Schwarz die Neurose eine Zwischenform »zwischen Krankheit und Schuld«. Eine Krankheit ist sie insofern, als die Menschen unbewußt und schwer leidend in diese Zustände geraten. Aber sie ist auch halbwegs eine Schuld, weil die sich in solchen Zustand gleichsam verrennenden Menschen irgendwie »wissen«, daß sie unrecht tun. Das geht daraus hervor, daß sie, wenn man es ihnen tief genug zu Bewußtsein bringt, ihre Fehlhandlungen zu erkennen und zu ändern in der Lage sind.

In Anknüpfung an diese alten Argumente hat neuerdings der amerikanische Psychiater Thomas Szasz sich sehr nachdrücklich für die Interpretation der Neurose als einer moralischen Verschuldung ausgesprochen: Die *Schwäche* solcher Individuen wie Luise und Martin, die sich gegen die Ansprüche ihrer Umgebung weder verteidigen noch durchsetzen können, wird von ihm als *moralische* Schwäche aufgefaßt. Die meisten Psychiater und Psychologen hingegen sehen hierin einen objektiven Faktor, nämlich eine *Ich-Schwäche* infolge mangelhafter angeborener Fähigkeit zur Selbstbehauptung.

Damit erhebt sich die noch weitgehend ungeklärte Frage: Wie ist letzten Endes zu verstehen, was sich in allen Neurosen bekundet – wie läßt sich verstehen, daß bei allen neurotischen Erscheinungen das Individuum zu schwach ist, sich zu verteidigen, Ersatzwerte zu finden oder sich mit seinen Bedürfnissen irgendwie durchzusetzen? Mein Eindruck ist der, daß, wenn auch Dispositionen vorliegen mögen, diese nicht als unbeeinflußbar betrachtet werden können, und zwar deshalb, weil wir durch die in der Therapie erfolgte Entwicklung des Verstehens und Selbstverstehens offenbar Änderungen in der Persönlichkeit hervorzubringen in der Lage sind.

Den Neurosen der Fälle Luise und Martin ist gemeinsam, daß beiden als Kindern eine ungeheure Last an Pflichten bei gleichzeitigem Fehlen von Liebe auferlegt wurde. Voneinander verschieden sind sie insofern, als Martin wenigstens seine Talente schöpferisch expansiv entwickeln konnte, während Luise auch in dieser Hinsicht unterdrückt wurde.

Eine andersartige Grundform der Neurose ist festzustellen, wenn ein Kind infolge elterlicher Voreingenommenheit an der seiner Eigenart entsprechenden Entwicklung seiner schöpferisch expansiven Persönlichkeit gehindert wird, während es andererseits Liebe, Fürsorge, unter Umständen sogar in übertriebenem Maße Schutz und Verwöhnung erfährt.

Der Fall Elma *(Seite 81 f.) liefert ein hier in Betracht kommendes Beispiel: Elma fühlte sich immer von ihren Eltern geliebt, und sie hing sehr an ihnen. Aber gerade infolge dieses gegenseitigen innigen Verhältnisses ließ sie sich völlig von den Vorstellungen ihrer Eltern leiten, die beide davon überzeugt waren, daß ein Mädchen allein für die Hingabe an ihre künftige Familie bestimmt sei und sich darauf vorzubereiten habe, nicht jedoch auf Selbständigkeit im Beruf.*

Elma folgte ihren Eltern und unterdrückte ihre große Lernbegier sowie ihre ausgeprägten künstlerischen Talente, was dann in ihrer Ehe, wie wir hörten, zu schweren Depressionen und zu Unbefriedigtsein führte.

Selbst später in der Therapie erwies sie sich als so tief durchdrungen von den Überzeugungen ihrer Eltern, daß sie sich lange Zeit für unfähig erklärte, ihren Bedürfnissen zu schöpferisch expansiver Entwicklung nachzugeben. Selbstverwirklichung, Verwirklichung ihrer besten Potentialitäten – das war für sie zu selbstsüchtig, als daß sie es als Ziel für sich hätte ins Auge fassen können. Es bedurfte langer Arbeit, bis Elma zu der Einsicht gelangte, daß helfende Hingabe an andere möglich ist, ohne dabei auf die eigene Entwicklung verzichten zu müssen, und daß ein Vernachlässigen der Eigenentwicklung keinesfalls als moralische Vollkommenheit aufzufassen sei, wie ihre Eltern dies gemeint hatten. Jetzt endlich sah Elma mit nach und nach zunehmender Deutlichkeit, daß ihre Erziehung zur Verminderung bis fast an die Grenze der Zerstörung ihrer Selbstwertgefühle und zum Abbruch ihrer Selbstentwicklung geführt hatte.

Bei den verschiedenen Varianten der Verhinderung angemessener schöpferischer expansiver Entwicklung einer Persönlichkeit ist es nicht immer so, daß die Eltern eine solche Entwicklung unmöglich machen. Die Situation kann auch umgekehrt sein, so nämlich, daß die Eltern sich aus Ehrgeiz oder infolge mangelnden Verständnisses für die Potentialitäten eines Kindes für Ziele einsetzen, die der schöpferisch expansiven Entwicklung gerade dieses Individuums unangemessen sind.

Brunos Vater, der seinen ältesten Sohn sehr liebte, hatte sich in den Kopf gesetzt, daß er Arzt werden müsse, was ihm, dem Vater, selbst versagt geblieben war (Seite 30/31 und 80/81). Wie wir hörten, tat er von früh an alles, um die Interessen des Sohnes ausschließlich in diese Richtung zu lenken. Wenn irgend jemand Bruno fragte, was er denn eines Tages werden wolle, bekam er auf der Stelle die Antwort, er wolle Arzt werden und nichts anderes.

Wir wissen bereits, daß es bei Bruno zu einem Zusammenbruch kam, als sich schon während der ersten Studienjahre herausstellte, daß er keineswegs für das Medizinstudium geeignet war.

Folge der falschen Leitung durch den Vater war hier ein vollkommener *Verlust des Selbstwertes.* Dazu hätte es nicht kommen brauchen, denn Bruno war durchaus auf allen Gebieten begabt genug, etwa im Umgang mit Menschen; ihm fehlte jedoch jene spezifische Art von Intelligenz, die für das Studium der Naturwissenschaften notwendig ist. Lediglich der falsche Ehrgeiz des Vaters hatte sich hier zerstörend ausgewirkt.

9. Beispiel eines Psychopathen

Während man in allen Neurosefällen eine Nichtbemeisterung der Lebenssituation und bzw. oder ein Abbrechen der Selbstentwicklung feststellen kann, gibt es – wenn wir hier von schweren Geisteskrankheiten absehen – noch eine andere Art der Fehlentwicklung, für die der Fall von Andreas beispielhaft ist.

Bei Andreas, dessen Geschichte wir ausführlich im vorigen Kapitel studiert haben (Seite 66 und 84), war weder mangelnde Begeisterung noch mangelnde Selbstentwicklung das Problem, wenigstens oberflächlich gesehen. Andreas tat, was er wollte, er war – wiederum oberflächlich gesehen – allen Situationen gewachsen und versagte seinem eigenen Ich keine Genugtuung.

Genau gesehen, erlaubte Andreas sich eine extreme Bedürfnisbefriedigung, die ihm die gewünschten Genüsse gewährte, die jedoch zugleich im tiefsten Innern seine Selbstachtung zerstörte.

Was wir hier vor uns haben, ist die *ungehemmt aggressive* Verhaltensweise des Psychopathen, der sich keiner höheren Instanz unterwirft. In extremen Fällen führen solche Entwicklungen zu völliger Unterdrückung des Gewissens. In einem Falle wie dem von Andreas waren jedoch die Gefühle für andere und der Glaube an eine höhere Weltordnung nicht völlig abgestorben, und er spürte häufig die Mahnungen seines Gewissens. Auch wußte er im tiefsten Innern, daß er selbst der Entwicklung seiner eigenen besten Potentialitäten im Wege stand. Und besonders als er in Cora einen Menschen fand, an den er glauben konnte, gestand er sich ein, daß er sie mit hochachtender Liebe bewunderte, während die Genugtuung über seine Art von Erfolgen der Selbstachtung entbehrte. Mit diesen Zweifeln an sich selbst bot Andreas dem Psychotherapeuten eine Handhabe, die bei vielen Psychopathen fehlt.

10. Jeder hat neurotische Tendenzen

Jeder Mensch hat Probleme der Bemeisterung und der Selbstentwicklung. Jeder Mensch hat mit Problemen der Abwehr zu tun. Viele Menschen haben aggressive Tendenzen, mit denen sie zu Rande kommen müssen. Beide führen zu extremen Zielsetzungen, an denen manche Individuen unbeirrt festhalten. Schon von klein auf zeigen Kinder destruktive neben konstruktiven Neigungen.

Die Schwierigkeit, ein inneres Gleichgewicht der Grundtendenzen des Lebens herzustellen, begegnet uns bei fast allen Individuen. Selten trifft man Menschen, die sich nicht den Fortschritt ihrer inneren und bzw. oder äußeren Entwicklung irgendwie und irgendwo selbst verbauen.

Das heißt, fast niemand geht durchs Leben, ohne hier oder dort neurotische Komponenten in seinen Motivationen auszubilden. Besonders ungünstig in dieser Richtung sind *extreme Einseitigkeiten* in den Zielsetzungen.

Wenn im Interview ein Mann auf die Frage nach seinen Lebenszielen antwortet, er habe nie etwas anderes erstrebt, als ohne Schulden durchs Leben zu gehen, während ein anderer sagt, sein einziges Streben sei gewesen, reich und unabhängig zu werden, so kann man ohne weiteres schließen, daß diese beiden Männer in extremer Einseitigkeit sich auf eine neurotische Vernachlässigung vieler Lebenswerte versteift haben. Interessanterweise finden wir in der Ausgangssituation extrem entgegengesetzter Lebenseinstellungen oft vergleichbare Umstände, etwa große Armut, die für sich allein also weder die eine noch die andere Motivation zu erklären vermag. Lebensumstände als solche sind fast niemals hinreichende Grundlagen für die Erklärung von Lebenshaltungen; sie können allerdings viel zu diesen beitragen.

Extreme Einseitigkeit ist oft genug die Folge von besonderem Ehrgeiz.

In einem amüsanten Gedicht in »Harper's Magazine« gibt »Suzy« ironische Anweisungen, wie eine ehrgeizige elegante Frau es anstellen soll, auf dem Parkett des internationalen »High Life« die allgemeine Aufmerksamkeit auf sich zu ziehen und von eventuellen Rivalinnen abzulenken (»Steal the International Scene«):

»Es ist nicht leicht«, sagt sie. Aber wenn zum Beispiel »Jacqueline Ringe auf allen Fingern tragen kann, warum sollst du dann nicht einen auf den Daumen stecken ... oder besser noch, klebe dir einen enormen Brillanten auf die nackte Schulter. Auf diesen Einfall ist selbst Jacqueline noch nicht gekommen . .

Mach deinen Auftritt stets am besten Ort der besten Gesellschaft und genau zur richtigen Zeit. Sorge dafür, daß Fotografen da sind. Schließlich nimmst du ja an dieser Konkurrenz nicht bloß deshalb teil, um bescheiden zu erröten . . . «

Ehrgeizige Hochbegabte erwarten oft vom Leben, daß sie bei jedem Wettbewerb siegen, ja sie sehen das Leben überhaupt nur noch unter dem Gesichtspunkt des Wettbewerbs, womit sie leicht in neurotische Einseitigkeiten verfallen können.

»Letzte Woche habe ich 39 Bücher gelesen«, erzählte mir eine Patientin, die noch studiert. »Denn natürlich mußte ich beim Examen die belesenste von allen sein.« Diese Patientin ist jedesmal einem Nervenzusammenbruch nahe, wenn sie ein Examen nicht als Beste besteht. Diese Lebenseinstellung wurde in ihr nicht nur durch ungewöhnliche Begabung gefördert, sondern auch dadurch, daß man sie sehr verwöhnt hatte: Sie war aufgewachsen, ohne daß ihr je irgend etwas versagt worden wäre.

Mehr noch als die Lebensumstände scheinen *Krankheit* und *Gesundheit* die Einstellung zum Leben zu beeinflussen. Jedoch haben wir auch hier mit einer Wechselwirkung zu tun, indem nämlich vielfach Menschen erst krank werden, nachdem sie seelisch nicht mehr »in Ordnung« waren. Eine psychiatrische Untersuchung, die vor einigen Jahren in Rochester vorgenommen wurde, ergab, daß

17   »Eine Frau, die das Leben voll lebt«: Die zweiundfünfzigjährige Ingrid Bergman

ein außerordentlich großer Prozentsatz von Patienten, die wegen der verschiedensten Krankheiten in Kliniken und Krankenhäuser eingeliefert werden mußten, erst krank geworden waren, nachdem sie sich aus irgendeinem Grunde menschlich »aufgegeben« hatten. Sie alle gaben den Interviewern an, daß sie vor der Erkrankung an einem Punkt angelangt waren, wo sie »nicht mehr weiter konnten«.

Andererseits begegnen wir Menschen, deren außerordentliche Gesundheit ganz offensichtlich mit ihrer inneren Ausgewogenheit Hand in Hand geht.

Als ein solcher Mensch wird zum Beispiel Ingrid Bergman *beschrieben zu dem Zeitpunkt, als sie, zweiundfünfzig Jahre alt, in Hollywood auf die Bühne zurückkehrte. »Sie ist so viel gesünder und freier als wie beim erstenmal«, schrieb Ruth Roberts von ihr. »Sie hat die innere Sicherheit einer Frau, die das Leben voll lebt.« Die so gut geglückte Verbindung ihres Wirkens als Frau, Mutter und Schauspielerin wird von Ingrid Bergman damit erklärt, daß sie sich abwechselnd jedem dieser Lebensgebiete voll widmet. Und das gelingt ihr infolge guter Planung und günstiger Lebensumstände trotz der geographisch so weit voneinander getrennten Stätten ihres Lebensraumes.*

11. Zum Problem der Selbsthilfe

Gesunde und kranke Zielsetzungen – das war das Thema dieses Kapitels, in dem wir schließlich zu Fragen wie Bemeisterung der Lebenssituation, Selbstentwicklung und Neurose vorgedrungen sind. Und nun erhebt sich eine weitere Frage, die nämlich, ob und inwieweit sich der Mensch angesichts von Lebensproblemen selbst helfen kann. Eine solche Selbsthilfe ist von Autoren verschiedenster wissenschaftlicher oder populärwissenschaftlicher Bücher wiederholt empfohlen worden. Am ausführlichsten und sachverständigsten hat Karen Horney die »Selbstanalyse« mit Beispielen zum Selbstverstehen diskutiert.

Das vorliegende Buch hat ebenfalls die Absicht, zur Selbsthilfe anzuleiten. Im Unterschied zu Karen Horney sprechen wir hier jedoch nicht nur und nicht einmal in erster Linie vom Verstehen schwerer neurotischer Krankheiten, sondern vom *Selbstverstehen der allgemein verbreiteten neurotischen Tendenzen.*

Wie am Anfang dieses Kapitels angedeutet, fassen wir die Psychotherapie als eine heute dringend benötigte Ergänzung zu den die

Gesamtpersönlichkeit nicht erfassenden Erziehungssystemen auf. Für den moralischen Fortschritt der Menschheit und vielleicht sogar für ihren Fortbestand ist es dringendst geboten, daß die Menschen sich selbst und ihre Mitmenschen besser verstehen lernen als bisher – besser, das heißt: in den tieferen Beweggründen ihrer Handlungen.

Da weithin die Institutionen fehlen, die geeignet wären, möglichst viele Menschen in dieser Richtung zu fördern, wird in diesem Buch versucht, zum Selbstverstehen anzuleiten. Wir versuchen dies in zwei Teilen zu tun: in einem ersten, in dem die allgemeinen Probleme menschlicher Erwartungen und Zielsetzungen diskutiert werden, und in einem zweiten Teil, in dem die wichtigsten Lebenssituationen dargelegt werden, in denen ein Gelingen oder ein Verfehlen des Lebens zustande kommen kann. Es ist die Hoffnung der Autorin, daß die in beiden Teilen gegebenen Beispiele einen Überblick über eine größere Anzahl möglicher Lebensentwicklungen geben und damit zugleich eine Hilfe für jedermann bieten, seine eigene Entwicklung förderlich beeinflussen zu können.

V   Erfüllung und Verfehlung des Lebens

1. Definitionen

Bevor wir, wie am Ende des vorigen Kapitels angedeutet, im zweiten Teil dieses Buches die wichtigsten Lebenssituationen diskutieren, in denen das Gelingen oder das Verfehlen des Lebens zustande kommt, gilt es folgende Frage zu beantworten: Was bestimmt die Erfüllung, was die Verfehlung des Lebens? Unsere bisherigen Betrachtungen weisen bereits darauf hin, daß es viele verschiedene Vorgänge und Erfahrungen sind, die zu den abschließenden Erlebnissen des Erfüllt- oder Verfehltseins des Lebens beitragen.

Viele Menschen sind geneigt, Erfüllung und Verfehlung einseitig durch »Glück« oder »Unglück«, durch »Erfolg« oder »Nichterfolg« bestimmt zu sehen – wobei man eine ganz beträchtliche Sprachverwirrung hinsichtlich dessen feststellen kann, was als Erfolg zu betrachten ist. So stellte 1963 ein Redakteur der »Los Angeles Times« Aussprüche bekannter Autoren zusammen, die er »Neun Schritte zum Erfolg« nannte. Bei genauem Hinsehen allerdings zeigt es sich, daß die Äußerungen keine neun Schritte darstellen, sondern vollkommen verschiedenartige Auffassungen von Erfolg wiedergeben.

Zum Beispiel sagt Mrs. A. J. Stanley: »Erfolg hat derjenige erreicht, der gut gelebt, viel gelacht und viel geliebt hat.« Das aber heißt, daß diese Autorin ein gutes, erfreuliches und glückliches Leben oder, in anderen Worten, eine volle Bedürfnisbefriedigung mit Erfolg verwechselt.

Andererseits sagt Helen Keller: »Wir können alles, was wir wollen, wenn wir lange genug dabei ausharren.« Dieses Wort weist sehr viel besser als das vorige darauf hin, daß Leistungen in dieser Welt zum Erfolg gehören.

Schon wiederholt haben wir angedeutet, daß jede der vier Grundtendenzen des Lebens in spezifischer Weise auf Erfüllung hin gerichtet ist.

Soweit *Bedürfnisbefriedigung* in Betracht kommt, erhoffen wir »*Glück*«, und das heißt, daß wir hoffen, es möge uns beschieden sein, zu bekommen, was wir zu unserem körperlichen und seelischen Wohlbefinden benötigen. In dieser Richtung können Wohlstand, Sexualität, Liebe in individuell unterschiedlichem Ausmaß wichtig sein.

Eine zweite Art der Lebenserfüllung wird im Zusammenhang mit unserer Tendenz zu *selbstbeschränkender Anpassung* erhofft: Vielleicht ist *Dazugehören* das beste Wort für das, was man hier erstrebt. Das in dieser Richtung vorwaltende Bedürfnis ist in verschiedener Weise beschrieben worden: als Bedürfnis nach Sicherheit, nach Akzeptiert-Werden, nach Mittun-Können. Letztlich drückt sich darin die Sehnsucht des Individuums nach dem Einbezogensein in den Weltprozeß aus und zugleich die Angst des Individuums vor dem Allein- und Isoliertsein.

Eine dritte Art der Lebenserfüllung ergibt sich im Zusammenhang mit der Grundtendenz zur *schöpferischen Expansion* und kann wohl am besten unter dem Begriff der *Leistung* zusammengefaßt werden. Hier handelt es sich um das Bedürfnis, im Laufe des Lebens etwas zustande gebracht zu haben, das einem selbst Anerkennung einbringt, außerdem die Welt bereichert und unter Umständen dem Individuum ein sein Dasein überdauerndes Fortwirken sichert. Diese schöpferische Expansion mag dann als gelungen erlebt werden, wenn jemand eine wohlgeratene Nachkommenschaft in die Welt gesetzt hat oder aber ein bedeutsames Werk irgendeiner Art geschaffen hat.

Eine vierte Art der Lebenserfüllung wird erstrebt im Zusammenhang mit der Grundtendenz zur *Aufrechterhaltung der inneren Ordnung*. Hier handelt es sich um das Bewußtsein, *richtig* gelebt zu haben. Dieses »richtig« kann vom Menschen erlebt werden als sein gutes Gewissen im moralischen und bzw. oder religiösen Sinn, oder aber als richtig im Sinne der zu erfüllenden Möglichkeiten seiner eigenen sowie der äußeren Gegebenheiten. Das hier sich auswirkende Bedürfnis hat seinen Ursprung im persönlichen Glauben der Menschen an gewisse *Werte* und möglicherweise an eine Weltordnung, für die sie eintreten.

2. Entwicklung von Erfüllungen und Verfehlungen

Von den frühesten Lebensanfängen an gibt es Erlebnisse der Erfüllung und Verfehlung. Ein fünfmonatiges Baby, das geschickt seine Klapper schwingt, wobei es zwischendurch strahlend auf die Mutter schaut, scheint, wie aus seinem Gesichtsausdruck zu schließen ist, eine gewisse *Erfüllung* zu erleben. Ein dreijähriges hirngeschädigtes Kind, das vergeblich versucht, einen Turm aus Bausteinen zum Stehen zu bringen, bekundet nach einiger Zeit durch einen Wutausbruch und durch Tränen, daß es infolge seiner mangelnden Koordinationsfähigkeit eine *Verfehlung* erlebt.

Diese beiden Erlebnisse von Erfüllung und Verfehlung gründen sich auf Gelingen oder Mißlingen von Leistungen. Daneben gibt es von der ersten Kindheitszeit an natürlich auch Wunscherfüllungen oder Bedürfniserfüllungen. Das sich glücklich an die liebende Mutter anschmiegende Kind erlebt eine Bedürfniserfüllung, während ein Kind wie der auf Seite 22 f. von uns geschilderte Jeffry schon sehr früh und dann immer wieder die Unerfülltheit seines Bedürfnisses nach Elternliebe und seine eigene Seinsweise als verfehlt erlebt.

Hier zeigt sich bereits sehr früh ein Zusammenhang von *Verfehlung und Wertlosigkeitsgefühlen*. Jeffry, der als Dreißigjähriger in der Psychotherapie sein Kindheitssehnen nach der mütterlichen Liebe wiedererlebt, berichtet gleichzeitig, wie wertlos er sich damals fühlte und noch heute fühlt. Und in der Tat ist ganz allgemein zu beobachten, daß der Mangel an Mutterliebe das Gefühl der Wertlosigkeit zur Folge hat.

Diese Wertlosigkeits- oder Minderwertigkeitsgefühle können schwere *Depressionen* mit sich bringen.

Ruth ist eine zweiundzwanzigjährige Studentin, deren Zwillingsschwester Ria sich kürzlich verheiratet hat. Die Schwestern hatten stets an Wertlosigkeitsgefühlen gelitten, weil ihre Eltern – beide stark beschäftigte Anwälte – nicht nur wenig Zeit für ihre Töchter hatten, sondern auch stets sehr kritisch und streng zu ihnen waren. Ruth sagt, der Satz, den sie von ihrer Mutter am häufigsten hörte, war: »Du verdienst es nicht ... « Die Zwillinge, in der Ehe ihrer Eltern relativ spät geboren, waren diesen nicht sehr erwünscht gekommen, und so wurden sie fast völlig einem häufig wechselnden Personal überlassen.

Ruth sagt in der Therapie, daß sie, soweit sie sich zurückerinnern kann, ebenso wie ihre Schwester stets deprimiert gewesen ist und sich besonders gegen Erwachsene abwehrend und feindlich verhalten hat.

Beiden Schwestern gab jedoch ihr Gefühl der Zusammengehörigkeit eine Stütze und einen gewissen Ersatz für die in ihrem Leben fehlende Liebe. Als Ria dann im College einen Studenten kennenlernte, mit dem sie sich gut verstand und den sie bald darauf heiratete, bedeutete dies für Ruth einen schweren Schlag: Es war das erste Mal, daß das Leben die Schwestern trennte. Zudem kam der Schlag unerwartet schnell – kurz nachdem beide beschlossen hatten, im College einige verschiedene Kurse zu belegen.

Ruth macht sich zwar Vorhaltungen dahin gehend, daß sie sich doch eigentlich über das Glück ihrer Schwester freuen müsse; dennoch erlebte sie deren Heirat als einen schweren Verlust und als eine Lebenskrise.

Sie fühlte sich so völlig verlassen, daß sie nicht mehr wußte, was sie mit sich anfangen sollte. Sie hatte niemanden, der ihr freundschaftlich nahestand, und nichts im Leben, das ihr wertvoll erschien. Und wie sie ihrer Therapeutin sagte, machte es ihr Mühe, überhaupt noch irgend etwas zu unternehmen, um nicht, wie sie es ausdrückte, »auseinanderzufallen«. Der Orts- und Studienwechsel, den sie vorgenommen hatte, um sich von dem Geschehenen zu lösen, half ihr nicht im geringsten, und die Entwicklung einer tieferen Beziehung zu ihrer Therapeutin war für lange Zeit dadurch erschwert, daß sie, infolge der Entfremdung von ihrer Mutter, voller Mißtrauen und ablehnender Gefühle war.

Solchen tief deprimierenden Erlebnissen der Wertlosigkeit gegenüber erlebt das geliebte Kind, was nach Lindas Worten ihre Mutter sie fühlen ließ: daß sie wertvoll war. Linda erklärt, das Erfüllungserlebnis dieser Liebe habe sie ihr ganzes Leben lang begleitet.

Liebe vermittelt offenbar ein bleibendes Erlebnis der Erfüllung. Demgegenüber gibt es andere Erfüllungserlebnisse, die weniger dauernd sind; manche, etwa eine einzelne gute Leistung, der Gewinn bei einem Spiel oder einer Wette, der Triumph über einen Rivalen, sind oft nur momentane oder bald vorübergehende Erlebnisse der Erfüllung.

Wie besonders A. Maslow betont hat, gibt es gewisse *Höhepunkterlebnisse*, die, einzig in ihrer Art, unvergeßlich bleiben. Sie können ganz unterschiedlich sein. Wir lernten ein solches Höhepunkterlebnis bei Gouverneur Rockefeller kennen (Seite 48/49). Aber es kann auch für den Naturfreund eine Bergbesteigung, für den Musikliebhaber ein bestimmtes Konzert, es kann eine menschliche Begegnung, ein beruflicher Erfolg oder anderes mehr den Charakter eines *einzigartigen Erfüllungserlebnisses* annehmen. Entsprechend gibt es auch nie wiedergutzumachende *einzigartige Verfehlungen*.

Arnold war sechsundzwanzig Jahre alt, als er in psychotherapeutische Behandlung kam, weil er sich von den Gefühlen, die seine im Jahr zuvor erfolgte Scheidung in ihm geweckt hatte, nicht zu erholen vermochte. Er empfand die Scheidung als eine tiefe Niederlage und eine von ihm nie wiedergutzumachende Verfehlung.

Arnolds Frau Anita, mit der er schon in früher Kindheit Freundschaft geschlossen hatte, war eine ungewöhnliche Persönlichkeit: schön, warmherzig, liebevoll und weit überdurchschnittlich begabt. Infolge einer vorzüglichen Ausbildung, die ihre Eltern ihr von klein auf hatten zuteil werden lassen, konnte sie schon in jungen Jahren als Sängerin bei musikalischen Veranstaltungen mit Erfolg auftreten.

Arnold, der als Bankangestellter vorerst nur ein bescheidenes Einkommen und zudem auch kaum Aussicht auf eine über das Normale hinausgehende Zukunft hatte, war außerordentlich eifersüchtig auf die ganz offensichtlich sehr vielversprechende Karriere seiner jungen Frau. Er verlangte, daß sie ihre Laufbahn zugunsten von Ehe und Familie aufgeben sollte. Anita versuchte zunächst auf seine Wünsche einzugehen. Aber abgesehen von dem inneren Unbefriedigtsein infolge dieses Verzichts, zeigte sich sehr bald, daß auch durch ihr Nachgeben sich Arnolds Einstellung ihr gegenüber keineswegs verbesserte. Selbst nachdem sie eine Zeitlang jedes öffentliche Auftreten abgelehnt hatte, blieb Arnold nach wie vor in gereizter Stimmung. Eifersüchtig auf ihre Begabung, war ihm jede Gelegenheit recht, herabsetzende Kritik an ihr wie an allen berufstätigen Frauen zu üben – das Zusammenleben wurde denkbar unglücklich für beide.

Anita wurde sich allmählich mehr und mehr bewußt, daß die Probleme zwischen ihr und ihrem Mann unlösbar geworden waren.

Ihr Versuch, auf die Karriere zu verzichten, hatte ihren Mann keineswegs befriedigter gestimmt, war für sie selbst aber ein Opfer, durch das sie die Entwicklung ihrer eigenen Persönlichkeit beeinträchtigte. Sie kam zu der Überzeugung, daß ihr Talent eine Potentialität darstelle, die sie weiterentwickeln sollte. Und so reifte angesichts der zunehmenden Zwietracht und Mißstimmung in Anita schließlich der Entschluß, sich scheiden zu lassen.

Erst als die Scheidung eingeleitet und unwiderruflich geworden war, sah Arnold ein, daß er einen unersetzlich wertvollen Lebenspartner verloren hatte. Anitas liebevolle und verständnisvolle Persönlichkeit, dazu ihre hohe Begabung und ihre Schönheit – all das erschien ihm nun immer mehr, und nicht zu Unrecht, als einzigartig: Er erkannte, daß er selber diesen Verlust verschuldet hatte.

Arnolds *Schuldbewußtsein* war um so größer, als er fühlte, daß er durch seine grob aggressive Art einen wertvollen Menschen schwer verletzt hatte. Anita hatte sich ihm voll hingegeben; sie aber war von ihm schroff abgewiesen worden – und auch dies erschien ihm jetzt als eine schwere Schuld. Zudem erkannte er nun seine eigene menschliche Unreife und die Notwendigkeit, sich zu ändern. Hieran arbeitete er in der Psychotherapie, ohne jedoch das Gefühl eines unwiederbringlichen Verlustes überwinden zu können.

Das, was Arnold verloren hatte, war in der Tat unwiederbringlich, doch traf ihn der Verlust in einem Zeitpunkt seines Lebens, zu dem er noch hoffen konnte, eines Tages Ersatz zu finden.

Es gibt andere frühe Verfehlungen, die, schlimmer als bei Arnold, einen frühzeitigen Abbruch der Entwicklung darstellen. Hierzu gehören, außer schweren jugendlichen Verbrechen, auch abwegige Entwicklungen und Entwicklungshemmungen infolge gewisser neurotischer Entschlüsse.

Eine der neuerlich viel weiter als früher verbreiteten Formen *abwegiger Entwicklungen* ist die der Rauschgiftsüchtigen, die sich von der Gesellschaft absondern.

Joachim, ein achtzehnjähriger Chemiestudent mittlerer Begabung, fühlte sich infolge seiner gesellschaftlichen Isolierung an der Universität sehr unglücklich. Zwar hatte er schon auf der Schule darunter gelitten, daß er keine Freunde gewinnen konnte; jetzt aber, wo er von zu Hause fort war, wurde ihm seine Einsamkeit geradezu unerträglich.

Zufällig erwähnte ein Kollege ihm gegenüber einiges von den Erfahrungen, die er und einige andere mit dem Rauschgift LSD gemacht hätten: Sie alle seien in eine wunderbare Stimmung versetzt worden; besonders schwärmte er von dem Gefühl der Zusammengehörigkeit und Liebe, das sie alle verbunden habe.

Joachim bat, sich der Gruppe anschließen zu dürfen, in der Hoffnung, daß sich ihm hier ein Weg zum Überwinden seines Isoliertseins eröffne.

Anfangs erlebte Joachim bei den Zusammenkünften die versprochenen Glücksgefühle tatsächlich, doch änderte sich das einige Monate später völlig: Die »trips«, die ihm das Gefühl von Liebe, Freundschaft und Glück geschenkt hatten, brachten ihm nun in immer stärkerem Ausmaß nichts als entsetzliche Ängste und grausige Halluzinationen.

Er flüchtete nach Hause, war aber so schwer krank, daß er in eine Klinik eingewiesen werden mußte.

Natürlich hatte er schon seit längerer Zeit sein Studium vernachlässigt, dann ganz aufgegeben. Selbst als er nach längerem Klinikaufenthalt und intensiver Behandlung entlassen wurde, konnte er sein Studium nicht wieder aufnehmen: Er war derart ruhelos und unkonzentriert, daß ihn nichts interessierte; verschiedene Beschäftigungen, in denen er sich versuchte, gab er bald wieder auf, und zwischendurch hatte er immer wieder Rückfälle von Rauschgiftsucht.

Inzwischen hatte Joachims Familie sich von ihm losgesagt, so daß er zunächst über keine Mittel zu neuerlicher Behandlung verfügte. Deshalb läßt sich die Frage, ob er je den Weg zu einer normalen Lebensführung zurückfindet, derzeit nicht beantworten; zumindest ist es recht zweifelhaft, ob es ihm gelingen wird: Was immer früher oder später noch getan werden kann, wird vermutlich nie das Gefühl eines auf jeden Fall teilweise verfehlten Lebens beseitigen können.

Heutzutage sind allerdings die Institutionen der Sozialfürsorge und die Sozialpsychiatrie sehr darauf bedacht, Menschen mit einem derart weitgehend verlorenen Leben für eine relativ normale Existenz zurückzugewinnen. Hierbei spielt die Gruppenbehandlung Verwahrloster und Krimineller bis in die Gefängnisse hinein eine entscheidende Rolle.

Besonders günstig für psychologische Behandlungen sind Lebensverfehlungen infolge neurotischer Verirrungen, vor allem, wenn die Betroffenen früh genug in Therapie kommen.

Ben ist der bedauerliche Fall eines Mannes in den Fünfzig, der sich infolge neurotischer Kindheitsentschlüsse sein Leben verbaut hatte. Obwohl außerordentlich begabt und selbst daran interessiert, einmal zu studieren, verließ er als Vierzehnjähriger die Schule und nahm einen Posten als Laufbursche an, nur um seines Vaters Wunsch, ihn studieren zu sehen, zu vereiteln. Bei Ben hatte die Verfehlung des Lebens schon in frühester Kindheit begonnen. Damals nämlich schon war er aus Haß auf den strengen Vater immer wieder davongerannt und allein durch die Straßen der Nachbarschaft geirrt.

Ein anderer Fall eines frühen Entschlusses, nichts mit den Menschen zu tun haben zu wollen, wie wir ihn bei dem fünfjährigen Jeffry kennenlernten (Seite 22), nahm in Jeffrys zehntem Lebensjahr eine glückliche Wendung: Zu dieser Zeit fand Jeffry Anschluß an eine Gruppe von Pfadfindern und fühlte sich dort so freundschaftlich aufgenommen und geschätzt, daß er seine Meinung über die Menschen und seine Einstellung ihnen gegenüber vorübergehend änderte.

3. Verluste, Unglück und Mißlingen

Außer Verfehlungen, die das Gelingen des Lebens in Frage stellen, können auch *Verluste* und andere *Unglücksfälle,* die dem Individuum ohne eigenes Verschulden zustoßen, sich folgenschwer auswirken. Wenn ein Kind durch Tod oder Scheidung einen Elternteil verliert und dessen Liebe und Verständnis entbehren muß; wenn ein Unfall oder eine schwere Krankheit die Lebensmöglichkeiten eines Individuums entscheidend beeinträchtigen, dann stellen sich dem Lebensgelingen objektive Hindernisse entgegen, die zu überwinden oft fast unmöglich ist.

Joseph *ist sechzehn Jahre alt, als er erfährt, daß ihm Erblindung bevorsteht: Es sei sehr unwahrscheinlich, sein Augenlicht durch eine Operation retten zu können. Joseph ist der jüngste von zwei Söhnen einer Arbeiterfamilie, die dem Problem ihres Kindes ziemlich ratlos gegenübersteht. Dieses Problem ist um so größer, als der ältere Sohn sich durch Begabung und Fleiß ein Universitäts-Stipendium erworben hatte und sich damit auf dem Weg zu einer erfolgversprechenden Laufbahn befindet.*

Joseph, *der schon immer wenig Interessen gehabt hat und auch nicht über innere Reserven verfügt, ist voller Bitterkeit über sein Schicksal. Weder seine Eltern noch die hinzugezogenen Berater vermochten ihm eine konstruktive Lebensauffassung zu vermitteln. Die Tatsache, daß er auf einer Blindenanstalt umgeschult wurde auf einen Beruf, in dem auch ein Blinder seinen Mann stehen und*

Befriedigung finden kann, erfüllte ihn statt mit Hoffnung nur mit Haß gegen das Leben, dessen Ungerechtigkeit er sich hilflos ausgeliefert fühlte. Oft lief er davon und übernachtete bei einem Freund, mit dem ihn die Gemeinsamkeit rebellischer Gefühlsausbrüche verband. Er glaubte an nichts und niemanden – seine Zukunft erschien völlig verbaut und leer.

Genau betrachtet, ist jeder Mensch auf Schritt und Tritt der Möglichkeit von Schicksalsschlägen, wenn nicht von Katastrophen ausgesetzt. Aus dem Gefühl hierfür ist wohl das mittelalterliche Lied »Mitten im Leben sind vom Tod wir umgeben« entstanden (»Media in vita in morte sumus« – die Verse 2 bis 4 des evangelischen Kirchenliedes »Mitten wir im Leben sind mit dem Tod umfangen« hat Martin Luther 1524 gedichtet).

Aber auch heute noch gibt es Menschen, die ein schweres Unglück mit Fassung hinzunehmen verstehen, wie jener Mann, der mir nach Verlust all seines Besitzes durch einen Brand, gegen den er nicht genügend versichert war, sagte: »Mein Reich ist nicht von dieser Welt – damit muß ich mich abfinden.«

Diese Lebenseinstellung ist allerdings nicht mehr häufig anzutreffen – man vermeidet heute gern Betrachtungen solcher Art. Die Menschen sind vorwiegend auf ihr diesseitiges Leben eingestellt, und so versuchen sie, sich gegen jede mögliche Art von Schicksalsschlägen zu sichern (man denke nur an die vielen Arten von Versicherungen!) oder sehr aktiv gegen sie anzukämpfen, um das Leben hier auf Erden zu einem in sich geschlossenen, befriedigenden Abschluß zu bringen.

Indem wir heutigen Menschen bewußt oder unbewußt an solcher Lebensgestaltung arbeiten, machen wir beinahe auf Schritt und Tritt gewisse Wendungen, treffen wir Entscheidungen, die Erfüllungen und Verfehlungen mit sich bringen. Ihr Aufbau drückt allmählich dem Leben als Ganzem den Stempel der Erfüllung oder Verfehlung auf.

Hierbei bewegen manche Menschen sich mit einem sicheren Gefühl des Bemeisterns und des Gelingens voran, während andere ständig einen Mißerfolg vorwegnehmen. »So stolpern wir von einem Fehler zum andern«, sagte mir einmal eine meiner Patientinnen bei einem Rückblick auf ihr vergangenes Leben.

Manche Menschen treffen Entscheidungen, durch die sie eine künftige Niederlage geradezu herausfordern.

Bei Bruno zum Beispiel, dessen Fall wir im vierten Kapitel besprachen (Seite 80 f.), ergab sich dieser Zusammenbruch etwa zehn Jahre nach einer schweren Enttäuschung, die er zu Beginn seines

Studiums erlitten hatte, und nach dem Versuch, sein Leben in neue Bahnen zu lenken.

Bei Ben (Seite 113 f.), dessen Leben von früh an durch ungünstige Entscheidungen schon als Knabe verfehlt war, kam der Zusammenbruch relativ spät, nach seinem fünfzigsten Lebensjahr.

Wenn wir die Lebenskrisen von Ruth (Seite 109 f.), Bruno und Ben vergleichen, so stellen wir fest, daß sie in drei verschiedenen Lebensphasen erfolgen. Je später sie sich einstellen, desto weniger günstig ist die Aussicht auf eine konstruktive Gestaltung des Lebensabschlusses; je früher sie erfolgen, desto günstiger ist die Situation für eine weitere Gestaltung des Lebens, falls ein erfahrener Therapeut zur Hilfe herangezogen wird.

Von besonders entscheidender Konsequenz für das Leben als Ganzes erscheint mir das Erlebnis einer *Krise in den mittleren Lebensjahren* zu sein.

Das in der mittleren Lebensperiode erlebte Gelingen oder Mißlingen des Lebens wird von Patienten nicht selten als besonders kritisch bezeichnet. Sie erleben es im Zusammenhang mit ihrem Leben als einem Ganzen und betrachten die Situation in der Mitte des Lebens als ausschlaggebend für ihr Leben als Ganzes. Vielleicht ist dies einer der Gründe, warum die größte Zahl von Patienten im Bereich der privaten Psychotherapie der mittleren Lebensperiode angehört.

Die Lebenskrise wird von Charles Zwingmann als das Erlebnis einer *Existenzbedrohung* bezeichnet. Viktor von Gebsattel sieht in der Krise eine »Reinigung«, die, wenn die Krise bewältigt wird, die Persönlichkeit prägt und sie widerstandsfähig sowie weniger anspruchsvoll macht.

In dem von Zwingmann herausgegebenen Buch »Zur Psychologie der Lebenskrisen« werden Krisen der verschiedensten Lebensalter sowie die seelischen Grundlagen unterschiedlicher Krisenerlebnisse in lesenswerter Weise besprochen.

Das Mißlingen des Lebens muß sich nicht notwendigerweise in einer Krise ankündigen. Es gibt Menschen, die ohne tiefe Erschütterung in einer gewissen Apathie und Niedergedrücktheit dahinleben, ohne sich je aufzulehnen. Gewöhnlich danken solche Menschen es einem Zufall, wenn sie in psychotherapeutische Behandlung kommen.

Gottfried, *dessen langsame Entwicklung und neurotische Minderwertigkeitsgefühle wir bereits in ihrem Ursprung beschrieben haben (Seite 64), kam in der Mitte der Dreißig als ein sehr zurückgebliebener Mensch in psychotherapeutische Behandlung. Ein guter Freund veranlaßte ihn dazu. Gottfried war unverheiratet geblieben, weil er sich vor Frauen fürchtete und mit einigen Mädchen, die ihn, wie seine Mutter es getan hatte, zu beherrschen versuchten, unangenehme Erfahrungen gemacht hatte. Beruflich so gut wie überhaupt nicht ausgebildet, hatte er ohne besonderes Interesse und ohne eigentliche Vorkenntnisse die Leitung einer von den Eltern ererbten Gärtnerei übernommen. Gehemmt, vielfach deprimiert, häufig an Migränen leidend, war er ein Mensch, der sich vom Leben und von der Zukunft keinerlei Vorstellungen machte.*

In einem Fall wie diesem ist es unwahrscheinlich, daß die Befähigung zu einer gelingenden Lebensgestaltung sich ohne Psychotherapie einstellt. In Gottfrieds Fehlentwicklung griff die Therapie entscheidend ein: Sie verhalf ihm dazu, seine Entwicklung zu verstehen und sich selber zu finden, sich zum erstenmal zu fragen, wer er war und was er mit seinem Leben anfangen wollte.

Langsam, im Laufe mehrerer Jahre, arbeitete Gottfried sich zu innerer Klärung seiner Interessen und zum Glauben an seinen Eigenwert als Mensch durch. Er entdeckte sein Talent für die von ihm bis dahin rein spielerisch betriebene Fotografie und machte sich eifrig daran, diese Begabung für eine berufliche Tätigkeit zu nutzen. Im Laufe dieser Ausbildung begegnete er einer etwas jüngeren Frau mit ähnlichen Interessen, deren Einstellung zu ihm ihn beglückte. Zum erstenmal war er in der Lage, ein weibliches Wesen für sich zu gewinnen, Anerkennung bei einer Frau zu finden!

Dieser Mann war siebenunddreißig Jahre alt, als sein bisher richtungsloses und inhaltsarmes Leben sowohl in persönlicher wie in sachlicher Beziehung konkrete Gegebenheiten zur Gestaltung gewann. Plötzlich waren ein Lebenspartner und eine Lebensart da, die Gottfried mit Begeisterung erfüllten und den Beginn eines gelingenden Daseins darstellten.

4. Lebensanlage in der Richtung auf Erfüllung

Da bisher niemand Belehrung darüber empfängt, unter welchen Gesichtspunkten er sich seine Lebensziele stecken soll, gibt es viele Menschen, die sich diese Frage nie deutlich stellen oder sie gar beantworten. Sie stolpern dahin, von einem Entschluß zum andern, der womöglich dem vorangegangenen genau entgegengesetzt ist, bis sie unter Umständen eines Tages zu der Einsicht kommen, daß sie bisher in völliger Unklarheit über sich gelebt haben. Jetzt fragen sie: »Wer bin ich, wofür lebe ich?« Und nur relativ wenige stellen sich die Frage, wie sie ihr Leben auf Erfüllung hin anlegen sollen, was ihnen unbedingt notwendig zur Erfüllung ist und auf was sie eventuell verzichten können.

Paula, eine fünfundzwanzigjährige Kindergärtnerin, hatte durch Vermittlung einer Freundin einen zehn Jahre älteren, unverheirateten Geschäftsmann kennengelernt, der ihr viele Aufmerksamkeiten erwies und schließlich auch andeutete, er wolle sie gern heiraten. Paula fand Kurt recht anziehend, ohne eigentlich tiefere Gefühle für ihn zu hegen. Zwar wünschte sie sich sehr, zu heiraten; trotzdem zögerte sie, auf die ihr hier gebotene Möglichkeit einzugehen, obwohl es für sie infolge ihrer Schüchternheit immer schwierig gewesen war, neue Bekanntschaften zu machen.

Kurt, so sagte Paula sich, sei zwar anziehend und intelligent, und in einer Ehe mit ihm würde sie es weit bequemer haben, als sie es bisher gewohnt war. Dem stand jedoch nach ihrer Meinung entgegen, daß er außerordentlich selbstsüchtig war, sich für niemandes Wohl außer für sein eigenes interessierte, daß ihm Verdienst und Wohlstand einen viel höheren Wert bedeuteten als ihr, die an Hilfsbereitschaft und Güte glaubte, daß zu seinem Kreis Kartenspieler und Spekulanten gehörten, die nicht jene wirklichen Freunde sein konnten, wie sie sich erhoffte. Und obwohl Kurt zu ihr von Liebe sprach, gab er zu, daß Sexualität ihm nicht wichtig sei; in der Tat schien er unter gelegentlicher Impotenz zu leiden, zu deren Behebung er jedoch keinen Psychotherapeuten konsultieren wollte. Auch von dem Gedanken an Kinder war er keineswegs angetan.

Paula hingegen war sich ihrer eigenen starken sexuellen Bedürfnisse bewußt und zudem sehr kinderlieb; deshalb bedeutete es ihr sehr viel, in der Ehe auch Kinder zu haben.

Nach sorgfältigem Durchdenken all der Wesensverschiedenheiten zwischen ihr und Kurt kam Paula zu dem Schluß, die Beziehung abzubrechen, trotz ihrer Besorgnis, womöglich keinen besseren Ehepartner zu finden. Aber sie sah keine Möglichkeit, daß die Ehe mit Kurt ihr Erfüllung auf den für sie wichtigsten Gebieten des Lebens bringen könnte.

In Paula begegnen wir einem jungen Menschen, der die Zukunftsmöglichkeiten einer dauernden Verbindung sorgfältig durchdenkt, bevor er sie eingeht. Allerdings war Paula vorher zwei Jahre lang in psychotherapeutischer Behandlung gewesen, mit deren Hilfe sie eine frühere unglückliche Liebe überwunden hatte.

Anders als bei Paula finden wir in den folgenden zwei Fällen Beispiele von Menschen, die ihre Ehen mit falschen Spekulationen über deren Aussichten eingehen und infolgedessen in große Schwierigkeiten geraten.

Audrey, *eine Pianistin, hatte in den Zwanzig einen bedeutend älteren, wohlhabenden Mann geheiratet, von dem sie in ihrer Karriere finanziell und durch seine Beziehungen wesentlich unterstützt worden war. Bei aller Dankbarkeit hierfür empfand sie das Leben mit* Raoul *in zunehmendem Maße als außerordentlich schwierig und an ihren Kräften zehrend. Den Grund hierfür sah sie in der Persönlichkeit ihres Mannes: Raoul war ein launenhafter, reizbarer und im Grunde tief unbefriedigter Mensch, der ohne eigentlichen Zweck dahinlebte und sich nur aus der Förderung ihrer Karriere eine Art Lebenszweck machte – dies jedoch nicht systematisch und mit der Hingabe eines tüchtigen Managers, sondern, wie alles, was er tat, mit der ihm eigenen Launenhaftigkeit und Willkür.*

Etwa zwölf Jahre lang redete Audrey sich ein, daß sie Raoul liebe und er nur ihr Bestes im Auge habe. Als sie dann, nahe den Vierzig, einem Mann begegnete, der in ihrem Alter war und künstlerisch tätig wie sie selbst, der zudem sowohl persönlich wie sexuell eine starke Anziehungskraft auf sie ausübte, begriff sie plötzlich den ganzen Irrtum und die Selbsttäuschung ihrer Ehe. Jetzt verstand sie, daß sie Raoul geheiratet hatte, weil das vorteilhaft für sie gewesen war, und daß andererseits er sich durch die Unterstützung ihrer Karriere ein Ersatzziel für sein eigenes zielloses und leeres Leben beschafft hatte.

In dieser Situation tauchte, gleichsam sich überstürzend, eine Vielzahl von Fragen für Audrey auf: Warum bin ich bisher so unehrlich mir selbst gegenüber gewesen? Warum habe ich mir eingeredet, ich liebe diesen Mann, der mir, wenn ich es aufrichtig betrachte, persönlich nichts bedeutete, den ich im Grunde nur ausgenutzt habe und der mein Inneres leer und einsam gelassen hat? Warum war ich so verblendet, warum habe ich all diese Jahre so vergeudet? Wer und was bin ich, und was soll ich tun? Quälend standen diese Fragen immer wieder vor Audrey, während sie über die Lösung ihres Problems nachgrübelte. Eine Scheidung? Als sie davon zu Raoul, dem jetzt Sechziger, sprach, war dieser tief bestürzt. »Wirf mich nicht weg«, bettelte er, womit er ihr Gewissen natürlich stark belastete. Als besonders erschwerend kam hinzu, daß Audreys Freund Louis *verheiratet war und seinerseits nicht an eine Scheidung dachte.*

Kurzum, Audrey sah sich mit neununddreißig Jahren, in der Mitte ihres Lebens, vor die Frage gestellt, was sie aus ihrem persönlich bisher so unerfüllten und so falsch angelegten Dasein machen sollte.

Der Konflikt blieb für längere Zeit ungeklärt, bis sie den Mut fand, ihre Ehe abzubrechen, um, wenn auch allein, so doch wenigstens in innerer Ehrlichkeit zu leben.

Leider besitzen wir keinerlei Statistik, wie viele Menschen sich rechtzeitig Gedanken darüber machen, wie sie ihr Leben anlegen müssen, um es zur Erfüllung zu bringen. Doch ist mein Eindruck der, daß es relativ selten geschieht – ganz abgesehen davon, daß viele Menschen keine freie Wahl bezüglich der Anlage ihres Lebens haben. Nachdenkliche Menschen werden, so wie Audrey, allmählich darauf aufmerksam, daß sie ihr Leben unter falschen Gesichtspunkten angelegt, daß sie Erfolg mit falschen Mitteln gesucht und sich nie klargemacht haben, was eigentlich sie erreichen wollten und was sie erreichen konnten. Diese Art der *Selbstbewertung* erfolgt mit zunehmender Häufigkeit im klimakterischen Alter der Vierzig bis Sechzig.

Erwin war zweiundfünfzig Jahre alt, als er mit Schlaftabletten einen vergeblichen Selbstmordversuch unternahm und daraufhin in psychotherapeutische Behandlung kam.

Unmittelbarer Anlaß für den Selbstmordversuch war gewesen, daß eine von ihm leidenschaftlich geliebte Frau, die sich soeben hatte scheiden lassen, entgegen Erwins Hoffnungen sein Heiratsangebot abwies und ihm dabei sagte, sie sehe in ihm gewiß einen guten Freund, aber weder einen sexuellen noch einen Ehepartner.

Erwin, selbst verheiratet, hatte sich eingeredet, daß Magda, wenn sie erst einmal frei sei, ihm ihre Liebe gestehen und ihn heiraten werde, sobald er sich selbst auch hatte scheiden lassen. Er konnte und wollte es nicht wahrhaben, daß sie stets nur mit ihm geflirtet hatte, ohne seine Liebe wirklich ernst zu nehmen.

So fühlte er sich verraten, vollkommen gebrochen und sein Leben als verfehlt. Diese Gefühle wurden durch die Erfahrungen, die er in seiner eigenen Ehe gemacht hatte, noch verstärkt, und sie wurden keineswegs kompensiert durch das, was er an beruflichem Erfolg hätte vorweisen können.

Erwin war selbständiger Anwalt, betrachtete seinen Beruf jedoch lediglich als Quelle seines Einkommens und brachte für seine Tätigkeit nur wenig Begeisterung auf. Immerhin war er einigermaßen tüchtig, dabei aber nüchtern und ziemlich kalt, so daß er sich keiner sonderlichen Beliebtheit erfreute.

Auch seine Ehe war nicht recht glücklich geworden. Mit zweiunddreißig Jahren hatte er, ein schüchterner junger Anwalt, eine etwas ältere unverheiratete Lehrerin umworben, die schließlich die Ehe mit ihm einging, obwohl sie ihm ehrlich gestand, daß sie ihn achte, aber nicht liebe. Erwin erwiderte, er sei entschlossen, allmählich ihre Liebe zu gewinnen. Dies versuchte er auch ebenso eifrig wie vergebens. Beate wurde ihm eine treue Frau, blieb aber kühl und sexuell frigid. Ihre Hauptleidenschaft waren ihre Kinder, denen zuliebe sie ihren Beruf zeitweise ganz aufgab, um sich ihnen völlig widmen zu können.

In Erwins Psychotherapie ergaben sich einige ihm ganz unerwartete Tatsachen. Erstens mußte er einsehen, daß er in seiner Beziehung zum anderen Geschlecht sein Leben lang immer denselben Fehler begangen hatte: Schon in der Schule war sein Augenmerk ausschließlich auf schöne, stark umworbene Mädchen gerichtet gewesen, die für den sehr zurückhaltenden, unscheinbaren Burschen nicht das geringste Interesse hatten. Dasselbe ereignete sich während seines Studiums. Und als er dann als Jurist in gesicherter Stellung sich in der Lage fühle, ein ihm interessantes Mädchen wie Beate zu umwerben, hatte er wieder nicht beachtet, daß sie für ihn nicht dieselben Gefühle aufbrachte wie er für sie. Beate – so stellte sich später heraus – hatte seinen Antrag angenommen, weil sie sich in ähnlicher Lage befand wie er: Auch ihr war es nicht gelungen, die Aufmerksamkeit eines von ihr heimlich geliebten jungen Mannes auf sich zu lenken, und da sie sich als nunmehr Dreiunddreißigjährige altern fühlte, nahm sie den Antrag des von ihr wohl geachteten, nicht aber begehrten Anwalts an. So spielten sie sich infolge ihrer Neurosen gegenseitig in die Hände. Nach außen hin boten die beiden das Bild einer vorzüglichen Ehe, besonders da die wohlgeratenen Kinder allerseits beliebt waren. Im Innern jedoch rebellierten beide gegen den *Kompromiß,* auf den sie sich eingelassen hatten: Erwin begriff, daß er seine Frau nicht dazu gewinnen konnte, ihn wirklich zu lieben, und so begann er sich anderweitig umzuschauen. Mehrmals versuchte er, Beziehungen anzuknüpfen; aber erst in der Psychotherapie kam er zu der Einsicht, daß er sich immer wieder nur um Frauen beworben hatte, die für ihn unerreichbar bleiben mußten – solche, die verheiratet und mit ihrer Ehe zufrieden waren, oder solche, die sich für ihn nicht tatsächlich interessierten.

Und so, wie er seine eigenen Potentialitäten nie ehrlich gesehen hatte, war er auch in seinem Beruf gleichsam blind gewesen. Er hatte sich nie gefragt, ob er nicht auf diese oder jene Weise mehr

Befriedigung im Beruflichen erlangen könne, als es der Fall war. Erst in der Therapie machte er sich klar, daß seine Stärke mehr in der Schlichtung der Auseinandersetzungen von Firmen lag als in der Bereinigung persönlicher Streitigkeiten und daß er auf jenem Gebiet mit mehr Begeisterung zu arbeiten vermochte.

Übrigens kam später auch Beate in psychotherapeutische Behandlung, und zwar wegen ihrer Frigidität und der eigenen Einstellung zu ihrer Ehe. In der Mitte der Fünfzig gelang es dann beiden, ihr scheinbar so sehr verfehltes Zusammenleben zu einer weitgehend erfüllenden Entwicklung zu bringen.

Dieser relative Erfolg wurde ermöglicht dadurch, daß beide Ehepartner die Möglichkeiten sowie die Grenzen ihrer Beziehung akzeptieren. Ihr früher *unechter* Kompromiß wurde nun zu einem *echten*, dem sie beistimmen konnten. Dieser Kompromiß bestand darin: Beide wußten jetzt, daß ihre Ehe nicht auf gegenseitiger Leidenschaft beruhte, daß sie einander jedoch respektierten und schätzten. Und entgegen Erwins früherer Meinung gelang es ihm nun auch wieder, seine Frau zu begehren; außerdem fanden beide sich, nachdem die inzwischen erwachsenen Kinder das Haus verlassen hatten, in neuen gemeinsamen Interessen. Beate ihrerseits vermochte ihre Frigidität zu überwinden und sich sexuell hinzugeben, nachdem sie hinsichtlich ihrer Einstellung zur Sexualität wie auch zu ihrer Ehe in anderer Weise zu fühlen gelernt hatte.

Eine *relative Erfüllung* unter Eingehen auf Kompromisse ist, allgemein gesprochen, wohl das meiste, das Menschen erreichen können. Jeder erlebt Verluste, Enttäuschungen, Mißerfolge und Verfehlungen, die er verarbeiten muß. Jedoch gilt es, die relative Lebenserfüllung mit Hilfe von Kompromissen wohl zu unterscheiden nicht nur von den verschiedenen Formen der Verfehlung, sondern auch von Lebensabschlüssen in Resignation.

5. Die Resignation

Als *Resignation* wollen wir die Einstellung definieren, die ein Individuum halbwegs sich zufriedengeben läßt. Solche Resignation finden wir bei Menschen, die allzu schwere Einbußen hinnehmen mußten, die allzu folgenschwere Fehler gemacht haben oder die nahezu unannehmbare Kompromisse zu schließen hatten dergestalt, daß ihnen das Leben wesentliche Bedingungen der Erfüllung versagt hat.

Dieses Resignieren kann mit mehr oder weniger Bitterkeit erfolgen. Typisch ist es für die vierte Lebensphase, in der die Auswertung des bis dahin vergangenen Lebens erfolgt und nicht mehr die Hoffnung auf gewisse grundsätzliche Befriedigungen besteht.

In Resignation bereitet sich die fünfundfünfzigjährige, aus Ungarn in die Vereinigten Staaten eingewanderte Andrea *auf ihr Lebensende vor. Um aus dem besetzten Ungarn herauszukommen, ging sie, damals in der zweiten Hälfte der Zwanzig, die Ehe mit einem in Budapest tätigen Amerikaner ein, von dem sie sich in Amerika bald scheiden ließ, weil sie weder für seine Lebensweise noch für seine geschäftlichen Praktiken Achtung aufbringen konnte.*

Andrea war intelligent; als gute Sekretärin hatte sie keine Schwierigkeiten, sich durchzubringen. Jedoch ihr Wunsch, eine sie befriedigende Ehe eingehen zu können, erfüllte sich nicht. Ein Mann, den sie kennenlernte – Leo –, Emigrant wie sie selbst, war fest entschlossen, sich nicht durch eine Heirat zu binden. So gingen die beiden ein durch viele Jahre fortgesetztes Verhältnis ein, das für Andrea in jeder Hinsicht befriedigend war, nur in einer nicht: Sie vermißte die feste Bindung.

Andrea litt mit zunehmendem Alter unter der Unsicherheit ihrer persönlichen wie ihrer wirtschaftlichen Existenz. Sie hatte häufig Kopfschmerzen, die sie als physischen Ausdruck ihrer Sorgen erkennen lernte. Es gab für sie jedoch keine Möglichkeit, ihre Situation von sich aus zu ändern.

Dieses Leben schien dazu bestimmt, in Resignation zu enden. Jedoch war Andrea nicht verbittert. Denn ihre Beziehung zu Leo gab ihr in vieler Hinsicht starke Befriedigung, er liebte sie, war treu und großzügig, und sie konnte seine Liebe erwidern – trotz der einen Einschränkung, daß er nach wie vor nicht gewillt war, sich offiziell zu binden.

Interessant ist es, diesen nahenden Lebensabschluß zu vergleichen mit dem einer anderen, etwas älteren Emigrantin, der Polin Rose; *auch sie war Sekretärin, und ihr Schicksal ähnelte in mancher Hinsicht dem von Andrea. Wie diese war Rose kurze Zeit verheiratet gewesen, jedoch hatte die Ehe mit einem Landsmann schon in der Heimat ein Ende gefunden, ebenfalls wegen geschäftlicher und persönlicher Unzuverlässigkeit des Mannes.*

Nach ihrer Einwanderung hatte Rose zwar Arbeit gefunden, im Gegensatz zu Andrea aber niemals Liebe. So war sie nahe daran, ihr Leben als verfehlt und leer abzuschließen. Ihre verbitterte Art machte sie allenthalben derart unbeliebt, daß sie sich keinen Bekanntenkreis zu schaffen und etwas Freude in ihr Leben zu bringen vermochte.

Da erzählte ihr eines Tages in dem Büro, in dem sie arbeitete, eine Kollegin, daß sie an der Arbeit einer Therapiegruppe teilgenommen habe; was man dort tue, erscheine ihr außerordentlich hilfreich und interessant. Rose, die nie von derlei Dingen gehört hatte, war höchst erstaunt. Die Kollegin machte sie jedoch auf einige Zeitungsartikel über die Gruppentherapie aufmerksam, und so kam es, daß Rose mit neunundfünfzig Jahren eine auf alternde Menschen eingestellte Therapiegruppe zu besuchen begann – mit neu erwachter Hoffnung, ihr Leben schließlich vielleicht doch noch zu einem etwas glücklicheren Abschluß zu bringen.

6. Verfehlung mit Depression oder Verzweiflung

Für Menschen, die in der fünften Lebensphase der Sechzig und Siebzig Gefühle der *Verfehlung* haben, gibt es nur noch selten eine Chance, sich aus der Depression oder der Verzweiflung über dieses Ergebnis ihres Lebens herauszuarbeiten. Oft sind dies Menschen, die in ihrer Vergangenheit die warnenden Vorzeichen kommender Verfehlung nicht beachtet haben.

Ein solcher Fall ist Ludolf. *Er wurde von uns bereits früher erwähnt als ein bemerkenswert erfolgreicher Mann (Seite 73). Aus einer verarmten Familie stammend, war Ludolfs Sinnen von früh an nur auf eins gerichtet, nämlich reich zu werden. Intelligenz, Fleiß, Sparsamkeit und glückliche Umstände erlaubten ihm einen schnellen Aufstieg vom Laufburschen zum Mitbesitzer einer großen Haushaltwarenfirma in einer kleinen Stadt. Er heiratete früh die außerordentlich hübsche und nette* Margot, *die allerdings, ebenso wie er, nur wenig Interessen hatte. Aus der Ehe gingen zwei Töchter hervor.*

Während der Jahre harter Arbeit an Ludolfs Aufstieg war die Familie vollauf beschäftigt und dachte an nichts anderes als die üblichen Alltagssorgen. Ludolf war außer für seinen Beruf nur noch politisch interessiert, Margot ging ganz im Haushalt auf und in der Erziehung der gut geratenen Kinder.

Als die Verhältnisse sich günstig gestaltet hatten und die inzwischen herangewachsenen Töchter früh heirateten, begann sich bei dem Ehepaar Langeweile und Leere einzustellen. Beide hatten niemals viel Geselligkeit gepflegt; nur ab und zu sahen sie einige Verwandte. Ludolf ging viel ins Wirtshaus, wo er politisierte; allmählich gewöhnte er sich an, recht viel zu trinken. Margots Dasein erfüllte sich im Kartenspiel, Klatsch mit Nachbarinnen,

Haushalt und Putz. Ludolf dagegen, der sich mit fünfundsechzig Jahren in beträchtlichem Wohlstand vom Geschäft zurückgezogen hatte, empfand sein Leben als vollkommen leer und unbefriedigt: Er wußte absolut nicht, was er mit sich anfangen sollte.

Im extremen Gegensatz zu Bill Roberts (Seite 38 und 54), dessen Lebenslauf manche Ähnlichkeiten mit dem Ludolfs aufweist, haben wir hier einen Menschen, der trotz scheinbar großen Erfolges sein Leben in nichts enden sah. Gelegentlich versuchte Ludolf sich damit zu trösten, daß er sich der von ihm in seinem Leben geleisteten Arbeit rühmte und von dem schönen Geschäft sprach, das er hatte aufbauen helfen. Ein solcher Rückblick konnte jedoch keineswegs die Leere seines nunmehrigen Daseins erfüllen.

Wenn wir uns fragen, was der Unterschied zwischen diesem Lebenslauf und dem von Bill Roberts ist, warum dieser ein so glückliches und ihn erfüllendes Alter erlebt, während Ludolfs Leben in Depression und Leere endet, so können wir einige wichtige Einsichten gewinnen.

Zunächst ist offenbar Erfolg und eine gute wirtschaftliche Situation allein nicht befriedigend genug: Ludolf hatte sehr viel mehr Mittel zur Verfügung und damit weit größere Möglichkeiten als Bill Roberts.

Dieser jedoch hatte während seines ganzen Lebens nicht nur für vielerlei Dinge Interesse aufgebracht, sondern auch in reichlichem Maße menschliche Beziehungen gepflegt – beides ließ ihn sich im Alter noch nahezu ebenso dazugehörig und mitten im Lebensgeschehen stehend fühlen wie zuvor. Es ist dies für einen nicht mehr berufstätigen Amerikaner eine besonders bewundernswerte Leistung, da in den USA viele Menschen leicht beiseite geschoben werden, die als nicht mehr berufstätig aus dem wirtschaftlichen Wettbewerb mit anderen ausgeschieden sind. Bill Roberts' erfülltes Alter beweist, daß und in welchem Ausmaß die Teilnahme an politischen, gesellschaftlichen, sportlichen, Klub- und Familienangelegenheiten den Menschen lebendig und interessiert erhalten kann.

Und woher kommt nun diese unterschiedliche Lebenshaltung? Im Falle dieser beiden ist es schwer zu sagen, warum der eine ein so lebendiger, der andere ein so unlebendiger Mensch geworden ist. Aber was die zukünftige Lebensgestaltung von Menschen angeht, so sind wir in der Lage, durch psychologische Führung denen, die ein offenes Ohr haben, zu einem sie mehr erfüllenden Leben zu verhelfen.

Dabei sei allerdings nicht verschwiegen, daß es natürlich auch

Lebensläufe gibt, deren Ende in *Verzweiflung* kaum abzuwehren ist.

Das Beispiel eines solchen Lebenslaufes bietet Ben, den wir am Anfang dieses Kapitels kurz erwähnten (Seite 113 f.).

Ben, ein zweimal nach kinderlosen kurzen Ehen geschiedener Geschäftsmann, war fünfzig Jahre alt, als er sich in psychotherapeutische Behandlung begab. Tief deprimiert, litt er an Müdigkeit und Kopfschmerzen und war außerdem seit kurzem impotent; sein Leben hatte er ziemlich einsam und ungesellig verbracht. Er war intelligent genug, von sich selbst aus seine Depression als Resultat seines sinnleeren Daseins, an dem er sich schuldig fühlte, zu erklären: Er begriff, daß er sein Dasein mit dem Streben nach Wertlosem vertan und vieles unternommen hatte, an das er nicht glaubte. Seine Tätigkeit in verschiedenen kleineren Firmen, die er besessen hatte, war durchweg ohne Überzeugung begonnen worden und hatte zu nichts geführt. Mit den zwei Frauen, die er heiratete, war er weder durch Liebe noch durch Verständnis verbunden gewesen; bei der einen hatten ihn die körperlichen Reize, bei der anderen die scheinbare Geschäftstüchtigkeit zu dem (sich bald als falsch erweisenden) Entschluß veranlaßt, zu heiraten.

Das einzige, was er wirklich leidenschaftlich gern hätte tun wollen, nämlich schriftstellerisch arbeiten, hatte er nie ernstlich betrieben. Er behauptete, er habe sein Talent für nicht ausreichend gehalten. Trotzdem gab er zu, daß zwei Kurzgeschichten, die er nur so hingeworfen hatte, sofort veröffentlicht wurden und sehr gut »ankamen«.

Seine nur halb eingestandene Hoffnung, mit der er in die psychotherapeutische Behandlung kam, war, vielleicht allein durch diese noch befreit zu werden zu der ersehnten Fähigkeit schriftstellerischer Betätigung, auch zum Mut dazu, nachdem es ja jetzt eigentlich zu spät war, so etwas anzufangen.

Ebenfalls hatte er sich bereits selbst klargemacht, daß auch seine Impotenz mit seinem geistigen und menschlichen Versagen und mit seiner mangelnden Selbstachtung zusammenhing.

Der Fall Ben hatte natürlich eine lange Vorgeschichte mit einer unglücklichen Kindheit, einem harten, lieblosen Vater, einer durch Auflehnung, vorzeitiges Verlassen der Schule und Davonlaufen aus dem Elternhaus verdorbenen Jugend. Bens ganzes Leben blieb auf Rebellion eingestellt, und einer der wirklichen Gewinne seiner Behandlung war, daß sie ihm ermöglichte, sich von seinem Vaterkomplex und seinem Haß zu befreien und Liebe zu fühlen.

So wurde denn ein auf tieferem Empfinden beruhendes glücklich gelingendes Verhältnis mit einer Frau ein gerade noch zu erreichendes positives Resultat. Jedoch auf dem Gebiet des Werkschaffens war es bereits zu spät geworden, als daß Ben noch die zum Denken und Schreiben notwendige Konzentration und Vertiefung hätte aufbringen können. Vielleicht war der tödliche Autounfall, dem Ben im Alter von zweiundfünfzig Jahren zum Opfer fiel, nicht ganz so zufällig, wie es scheinen mochte: Er stellte ein gnädiges Ende eines hoffnungslos gewordenen Lebens dar.

In diesem Fall hatte eine schwere neurotische, selbstzerstörerische Lebenseinstellung eine unglückliche Entwicklung und ein unglückliches Ende unvermeidbar gemacht. Auch im Falle Ludolfs (im Gegensatz zu dem von Bill Roberts) muß man wohl annehmen, daß hier von früh an oder im Laufe des Lebens ein Sich-Verschließen vor dieser oder jener Lebensmöglichkeit erfolgt ist. Bill Roberts' *Lebenskunst,* wie wir seine Art, ein erfülltes Leben zu gestalten, durchaus nennen können, besteht nicht zuletzt darin, daß er sich immer für neue Eindrücke und Möglichkeiten offengehalten hat und noch hält, wozu außerdem seine Fähigkeit kommt, Kompromisse zu schließen.

7. Lebensabschlüsse in Lebensfreude und mit Interessen

In einer Zeit wie der unseren, in der Medizin und Hygiene so vielen Menschen zu einem langen Leben und vor allem einem langen Alter verhelfen, wird es besonders wichtig, daß die Menschen lernen, diese späteren Jahre erfüllt und sinnvoll zu verbringen.

Erfreulicherweise lesen wir in Zeitungen, Zeitschriften und Biographien tatsächlich oft genug über ungewöhnliche Leistungen und eine ungewöhnliche Lebensfreude alternder bis sehr alter Menschen. Als ein Musterbeispiel nannten wir bereits die bis weit über die Neunzig mit viel Freude malende Grandma Moses.

Von zahlreichen ähnlichen Fällen sei der weniger allgemein bekannte spanische Flamenco-Tänzer *Vicente Escudero* erwähnt, der mit achtundsechzig Jahren noch auftritt und voller Begeisterung von seiner Tanzkunst spricht.

Ein anderes Beispiel ist *Coco Chanel,* die berühmte Modegestalterin, die kürzlich ihren Geburtstag in der Mitte der Achtzig feierte und unter anderem sagte: »Schau nicht zurück, sondern voraus in die Zukunft – und genieße die Reise!«

Begabung allein scheint jedoch ebensowenig zu einer glücklichen Lebenseinstellung zu verhelfen wie eine günstige Lebenslage.

18 und 19   Sinnerfülltes Alter: Vicente Escudero und Coco Chanel

Ein Beispiel für ein trotz schöpferischer Leistung und großen Erfolges unbefriedigtes Altern bietet die berühmte französische Schriftstellerin *Simone de Beauvoir*. Mit siebenundfünfzig Jahren erklärt sie ihr Altern als das schlimmste, weil unheilbare Übel, das ihr je widerfahren sei. Die Zeit drücke sie mit einer so schweren Last, daß sie nicht mehr atmen könne. Und trotz der weltweiten Verbreitung ihres Werkes meint sie, die Freundin von Paul Sartre, daß ihr Alter sie um die Zukunft beraube: »Wenn mein Leben nur die Erde bereichert hätte, wenn ich nur irgend etwas Dauerndes hervorgebracht hätte . . . «

Vielleicht drückt sich hier das Verfehltheitsgefühl eines Lebens aus, dem die Bereicherung und Erfüllung durch eine eigene Familie fehlt. Indem diese sonst so brillante Frau ihre Stimmung der Gesellschaft zur Last legt, verkennt sie wohl doch die Natur ihres tiefen Unbehagens: Es hat wahrscheinlich weniger mit der Gesellschaft zu tun als mit dem innersten Gefühl, das Leben nicht richtig gelebt und wichtige Potentialitäten nicht entwickelt zu haben.

Zwischen den Extremen des Gefühls der Erfüllung einerseits und des der Verfehlung andererseits liegt eine große Anzahl von Lebensläufen, die mit einem Resignieren enden. Es ist vorläufig unbekannt, wie groß der Prozentsatz solcher Lebensabschlüsse ist – meinem persönlichen Eindruck nach ist er sehr groß. Und mein Eindruck ist ferner, daß viele dieser Resignierenden zu weitaus positiveren Lebensabschlüssen hätten gelangen können, wenn ihnen eine bessere Anleitung zur Gestaltung ihres Lebens zuteil geworden wäre.

Für diese meine Ansicht spricht das geradezu erstaunliche Aufleben von Menschen hohen Alters in den USA, und zwar infolge der dort allen offenstehenden und von sehr vielen besuchten allgemeinbildenden Lehrkurse auf nahezu sämtlichen Gebieten, vor allem aber auch infolge der Kurse, die der Erweckung unausgebildeter Potentialitäten im Alter dienen.

An dem von mir benutzten Interview-Material aus Deutschland fällt mir auf, wie viele Lebensabschlüsse voller Resignation sich bereits in relativ jungen Jahren abzeichnen. Nur selten finden sich in diesem Material Aussagen wie die eines fünfundsechzigjährigen Justizbeamten *Gregor,* der erklärt, zwar habe er kein Berufsziel mehr, wohl aber den Wunsch, »noch irgend etwas tun zu können, nicht ganz einzurosten; etwas zu tun, das meinen Lebensabend ganz ausfüllt und mich noch beschäftigen kann«. Er denkt dabei in erster Linie an Tätigkeiten in Haus und Garten. Offenbar stehen ihm keine sein Blickfeld erweiternden Kurse wie die eben genannten zur Verfügung. Und doch wünscht er sich, etwas »Anregendes und Interessantes« zu finden.

Hier finden wir eine gute Lebenseinstellung bei gleichzeitigem Mangel an wirklich gegebenen Möglichkeiten. Gregor aber wird sich vielleicht, wie er sagt, mit Lesen und mit kleinen Reisen helfen.

Häufig hingegen sind Lebensabschlüsse wie der einer ebenfalls fünfundsechzigjährigen Witwe: *Bertha* hat nur noch ein einziges Ziel: sich gesund genug zu erhalten, um noch etwas arbeiten zu können; sie bedauert es, in weniger guten Verhältnissen leben zu müssen als früher; sie sieht nichts Besseres mehr vor sich und scheint überhaupt keine Interessen zu haben.

Eine große Anzahl der Befragten ergeht sich in politischen Hoffnungen und Befürchtungen. Das aber bedeutet, daß sie, anstatt ihr persönliches Leben so voll wie möglich auszubauen, sich mit Angelegenheiten identifizieren, zu deren Verlauf sie wenig beitragen können – und das um so weniger, als sie selbst nur sehr selten wirklich politisch tätig sind. Die politischen Verhältnisse werden denn auch weitgehend verantwortlich gemacht für persönliche Schicksale.

Eine andere, ebenfalls häufige Einstellung hängt mit der religiösen Überzeugung zusammen. In dem mir vorliegenden Material ist etwas mehr als die Hälfte der Befragten mehr oder weniger des Glaubens, daß Gott alles zum Besten lenkt. Einige sagen zwar, man müsse selber etwas dazu tun, aber auch sie fragen sich nicht, wie und was sie selbst zu ihrem besseren oder schlechteren Schicksal beitragen.

Das heißt: Fast nirgends finden wir eine die eigene Lebensverantwortung und Lebensgestaltung wirklich durchdenkende Einstellung. Zu einer solchen Einstellung nun haben die Ausführungen im ersten Teil dieses Buches anleiten wollen, und dem gleichen so wichtigen Zweck sollen auch die des zweiten Teils dienen.

VI   Liebe und Glück, Leistung und Erfolg,
     Selbst und Selbsterfüllung, Leben und Tod

1. Liebe und Glück, Leistung und Erfolg

Im Volksmund ist Glück ein von Sorgen ungetrübtes Leben, so,
wie es der Märchenprinz und die Märchenprinzessin führen, nachdem sie sich gefunden haben. Dieses Märchenglück besteht im
ungetrübten Fortbestand der Liebe und der ebenso ungetrübten
Lebensumstände, die ihnen beschert werden – beschert von einem
»glücklichen Geschick«.

Stets beginnt die Geschichte damit, daß der Prinz oder aber ein
armer Bursche auf Abenteuer ausgeht. Die Suche führt ihn zu der
Prinzessin, die ihm Rätsel aufgibt oder andere Aufgaben. Stets
endet die Geschichte damit, daß der Prinz die Aufgaben löst, daß
er die Liebe der Prinzessin gewinnt und daß nach der Vereinigung
beide für immer im Glück weiterleben: » . . . und wenn sie nicht
gestorben sind, so leben sie noch heute«.

Wenn auch nicht ganz wie im Märchen, so doch in einer nicht un-
ähnlichen Hoffnung auf ein »glückliches« Geschick sehen viele
junge Menschen dem Leben entgegen. Dabei schreitet der tat-
kräftige, gesunde Jugendliche mit einer gewissen Zuversicht voran,
in der Erwartung, daß es ihm schon gelingen wird, Erfolg und
Glück zu erwerben. Er weiß, daß von ihm, wenn er Erfolg haben
will, Leistungen erwartet werden; mit Arbeitslust stellt er sich
darauf ein, solche Leistungen zu erbringen. Und auch Liebe, so
weiß er, muß er sich gewinnen durch die Art, wie er seinem Partner begegnet, und durch das, was er persönlich zu bieten hat.

Der Entmutigte oder anderweitig Gestörte hingegen blickt diesen
Aufgaben, die das Leben ihm stellt, mit Angst und Sorge entgegen, oder aber er begehrt auf gegen die Zumutung, sich an-
strengen und Ansprüchen genügen zu müssen. Der Unentwickelte
glaubt, Erfolg und Glück müßten den Menschen in den Schoß
fallen.

Glück und *Erfolg*, die als Ergebnisse den eingehend besprochenen
Grundtendenzen der *Bedürfnisbefriedigung* und der *schöpferischen Expansion* entsprechen (Seite 18), schweben den meisten

20 Das Märchen vom Glück: Die Prinzessin gibt dem Prinzen drei Rätsel auf (Szenenbild aus Puccinis Oper »Turandot«)

Menschen als Höchstziele vor. Ein schwankendes Geschick und die große Unsicherheit des Lebens beunruhigen jedoch die meisten Menschen zeitweise, manche Menschen sogar dauernd, und zwar in einem Ausmaß, daß sie sich lediglich *Sicherheit* und *Geborgenheit* wünschen. Diese Strebungen der Grundtendenz zu *selbstbeschränkter Anpassung* stellen den ersteren gegenüber Minimalziele dar. Das Bestreben, *richtig* zu handeln und zu leben – »richtig« im Sinne des eigenen Gewissens und erworbener Grundsätze und Überzeugungen –, ein Ziel, das der Tendenz zur *Aufrechterhaltung der inneren Ordnung* entspricht, wird nur manchen Menschen voll bewußt; in irgendeiner Form scheint es sich jedoch stets bemerkbar zu machen.

Die Hauptlebensgebiete, auf denen die Menschen diese Ziele zu verwirklichen hoffen, sind einerseits *Liebe*, *Ehe* und *Familie*, andererseits *Arbeit* und *Beruf*.

2. Selbst und Selbsterfüllung

Was man in der Psychologie unter dem »Selbst« des Menschen versteht, werden wir auf Seite 188 f. ausführlich erörtern. Hier vorerst nur soviel:

Vielen, vielleicht den meisten Menschen kommt es nicht zum Bewußtsein, daß ihr eigenes *Selbst* im Zentrum aller ihrer Bemühungen steht: Die Sorge, was ihrem Selbst widerfährt und was sie aus sich selber machen, begleitet sie ständig, ohne daß sie sich darüber klar werden. Die Menschen wollen an sich selber glauben, wollen sich selbst akzeptieren können. Mehr als gegen alles andere wehren sie sich gegen die Anschuldigung, daß mit ihnen etwas nicht in Ordnung sein könnte. Erinnern wir uns daran, was der Verbrecher Richard Hickock abwehrend seinem Kumpan Perry erklärt, als dieser aus seinen Gewissensqualen heraus sagt: »Irgend etwas muß nicht in Ordnung sein mit uns, wenn wir so etwas tun konnten.« Ungerührt entgegnet Hickock: »Ich bin völlig normal.«

Auch Menschen, die weniger auf dem Gewissen haben als diese beiden jugendlichen Mörder, Menschen, die nichts Schlimmeres tun, als daß sie sich gehenlassen oder andere unnötig kränken, oder die mißmutig und feindselig gestimmt ins Leben gehen – auch alle diese und viele andere sind nur selten bereit, sich einzugestehen, daß mit ihrem Selbst irgend etwas nicht in Ordnung ist. Immer wieder finden sie Gründe und Entschuldigungen: Das Leben sei es, das an allem die Schuld habe, nicht aber sie selbst. Und sie meinen, man müsse ihnen erst einmal beweisen, warum sie sich ändern sollten.

»Ich möchte wissen«, sagte Ted, *ein Einundzwanzigjähriger, zu mir, »wem auf der Welt ich auch nur das geringste schulde.« Er hatte sich nach einem von seinen Eltern bezahlten Studium den Hippies angeschlossen; sein Plan: ein Dasein mit einem Minimum von Anstrengung und ohne tiefere Lebensbeziehungen.*

Nicht nur Menschen extremer Einstellung, sondern mehr noch die meisten derjenigen Alltagsmenschen, die voller Mißmut und arm an Liebe dahinleben, sind gekränkt, wenn man ihnen andeutet, daß sie ihr Selbst untergraben und ihm die Möglichkeiten seiner Entwicklung genommen haben:

»Bis ich all die fünf Mäuler in meiner Familie gestopft habe«, sagte ein Vorarbeiter in einer solchen Diskussion ganz ehrlich, »ist mein Tag um. Ich habe keine Zeit, über mich selbst nachzudenken. Und wozu? Ich lebe ein anständiges Leben, vollgepackt mit Arbeit.«

Manche Menschen hingegen machen sich selbst glauben, daß sie in Selbstprüfung über ihre Existenz nachdenken, ohne je wirklich zu sehen, wie sie sind.

»Mein ganzes Leben lang bin ich regelmäßig in die Messe gegangen«, sagt Mathilde, als sie zu der Einsicht gekommen ist, daß sie eine psychotherapeutische Behandlung braucht. »Ich habe regelmäßig gebeichtet, und ich dachte, ich führe ein vollkommenes katholisches Leben. Jetzt erst sehe ich, daß alles, was ich dachte, auf Schein aufgebaut war. Ich dachte, ich sei eine tief hingebungsvolle Frau und Mutter, eine ausgezeichnete Lehrerin und fromme Christin. Heute erst sehe ich, daß ich all das getan habe, um mich selber loben zu können und um allgemein Anerkennung zu ernten. Als mir dann eines Tages mein Mann ganz plötzlich sagte, er könne die Ehe mit mir nicht mehr länger ertragen, und davonging, war ich nicht nur erschüttert, sondern zutiefst empört: Wie durfte er es wagen, sich von mir zu trennen, mich so ganz und gar abzulehnen! Das konnte doch nur in seiner eigenen Persönlichkeit begründet sein – an ihm allein mußte es liegen, daß er meinen Wert nicht zu schätzen wußte!

Erst allmählich begann ich zu ahnen, daß meine Art, mich für vollkommen zu halten, und meine starre Lebensführung ihn abgestoßen hatten. Wie leer war ich, und wie sehr hatte ich mich über mich selbst getäuscht.«

3. Leben und Tod

Die zweite Lebensphase, das Jugendalter mit Pubertät und Adoleszenz, ist im allgemeinen die Zeit, in der die Menschen sich zum erstenmal, in allerdings individuell unterschiedlichem Ausmaß, mit dem Leben als Ganzem befassen. Diese Zeit ist, mit wenigen Ausnahmen, eine, wie heute allgemein anerkannt wird, schwierige, komplizierte Lebensperiode. Ursula Lehr hat in ihrer Untersuchung über »positive und negative Einstellung zu einzelnen Lebensaltern« festgestellt, daß – neben dem sechsten und siebenten Lebensjahrzehnt – das zweite Lebensjahrzehnt als die unerfreulichste Zeit bezeichnet wird. Die Gründe liegen, abgesehen von der Notwendigkeit, folgenschwere Entscheidungen zu treffen, und abgesehen von etwaigen Schwierigkeiten in der Schule und der Lehre, zu einem hohen Prozentsatz in der fehlenden Sicherheit, in den Hemmungen, in der Unausgeglichenheit und darin, daß der Jugendliche sich uneins fühlt mit der Welt, die er erlebt – und dies alles trotz jugendlicher Begeisterungsfähigkeit, trotz aller Illusionen, trotz Aufnahmefähigkeit und Aufgeschlossenheit, trotz ersten Liebesglücks und erster Erfolge.

Im ganzen überwiegt zwar die positive Einstellung zum Kommenden, doch spielt die negative Einstellung, schon rein zahlenmäßig betrachtet, eine große Rolle. Und das ist besonders schwerwiegend, da es sich bei dem von Ursula Lehr vorgelegten Material um Interviews handelt und nicht um Tiefenstudien. Denn bei Befragungen sind viele Menschen geneigt, ihre Jugend in einem von der Erinnerung verklärten Licht zu sehen, und erst Tiefenstudien lassen ein anderes Bild entstehen.

Die negativen Einstellungen und Erwartungen während der zweiten Lebensphase gründen sich auf Ängste und Sorgen im Hinblick auf das kommende Leben.

Diese Ängste vermindern sich im allgemeinen in der dritten, mittleren Lebensphase, die nach Ursula Lehr und anderen Autoren am häufigsten als die glücklichste bezeichnet wird.

Jedoch vermag niemand je völlig ohne *Angst* zu leben, die eines der Grundphänomene des Lebens ist. Warum?

Erich Stern hat einmal gesagt: »Es kann kein Zweifel bestehen, daß ohne den *Tod* das Leben einen durchaus anderen Charakter hätte, daß dem Leben ohne die zeitliche Begrenzung die Hast und Unruhe fehlte, die den Menschen dauernd treibt.«

Dem möchten wir hinzufügen: nicht nur die Hast und die Unruhe, sondern auch die Angst, die zwar vielen zumeist unbewußt bleibt, doch bei fast allen Menschen von Zeit zu Zeit aufflackert und besonders alternden Menschen zunehmend bewußt wird.

Das Phänomen der Angst, dem wir zwar bereits bei den bisher betrachteten Fällen auf Schritt und Tritt begegnet sind, haben wir als solches noch nicht genügend gewürdigt. Das aber ist notwendig, denn die Angst begleitet den Menschen in der Tat vom Beginn bis zum Ende seines Lebens.

Sigmund Freud nahm an, daß der Geburtsakt eine Erfahrung darstelle, in der das erlebt wird, was er die »Urangst« nennt. Das heißt die Angst entsteht nach Freuds Ansicht im Zusammenhang mit der Loslösung der individuellen *Existenz*.

Zudem wird, wie besonders Freuds Schüler O. Fenichel ausgeführt hat, das Neugeborene oft von Angst geradezu überflutet, wenn Reize es überkommen und dadurch seine individuelle Existenz gefährdet scheint. Offenbar will das Individuum, nachdem es seine Existenz empfangen hat, sie auch behalten.

So sind wir vom Anbeginn an einerseits voller Angst, wenn wir unser individuelles Alleinsein erleben, und andererseits voller Angst, wenn wir eine Bedrohung oder gar Vernichtung unserer Existenz befürchten. Und deshalb begleiten Angst und Sorge das Leben auch desjenigen, der mit positiven Erwartungen und voller Hoffnung ins Leben schreitet. Im Alltagsleben erfährt er sie – individuell verschieden stark – als Angst und Sorge um seine Lebenserhaltung, als Angst vor dem Verlust menschlicher Beziehungen oder als Angst infolge von Schuldgefühlen hinsichtlich seiner menschlichen Beziehungen. Noch stärker sind die individuellen Unterschiede bei der Suche nach einem Lebenssinn und bei der Angst vor dem Tode.

Die Einstellung zum *Tod* ist, wie moderne Forschungen gezeigt haben, außerordentlich verschieden. Zwar fürchten die meisten Menschen den Tod, doch gibt es auch solche, die ihm offenbar mit Gleichmut oder auch als einem Erlöser von ihren Leiden entgegenblicken. Selten sind die, welche ihn als Erfüllung und Vollendung des Lebens erwarten.

Beim Problem des Todes unterscheidet sich die Einstellung derjenigen Menschen, die in gläubigem Vertrauen auf ein glückliches Jenseits leben, von der Einstellung derer, die keinerlei Erwartungen hinsichtlich eines vollendeteren Lebens nach dem Tode hegen. Jene ersten, die sich einer Fortsetzung ihrer individuellen Existenz nach dem Tode sicher sind, stehen unter geringerem Druck bezüglich dessen, was sie in ihrem hiesigen Dasein vollbringen wollen. Allerdings ist heute die im Mittelalter so weit verbreitete Entwertung alles Irdischen wohl nur noch selten anzutreffen. Eine solche Einstellung bei einem Menschen unserer Zeit erleben wir in dem, was Papst Johannes XXIII. in seinem »Geistlichen Tagebuch« ausdrückt. Schon mit dreiunddreißig Jahren, nach zehnjährigem Priestertum, schreibt er:

»Nach zehn Jahren Priestertum blicke ich nun fragend in die Zukunft. Ein Geheimnis! Vielleicht bleibt mir nur noch wenig Zeit, bis ich endgültige Rechenschaft ablegen muß. O Herr Jesus, komm und nimm mich auf. Sollte mein Leben noch einige, noch mehrere Jahre währen, so sollen es Jahre intensiver Arbeit sein, Jahre des Gehorsams, mit einer großen Linie und einem weiten Programm, doch ohne einen Gedanken, der den Gehorsam übertritt.«

Sich mit Gedanken über die Zukunft zu befassen, so erklärt er weiterhin, sei durch Eigenliebe bestimmt, die Gottes Werk in uns verzögere.

▶

21 Papst Johannes XXIII. beim Besuch im Gefängnis von Rom

Damals schon also finden wir bei dem späteren Papst die Einstellung eines Mannes, der sein Leben mit ständigem Blick auf den Tod führt und das Ende des Lebens freudig erwartet.

Vierunddreißig Jahre später, mit siebenundsechzig Jahren, sagt er aus der gleichen Sicherheit seines Glaubens, daß er dem Tod willig entgegensieht, ja daß er »einen guten Tod« in sich vorbereitet hat. »Dieser Zustand des mystischen Todes bedeutet entschiedener denn je die völlige Loslösung von allen Bindungen dieser Erde« – eine Loslösung, die ihn jedoch bis an sein Lebensende nie daran hinderte, nach allen Seiten hin Liebe zu schenken. Als ein einziges Beispiel unter zahllosen sei sein Besuch im Gefängnis von Rom 1958 genannt.

Und mit vierundsiebzig Jahren, acht Jahre vor seinem Tode, spricht er abermals von einer »freudigen Vorbereitung auf den Tod«.

In diesem in unserer Zeit von vielen als einzigartig empfundenen Lebenslauf ist die gesamte Existenz zu einer Vorbereitung auf den Tod geworden, der als Durchgang zu einem höheren Leben erscheint.

Eine derartig stark betonte Hinwendung auf den Ausgang statt auf das Dasein selbst würde im allgemeinen den Eindruck der Flucht vor dem Leben erwecken. Papst Johannes hat jedoch ein ganz außergewöhnlich tätiges Leben glaubwürdiger, liebender völliger Selbstentsagung vorgelebt. Die Glaubwürdigkeit rührt besonders daher, daß die Form, die dieser wahrhaft große Mensch seinem Leben gab, ihm vollste Entfaltung seiner einzigartigen Potentialitäten ermöglichte.

Diese Potentialitäten werden vom Durchschnittsmenschen gewöhnlich nur dann adäquat verwirklicht, wenn er sowohl seine eigenen Bedürfnisse wie auch die anderer in sich zur Geltung bringt und sein Leben aufs vollste lebt. Den Tod allerdings wird im allgemeinen der Gesunde nicht hoffnungsvoll erwarten; bestenfalls wird er ihm mit Fassung entgegensehen.

VII Zielsetzungen in Arbeit und Beruf

Viele Menschen, und zwar besonders Männer, die man fragt, was ihre Lebensziele seien, nennen in ihren Antworten hauptsächlich berufliche Ziele. Frauen hingegen betonen ihren Wunsch nach einer glücklichen Ehe und nach Kindern; allerdings geben nicht wenige moderne Frauen auch Ziele im Beruf an.

1. Frühe und späte berufliche Zielstrebigkeit

Die Einstellung zu Arbeit und Beruf macht individuell außerordentlich verschiedene Entwicklungen durch. So finden wir einerseits Kinder beider Geschlechter, die ungewöhnlich früh sehr spezifische Berufsziele nennen und sich in jungen Jahren bereits der späteren Lebensaufgabe regelmäßiger Arbeit bewußt sind; auch können sie schon früh Arbeitserfolge für sich selbst oder für andere ins Auge fassen. Das entgegengesetzte Extrem bilden Jugendliche, die noch beim Verlassen der Schule nicht die geringste Vorstellung von einer sie interessierenden Arbeit, geschweige denn von einem Ziel solcher Arbeit haben. Dieser Entwicklungsrückstand mag das Resultat schlechten elterlichen Vorbildes oder des Aufwachsens in Verwahrlosung sein, aber es kann auch unter scheinbar günstigen Verhältnissen auftreten. Ein markantes Beispiel einer solchen völligen Leere hinsichtlich eines künftigen Arbeitslebens wird in dem Film »The Graduate« – »Die Reifeprüfung – Das Sexamen« vorgeführt: Ein junger Mann kehrt nach ausgezeichneter Absolvierung eines guten College heim, doch fehlt ihm jegliches berufliches Zielstreben.
Ein Beispiel neurotisch bedingter Ziellosigkeit haben wir bereits auf Seite 79 ausführlich besprochen.
Zwischen den Extremen spezifischer Selbstbestimmung mit oft früher Zielstrebigkeit einerseits und völliger Ziellosigkeit andererseits bewegt sich der Großteil der Menschen, die sich mehr oder weniger selbständig und willig ein mehr oder minder zukunftversprechendes Arbeitsziel setzen. Was erwarten diese so verschiedenen Menschen von ihrem Beruf? Neuere Studien zeigen, daß sie, entsprechend einer Vielzahl unterschiedlicher Erwartungen, ihre Arbeits- und Berufstätigkeit sowie deren Erfolge ganz verschieden erleben und bewerten.

22 Mit Auszeichnung hat der junge Mann sein Examen bestanden –
von seinen beruflichen Zielen aber fehlt ihm jede Vorstellung (Aus dem
Film »The Graduate«)

2. Spezielle Begabungen

Ausgesprochene *Begabungen,* vor allem solche, die schöpferisch
sind, erweisen sich als besonders geeignet, den Weg in die Zukunft
zu bahnen, insbesondere dann, wenn die Verhältnisse derart sind,
daß die Möglichkeit einer Wahl besteht und der junge Mensch
bis zu irgendeinem Grade sich seiner Fähigkeiten bewußt ist.
Begabte wissen oft schon in jungen Jahren, was sie hinsichtlich
ihrer Berufswahl mit ihrem Leben anfangen wollen. Als ein
frühestes Beispiel erwähnten wir Van Cliburn, der sich mit sechs
Jahren dessen sicher war, Musiker zu werden. Viele der von
B. Eiduson untersuchten Chemiker hatten bereits sehr früh weg-
weisende wissenschaftliche Interessen, denen sie mit oder ohne
Beistand ihrer Eltern nachgingen. Aber auch bei weniger hervor-
ragenden schöpferischen Talenten kann sich ausgesprochenes
Interesse sehr früh geltend machen.

Heinrich, *der besonders gern mit Maschinen spielte, wußte schon als Fünfjähriger, daß er Ingenieur werden würde.*

Marvin *hatte schon in seiner Schulzeit das Ziel, Schauspieler zu werden. Von Schulaufführungen her wußte er, daß er hierfür begabt war, während ihm das Lernen in anderen Fächern schwerfiel. Die Familie war empört. Der Vater besaß eine große Fabrik, in der zwei ältere Brüder Marvins tätig waren. Deshalb erwartete man allgemein von ihm, daß auch er in das Familienunternehmen eintreten werde. Aber Marvin fühlte bereits als Acht- bis Zehnjähriger, daß er für geschäftliche Dinge weder die Begabung besaß noch das nötige Verständnis aufbrachte, während Bühne und Literatur ihn begeisterten. Es gelang ihm schließlich, seinen Vater zu überzeugen; Marvin wurde ein wenn auch nicht berühmter, so doch als talentiert anerkannter Schauspieler.*

Menschen, die eine hohe Begabung in ihre Berufstätigkeit mitbringen, erleben in dieser gewöhnlich große Befriedigung, wenn nicht sogar Begeisterung und innere Erhebung. Eine ganze Reihe moderner Untersuchungen zeigt, welch großes Erlebnis die schöpferische Inspiration für Künstler ebenso wie für Wissenschaftler bedeutet: Wir erfahren von dem brennenden Interesse dieser an ihrem Werk Schaffenden, von der Erregung, die sie in gewissen Phasen ihres Arbeitsprozesses packt, von dem Aufschwung, den die Lösung eines schwierigen Problems ihnen schenkt, und von der inneren Notwendigkeit der Arbeit für solche Menschen, selbst wenn die Arbeit manchen quälenden Zweifel mit sich bringt.

Das Wesentliche am Arbeitsprozeß dieser schöpferischen Menschen ist, daß sie in ihm sich selbst erleben und finden und daß für sie der Beruf eine innere Entwicklung, ein Wachstum, eine Selbstverwirklichung bedeutet.

3. Berufsziele des Durchschnittsmenschen

Im Gegensatz zu den schöpferisch Begabten üben wahrscheinlich viele, wenn nicht die meisten Menschen ihren Beruf nicht im Sinne eines mit der Selbstentwicklung zusammenhängenden Werkschaffens aus, sondern nur als eine den Lebensunterhalt gewährleistende Beschäftigung. Ihr Lebensziel ist dementsprechend nicht in erster Linie die Selbstentwicklung innerhalb einer bestimmten, gleichsam aus ihnen herauswachsenden Betätigung, sondern liegt bei ganz anderen Werten.

Bill Roberts zum Beispiel, den wir bereits mehrfach anführten (Seite 38 und 54), kommt mehr oder weniger durch Zufall zu seinem Beruf. Aus dem Krieg zurückgekehrt, fand er zufällig eine Anstellung in einer Lastwagenfirma. Sein Lebensziel hatte nicht im geringsten etwas mit einem Interesse für Verkehr oder Lastzüge zu tun. Wenn man ihn wegen seines Berufes fragte, so antwortete er, alles, was er wolle, sei, eine anständige Beschäftigung zu haben, die ihm zu einem guten Auskommen verhelfe; ihm seinerseits sei es wichtig, dabei ordentliche Arbeit zu leisten. Eine anständige Beschäftigung, gutes Auskommen, ordentliche Arbeit – das sind hier die maßgebenden Werte. Und was versteht er unter einer anständigen Beschäftigung? Eine, wie Bill Roberts sagt, Tätigkeit bei einer als solide angesehenen Firma, die ihm eine für ihn annehmbare Arbeit zu angemessenem Lohn bietet.

Mir scheint, daß diese Zielorientierung typisch ist für einen Großteil der in den Industrieländern Beschäftigten, sofern diese Menschen überhaupt eine Art Verwurzelung in der Arbeit suchen. Diese Bedeutung der Arbeit ist jedoch wieder nur eine von mehreren möglichen Zielorientierungen.

Herzberg, Mausner und Snyderman haben in Pittsburgh an Ingenieuren und Buchhaltern eine interessante Interview-Studie über die Motivation zur Arbeit durchgeführt. Sie ergab ein klares Bild dessen, was die Verfasser hohe und niedere Arbeitsmotivation nannten. Bei der hohen Arbeitsmotivation war das Ziel eine gute Arbeit als solche und die Selbstverwirklichung sowie das innere Wachstum, das von einer guten Arbeit erwartet wurde.

Der Begriff der Selbstverwirklichung, den wir im zweiten Kapitel einführten (Seite 49 f.), wurde natürlich von den Befragten nicht gebraucht. Aber wenn sie darüber sprachen, daß ihre Arbeit ihnen erlaube, eigene Ideen zu entwickeln, Fortschritte zu machen und ihr Bestmögliches zu leisten, so war es eben diese Selbstverwirklichung, die sie meinten.

Ein beträchtlicher Prozentsatz – und zwar bei den Buchhaltern ein höherer als bei den Ingenieuren – ließ Motivationen erkennen, die nicht in erster Linie mit der Arbeit als solcher zu tun hatten, sondern mit sekundären Faktoren. Die wichtigsten dieser sekundären Faktoren waren Anerkennung, Position und Verdienst.

Es ist kein Zweifel, daß diese Gruppe von Faktoren, nämlich Anerkennung, Stellung und Einkommen zu den für viele Menschen maßgebendsten Motivationen gehören. Sie stellen Ziele der Bedürfnisbefriedigung und der persönlichen Expansion dar, während die Motivation zu guter Arbeit um der guten Arbeit willen solchen

23 Untergeordnete Arbeit im Schreibmaschinensaal wird nicht jenes
Gefühl schöpferischer Tätigkeit vermitteln, das die Chefsekretärin aufgrund ihrer Leistung hat

Menschen eigen ist, für die in erster Linie *schöpferische Expansion*
im Werk erfüllend ist.

Das heißt: Die vor allem zielstrebig auf gute Arbeit Gerichteten
finden ihre Befriedigung in dem Produktiven der gelingenden und
gelungenen *Leistung*. Diese gibt gleichzeitig eine *moralische Befriedigung*. Das gilt nicht nur für den in der Industrie Tätigen,
sondern auch für jede andere Art von Beruf. So kann ein Bauer,
ein Lehrer, ein Arzt, ein Beamter die gute Leistung als sein Hauptlebensziel ansehen, wobei der Betreffende nicht notwendigerweise
der Meinung sein muß, er sei für die ihm zugefallene Tätigkeit
geboren. Jedoch darf sie nicht derart unangemessen für ihn sein,
daß er sich in ihr unglücklich, gelangweilt oder deplaziert fühlt,
wobei hier als unangemessen bezeichnet wird, was den Neigungen
und Fähigkeiten eines Menschen in keiner Weise entspricht, so
daß seine persönlichen Potentialitäten überhaupt nicht zum Ausdruck kommen können. Zwischen der in diesem Sinn »angemessenen« Betätigung und dem Schaffen des Begabten besteht dann
noch der Unterschied, daß der zweite in der Arbeit eine viel
größere *Funktionslust* empfindet sowie ein kontinuierliches Gefühl
innerster Beteiligung, eigensten Ausdrucks und eigensten Wachs-

tums. Seine *schöpferische Expansion* ist stärker *spezifisch* als die anderer Arbeitender.

Für das Leistungsbewußtsein von Menschen, deren Streben in erster Linie auf Anerkennung, Stellung und gutes oder doch gesichertes Einkommen gerichtet ist, gründet sich die Befriedigung nicht so sehr auf das Schaffen als solches als auf andere Faktoren: Sie wollen, nachdem sie ihre Aufträge erfüllt haben, *Erfolge* erzielen.

Solche Erfolge sind bedürfnisbefriedigend, und *Bedürfnisbefriedigung* steht als Zielsetzung für viele dieser Menschen obenan. Das Produktive ihrer Leistung kommt ihnen dabei oft überhaupt nicht zu Bewußtsein, doch gibt es hier erhebliche Unterschiede.

So stellte ich in Gesprächen mit Sekretärinnen gelegentlich fest, daß einige sich über die Bedeutung ihrer Leistung durchaus im klaren waren. Gute Privatsekretärinnen zum Beispiel, die ihrem Chef die Mühen der Büroarbeit weithin, wenn nicht völlig abnahmen, die das Sekretariat mit gutem Überblick leiteten, Terminkalender und anderes in der Hand hatten, fühlten sich als wichtig für ihren Chef und das Unternehmen und damit als schöpferisch tätig.

Andere dagegen, beispielsweise solche, die in großen Betrieben zugleich mit mehr oder weniger zahlreichen Kolleginnen im wesentlichen untergeordnete Schreibmaschinenarbeit zu leisten hatten, betrachteten ihre Tätigkeit nur als Broterwerb, und ihre Befriedigung ergab sich lediglich aus dem Gefühl, eine einigermaßen gesicherte Stellung mit ausreichendem Gehalt zu haben und unter zusagenden Bedingungen – wie Betriebsklima, Freizeit und dergleichen – zu arbeiten.

Eine umfassende Sammlung von psychologischen *Berufsstudien* findet sich in S. Nosows und W. H. Forms Werk »Man, Work and Society«. Die verschiedensten mit Berufseintritt sowie der Berufsausübung verbundenen Faktoren werden hier in interessanter Weise untersucht.

4. Berufswahl und Eintritt in den Beruf

Ein für den Beginn des beruflichen Lebens charakteristischer Hauptbefund ist der, daß die Mehrzahl der in den Arbeitsprozeß Eintretenden »in einer neuen Welt herumstolpern, für die sie schlecht vorbereitet sind und wenig Pläne gemacht haben«. 55 Prozent der Befragten eines repräsentativen Querschnitts gaben an, daß sie während ihrer Schulzeit keine bestimmten beruflichen Ziele hatten. Weiter stellte sich heraus, daß diejenigen, deren Väter den sogenannten gehobenen Berufen angehörten, sich häufiger Pläne hinsichtlich des Berufes machten als die aus niederen Berufsgruppen Stammenden. Dabei haben die letzteren, wie Paul Lazarsfeld schon 1931 in einer noch heute maßgebenden Untersuchung in Österreich zeigte, infolge ihrer geringeren wirtschaftlichen Bewegungsfreiheit auch sehr viel geringere Möglichkeiten der Wahl.

Die Ergebnisse der interessanten Untersuchung von Walter Jaide »Die Berufswahl« zeigen, daß die mitteleuropäischen Verhältnisse den amerikanischen recht ähnlich sind. Jaide stellt fest, daß »Mangel an Orientierung über die Berufswelt«, »mangelhafte Nutzung zugänglicher Mittel und Methoden der Erkundung« für »weite Kreise der Berufswähler kennzeichnend ist«. Bei einem großen Prozentsatz erfolgt die Wahl »*ins Blaue*«. Unter dem, was als Grund für die Wahl angegeben wird, spielt Eignung als die Grundlage schöpferischen Ausdruckes und optimaler Leistung eine sehr geringe Rolle. Allerdings wird »*Neigung*« von etwa zwei Dritteln der Befragten als Grund ihrer Wahl genannt, womit wenigstens zum Teil Eignung verbunden sein mag. Ein hoher Prozentsatz der männlichen Jugendlichen (er liegt höher als bei den Mädchen) betont »Vorteile und Arbeitsbedingungen«. Mädchen erwähnen vielfach »*Einzelfunktionen*«, die ihnen besonders wünschenswert erscheinen. Sie erwähnen auch das *Interesse an Menschen* als ein wichtiges Motiv, wovon gleich noch mehr zu sagen sein wird (Seite 146 f.).

Wenn A. Ruth in einer ähnlichen Untersuchung (1951) über die Berufswahl 25 bis 40 Prozent »echte Berufung« feststellt, so erscheint mir dies als ein hoher Prozentsatz.

Der überwiegende Eindruck ist vielmehr der, daß nur eine begrenzte Anzahl von Menschen in ihrem beruflichen Zielstreben durch spezifische Eignung derart bestimmt ist, daß ein schöpferischer Ausdruck ihrer selbst in natürlicher Weise zustande kommt. Doch scheinen auch nicht spezifisch Begabte sich unter Umständen zu schöpferischer Tätigkeit zu entwickeln, wie dies vorher am Beispiel einer Gruppe innerhalb der Berufskategorie »Sekretärinnen« erwähnt wurde. Sehr viel mehr wäre ganz sicherlich in dieser Richtung zu erreichen möglich, wenn die Grundlagen dafür bereits während der Schulzeit gelegt würden, wenn also der Unterricht diesen Aspekt berücksichtigen würde.

Das ausgesprochene Versagen der *Schule* im Hinblick auf die schöpferische und moralische Selbstentwicklung sowie auf die soziale Erziehung der Jugend, die wir bereits im Abschnitt über »Erziehung und Psychotherapie« besprachen (Seite 90), muß im gegenwärtigen Zusammenhang nochmals erörtert werden: Die viel zu enge Auffassung dessen, was zum Leben an Kenntnissen und Fertigkeiten notwendig ist, läßt die Schule an Fragen der Entwicklung des Selbst und der Beziehung zu anderen Menschen vorbeigehen.

In allen Untersuchungen über Berufsanwärter zeigt sich, daß die Zahl derer groß ist, die keine eigene Motivation entwickeln, sondern dem Ratschlag von *Autoritäten*, von Eltern oder Lehrern also, folgen. Diese Jugendlichen sind zum Teil autoritätsbedürftige und abhängige Menschen, zum Teil auch solche, die sich mangelnder Interessen, mangelnder Neigung und mangelnder Erfahrung bewußt sind.

Ich kann diese Tatsache der Anlehnung an Autoritäten nicht mit derselben Genugtuung begrüßen, wie ich sie bei einigen Autoren ausgedrückt finde. Anstelle autoritärer Beeinflussung sollten Lehrer und Eltern den Jugendlichen helfen, sich selber zu finden, und dazu gehört es auch, daß diesen rechtzeitig und in ausreichendem Maße Gelegenheit gegeben wird, sich über künftige Berufe, über den Arbeitsmarkt und andere einschlägige Faktoren zu orientieren.

5. Arbeit und Mitmenschen

Einen der wichtigsten, leider aber fast vollständig vernachlässigten Faktoren der Berufstätigkeit machen die menschlichen Beziehungen aus.

Jaide gibt drastische Belege dafür, daß die *Beziehung zum Mitmenschen,* wie die Arbeit im Beruf sie mehr oder minder ausgeprägt mit sich bringt, von abgehenden Schülern und bei der Berufswahl beinahe kaum berücksichtigt wird. Wenn überhaupt, dann sprechen mehr weibliche Jugendliche als männliche von der Befriedigung, die sie sich vom Helfen, Pflegen und ähnlichem erwarten. Daß die Beschäftigung mit Menschen und die Betätigung an Menschen einen der wichtigsten Faktoren der Berufsarbeit darstellt, wird von den wenigsten Berufsanwärtern verstanden. Und sie haben nicht die geringsten Kenntnisse davon, in welcher Weise der menschliche Faktor in den verschiedenen Berufen zur Wirkung gelangt. So lernen viele Menschen erst während ihrer Tätigkeit im Beruf mit Erstaunen, nicht selten sogar unangenehm berührt, wieviel wichtiger als Fachkenntnis der Umgang mit Menschen ist. Jaide sagt mit Recht, wie alarmierend das so seltene Beachten des mitmenschlichen Bezuges in der Berufsarbeit für eine demokratische Gesellschaft sein sollte. Aber nicht nur für diese. Es ist unter den Gesichtspunkten menschlicher Vollentwicklung und friedlicher menschlicher Zusammenarbeit unentschuldbar, wenn das *Verständnis für menschliche Beziehungen* nicht ausgebildet wird.

Denn diese menschlichen Beziehungen spielen bei nicht wenigen Berufen nahezu die Hauptrolle: Was ist ein Sozialarbeiter, eine Krankenschwester, ein Lehrer, ein Arzt, ein Pfarrer, ein Verkäufer ohne Geschick und Interesse für ihre menschlichen Beziehungen? Und in der Tat stellen diese Beziehungen für viele in den genannten oder ähnlichen Berufen Arbeitenden das Hauptinteresse ihrer Betätigung dar, und das *Helfen* oder ein sonstiges persönliches Wirken wird ihnen zum Ziel.

Es ist ein Ziel, bei dem alle die vier wiederholt genannten Grundtendenzen vielleicht am vollständigsten zur Entfaltung gelangen. Denn beim Wirken mit und an den Menschen kann man persönliche Bedürfnisbefriedigung sowie schöpferische Expansion erleben, man muß sich selbstbeschränkend anpassen, und man kann Ordnungsstreben und Gewissen befriedigen.

6. Beruf und Abenteuer

Unter den Berufszielen von heute tritt eines wenig in Erscheinung, das in früheren Jahrhunderten oft eine große Rolle gespielt hat, jetzt aber nur noch hier und da genannt wird. Es ist das *Abenteuer* als Ziel oder Teilziel von Betätigungen. Das Ausgehen auf Abenteuer, das Suchen des Unvorhergesehenen, das Entdecken neuer Welten, das Meistern unerwarteter Schwierigkeiten und Gefahren – all das gehörte als wesentlicher Faktor zur Entwicklung des mittelalterlichen Ritters wie des fahrenden Gesellen. Von alledem sind heute nur gewisse Züge übriggeblieben in Berufen wie denen des Forschers, des Unternehmers, des Testpiloten, des Astronauten, aber auch bei solchen Menschen, die häufig ihren Aufenthaltsort wechseln und sich neue Wirkungskreise suchen.

Ein für unsere Zeit relativ seltenes abenteuerliches Vorhaben ist es, wenn drei Studenten wie Dean und seine Freunde beschließen, im Segelboot die Welt zu umfahren, bevor sie zum Studium »vor Anker gehen«. Von gespartem Geld kauften sie ein Boot und begannen in Panama ihre Reise. In den Häfen, die sie anliefen,

24 Ein großes Abenteuer unserer Zeit: Sir Francis Chichester, fünfundsechzig Jahre alt, umsegelt mit seiner Jacht »Gipsy Moth« allein die Welt
in 226 Tagen

versuchten sie sich durch Arbeit das Geld für die nächste Etappe
zu verdienen, was ihnen auch gelang. Nach einem Jahr kehrten
sie zurück und begannen mit dem Studium.
Weltweit gefeiert wurde Sir Francis Chichester, *der mit fünfund-*
sechzig Jahren in seiner Jacht »Gipsy Moth« allein die Welt um-
segelte. In 266 Tagen legte er 28 500 Meilen zurück, vom
englischen Hafen Plymouth über das Kap der Guten Hoffnung
nach Australien und von dort um Kap Hoorn über den Atlantik
zurück nach Plymouth.
Interessant ist, daß dieser unternehmungslustige, kraftvoll die
Welt sich erobernde Mann als Knabe zwar ein guter Schüler war,
später jedoch das öffentliche Schulwesen als um 150 Jahre rück-
ständig bezeichnete. Und interessant ist auch, daß Sir Francis
Chichester sich mit Gedanken über die Frage des vollsten, ganz
und gar adäquaten Lebens beschäftigt hat: Nach einem Leben,
das periodisch wechselnd einmal mehr intellektuell war, dann
wieder nahezu völlig physisch, ist er zu dem Schluß gekommen,
daß man beiden Arten des Lebens gleichermaßen Rechnung
tragen muß.
Eine mit einem Abenteuer beginnende Lebensgeschichte erzählte
mir ein Vierundsiebzigjähriger, Milan, *der im Sommer bei der*

Beförderung des Gepäcks von Hotelgästen in der Sierra Nevada Kaliforniens aushalf. Er stammte aus einer kleinen Hafenstadt Jugoslawiens, wo sein Vater Steinmetz und er das fünfte von zehn Kindern war. Als Zwölfjähriger riß er aus und versteckte sich auf einem Schiff, das nach Alexandria bestimmt war. Man fand den blinden Passagier und steckte ihn in die Schiffsküche. Milan hatte das Abenteuer, das er liebte, gefunden. Von Ägypten fuhr er, nun regelrecht als Hilfskraft des Schiffskochs, nach Indien, Australien, Neuseeland und schließlich nach Amerika. Dies war das Land, wo, wie er gehört hatte, das Gold auf den Bäumen wächst. Und hier blieb er, hier heiratete er. Das Gold wuchs zwar nicht auf den Bäumen. Aber Milan hatte ja seine Abenteuerlust an Bord gestillt. Jetzt machte er sich an die Arbeit, bei der Eisenbahn.

Milan empfand sein Leben als glücklich; besonders stolz war er darauf, für eine gute Erziehung seiner einzigen Tochter gesorgt zu haben. Er selbst hatte sich ein bißchen Geld gespart und lebte behaglich von einer kleinen Pension. Im Sommer arbeitete er als Hausdiener in einem Hotel, um, wie er sagte, die Gebirgsluft zu genießen. Nachdem er die Welt gesehen hatte, war er nun zufrieden, in dem Land seiner Wahl ansässig geworden zu sein. Er liebte dieses Land: »Es ist mein Land«, sagte er, »es gibt kein besseres.«

25   Ein neues Abenteuer unserer Zeit: Die rebellierende Jugend sucht das Abenteuer nicht auf der Reise um die Welt, sondern unternimmt ihre »trips« im LSD- und Marihuana-Rausch

Vielleicht ist die *Rebellion der heutigen Jugend* teilweise darauf zurückzuführen, daß das Leben unserer Zeit so weitgehend der Romantik des Abenteuers entbehrt. So suchen nicht wenige das Abenteuer im Reiz des Rauschgifts: In ihrem »trip«, das heißt auf der »Reise«, wie bezeichnenderweise die Süchtigen ihre Traumzustände nennen, wollen sie der nüchternen Gegenwart entkommen. Die von jungen Menschen seit eh und je erstrebte Intensität des Erlebens wird von einem Teil der heutigen Jugend in außergewöhnlichen Situationen gesucht, weil ihnen das Alltagsleben so völlig bar jeder Romantik, bar jedes Erlebenswerten erscheint.

7. Berufsverfehlungen

Berufsverfehlungen beginnen im Elternhaus. Je mehr einerseits in der Psychotherapie Individuen und andererseits in der Sozialpsychologie gesellschaftlich, wirtschaftlich und kulturell verschiedene Gruppen studiert werden, desto deutlicher tritt die Tatsache hervor, daß die Lebensleistung einer Person durch den Lebenshintergrund von Kindheit und Jugend bedingt ist.

Aus der Fülle der Faktoren dieses *Lebenshintergrundes* seien nur einige wenige erwähnt. Um mit den krassesten Unterschieden zu beginnen, so finden wir zunächst wirtschaftlich die riesige Spannweite unterschiedlichster Lebensbedingungen vom tristesten Elendsviertel auf der einen bis hin zu den Villen und Landhäusern der Reichen auf der anderen Seite.

Wie Paul Lazarsfeld bereits 1931 in seinen Studien über »Jugend und Beruf« hervorhob, wie Leopold Rosenmayr in seiner »Geschichte der Jugendforschung in Österreich« von 1962 weiter ausführt und wie in einer neuesten Untersuchung über »Lebensziele in humanistischer Perspektive« Fred Massarik 1968 diskutiert, gibt es Massen von Jugendlichen, die keine Möglichkeit haben, eine Berufswahl im Sinne freier Entscheidung zu treffen.

Das Problem dieser Massen beginnt nicht erst im Jugendalter, wenn Armut zum Annehmen jedes nur möglichen Angebots einer Beschäftigung zwingt. Sondern es beginnt bereits in der Kindheit mit einem schmutzigen, verlotterten Heim, streitenden Eltern, einer von Sorgen und Ratlosigkeit zermürbten Mutter, einem abgearbeiteten, müden oder aber vielleicht faulen und trinkenden Vater und mit Verwahrlosung der Kinder.

Der Europäer ist im allgemeinen gewohnt, diese Zustände mehr oder weniger der Sozialfürsorge zu überlassen und bei Fragen der

26 Frühe Verwahr-
losung im Elend der
Slums ist eine der
Ursachen späteren
beruflichen Verfehlens

Menschheitserziehung in den Hintergrund zu schieben. Verbunden
mit dieser Einstellung ist die europäische Neigung, Begabung,
Tüchtigkeit und Fortkommen auf angeborene Faktoren zurückzuführen und die großen Unterschiede zwischen den Menschen als
eine unabänderliche Tatsache anzusehen.

In Amerika dagegen bemühen sich dauernd gewisse Gruppen aus
Überzeugung und in freiwilliger Betätigung um die Erziehung
und Förderung aller, insbesondere aber der sozial und wirtschaftlich
Benachteiligten. Bei Unternehmen wie zum Beispiel John F. Ken-
nedys »Youth Opportunity Board« oder der kürzlich in die Wege
geleiteten großen »Head-Start«-Bewegung zeigt sich deutlich, daß
es durchaus möglich ist, breite Massen in den Prozeß menschlicher
Fortentwicklung und Bildung einzubeziehen, und zwar mit Erfolg.
Head-Start-Lehrerinnen, die freiwillig Kleinkindern die ersten
Grundlagen des Lebens vermitteln und auch mit den Müttern
arbeiten, berichten von einem erstaunlichen Interesse dort, wo
man auf überhaupt keines zu treffen meinte, und von nicht minder
erstaunlichen Fortschritten. Solche Arbeiten erwecken im unvor-
eingenommenen Beobachter starke Zweifel an der Theorie wesentlicher menschlicher Unterschiede.

Der moderne Psychotherapeut, der in die Hintergründe von Entwicklungen hineinleuchtet, hat Gelegenheit, die Rolle der Lebensbedingungen kennenzulernen und vergleichende Betrachtungen anzustellen, vor allem in der Gruppentherapie.

Nehmen wir eine Jugendgruppe mit Achtzehn- bis Sechsundzwanzigjährigen, die aus unterschiedlichstem Milieu kommen und jetzt alle das Mittelstands-Niveau erreicht haben.

Da sitzt Gertrud, eine Krankenschwester; sie kommt aus dem amerikanischen Süden und aus einer Familie der unteren Mittelklasse. In ihrem Elternhaus gab es kein einziges Buch; trotzdem war sie in früher Selbstbestimmung entschlossen, sich zu bilden und zu einer besseren Existenz emporzuarbeiten.

Da sitzt Bob, der Sohn eines wohlhabenden Bankiers; mit großem Ehrgeiz sorgt sich der Vater um die Karriere seines sehr begabten Sohnes, dessen Studium er vollständig finanziert. Doch ist die Einwirkung des Vaters auf den Lerneifer seines Sohnes ungünstig.

Da sitzt William, Sohn eines Ingenieurs, dessen autoritäre, von seinen preußischen Vorfahren überkommene Erziehungsmethode den Sohn in tiefe Depression und rebellischen Mißmut versetzte, so daß dieser nach Beendigung der Schule sofort auf und davon ging, eine Stelle als Mechanikerlehrling annahm und sich weigerte, zu studieren.

Da sitzt andererseits David, der aus einem New Yorker Elendsviertel stammt, Sohn einer geschiedenen Jüdin, die ihn einerseits verwöhnt, andererseits beschimpft, kritisiert und bestraft hat, so daß es Davids ehrgeiziges Ziel ist, der Mutter zu beweisen, wie berühmt er werden wird.

Da sitzt Juliet, deren heißblütig impulsiver Vater irischer Abstammung, ein Eisenbahnarbeiter, ihre Mutter so prügelte, daß diese schließlich an einer inneren Verletzung starb; Juliet, nunmehr allein, hat sich tapfer als Sekretärin durchgesetzt.

Da sitzt Mona, eine Laborantin, die Tochter eines aus Italien eingewanderten Ehepaares; die Eltern besitzen eine Gärtnerei, lehnen die amerikanische Kultur und Lebensweise ab und wünschten ihre streng katholisch erzogene Tochter so bald wie möglich mit einem Landsmann verheiratet zu sehen.

Und da sitzt schließlich Larry; sein Vater, Besitzer eines Restaurants, hatte zwar ausreichend Mittel, aber keine Zeit für den Sohn, der nach kurzem Studium auf dem Wege war, sich den Hippies anzuschließen.

Fast alle diese so verschiedenem Milieu entstammenden und in so verschiedener Weise beeinflußten jungen Menschen sind beim Beginn ihrer beruflichen Entwicklung mit Problemen belastet, die stark durch ihren Familienhintergrund bedingt sind. *Gertrud* und *Larry* haben offenbar Eltern, die, bei Gertrud mittel- und interessenlos, bei Larry wohlhabend und interessenlos, ihren Kindern kulturell nichts bieten konnten. Hätte sich wenigstens ein interessierter Lehrer der geistigen Entwicklung dieser begabten Kinder angenommen, so wäre ihnen in der Schulzeit die Möglichkeit geboten worden, Studienziele und Lebensziele ins Auge zu fassen.

Sich selbst überlassen, gelang es *Gertrud,* die energischer und weitsichtiger war, sich früh aus der Enge der geistig armen, mit vielerlei Vorurteilen belasteten Umwelt ihrer Südstaatenheimat zu befreien und hinaus- sowie hinaufzustreben. Zwar war es ihr geglückt, die Prüfung für die erste Stufe ihres Schwesternberufes zu bestehen, doch hatte sie viele Probleme nicht nur persönlicher Art, sondern auch hinsichtlich ihres Konzentrationsvermögens und ihrer Zielstrebigkeit: Nie hatte sie gelernt, sich auf ihre Ausbildung zu konzentrieren und sich Ziele zu setzen.

Larry, dessen geistiger Entwicklung nichts im Wege stand als der Mangel an Interesse für kulturelle Werte in seinem Elternhaus, verfügte nicht über Gertruds Energie und moralische Kraft zu selbständiger Fortbildung. Völlig undiszipliniert und geistig wirr, war er gewillt, bei der Rebellionsbewegung der Hippies mitzumachen. Er ließ Haar und Bart wachsen, vernachlässigte sein Äußeres und erklärte, er werde sich ein Zelt bauen, darin hausen und sich mit Gelegenheitsarbeiten erhalten, ohne sich auch nur im geringsten mit Fragen seiner Zukunft zu befassen.

Merkwürdigerweise ist *Juliet,* deren Kindheit durch die Angst vor dem jähzornigen Vater und um ihre müde, unterwürfige Mutter sowie durch das Ereignis deren Todes traumatisiert (das heißt seelisch geschädigt) war, die einzige in dieser Gruppe, die sich herausgerissen, sich beruflich auf eigene Füße gestellt und damit genau das für sie Angemessene getroffen hat. Sie ist eine ausgezeichnete Sekretärin, die Freude an ihrer Arbeit hat, sich adrett kleidet und mit einem angesichts ihrer Lebensumstände überraschenden Maß von Geschick und Grazie ihre persönlichen Beziehungen unterhält. Intelligent und anmutig versteht sie es, sich mit einer Sicherheit zu geben, die sie innerlich natürlich nicht hat. Ihre Furcht vor Männern ist verständlich und bedarf der Therapie. Beruflich jedoch ist Juliet das einzige Mitglied der Gruppe, das sich auf die richtige Bahn gebracht hat.

Die anderen vier sind durchweg unter dem Einfluß von Eltern herangewachsen, die entweder ihre Kinder nach bestimmten Prinzipien formen wollen oder sie mit ihren eigenen Problemen belasten.

Monas Eltern sind einerseits streng katholisch, andererseits vertreten sie starre Prinzipien hinsichtlich der für ihre Tochter allein in Frage kommenden Lebensweise. Sie halten nichts von den Freiheiten, die den amerikanischen Kindern gewährt werden, und beharren auf ihren italienischen Vorstellungen von der Rolle der Frau. Die Freiheitsbeschränkungen, die sie Mona auferlegen, fördern deren natürlichen Hang zu Abhängigkeit und Passivität. Für Mona wären Eltern genau entgegengesetzter Orientierung gut gewesen – Eltern, die sie ermutigt und in der Entwicklung ihrer eigenen Persönlichkeit unterstützt hätten.

Außer ihren Prinzipien hatte Monas Mutter einen Hang zur Herrschsucht, der sich in Haushalt und Familie auswirkte. Die eigene unglückliche Ehe, ihre Frigidität und ihre Unfähigkeit, sich in die amerikanische Kultur einzupassen – all das hatte zur Folge, daß sie voller Mißmut ein ziemlich isoliertes, ganz auf ihren Haushalt beschränktes Leben führte. Häufig ließ sie ihre schlechte Stimmung in Schimpftiraden und Bestrafungen an Mona aus. Kein Wunder, daß dieses junge Mädchen völlig unselbständig und unterentwickelt ins College kam, wo Mona sich auf einen Beruf vorbereitete, der ihr nichts bedeutete, und dann als Laborantin auf Heiratsmöglichkeiten wartete, die sich ihr infolge ihrer gesellschaftlichen Unerfahrenheit und ihrer Passivität nicht boten.

Mit ähnlicher Prinzipienreiterei, wenn auch anderer Orientierung, hatte *Williams* Vater seinen Sohn unfähig gemacht, eine sinnvolle Berufswahl zu treffen oder sich positiv auf das Leben vorzubereiten. Die altpreußischen Ansichten des Vaters über Gehorsam und strenge Zucht ließen auch hier den Knaben in Situationen geraten, bei denen er mit seinen Klassenkameraden nicht mittun konnte. Und wie bei Mona die Mutter, so brachte hier der Vater seine persönlichen Autoritätsbedürfnisse zum Ausdruck, indem er von William die verschiedensten Arbeiten im Haushalt verlangte; auch mußte der Sohn genaue Rechenschaft darüber ablegen, was er mit seiner Freizeit angefangen hatte, und zu alledem bestand der Vater darauf, daß William Ingenieur werden sollte, wofür er verschiedene Gründe angab.

William wurde im Laufe seiner Jugend immer stärker deprimiert, ähnlich wie Mona, jedoch war er, anstatt in Passivität zu verfallen, voller Haß und Auflehnung, weshalb er schließlich auf und davon ging.

Die psychotherapeutische Behandlung, in die William auf Umwegen geriet, erreichte glücklicherweise, daß dieser begabte junge Mensch aufgab, was er vorgehabt hatte, nämlich völlig auf ein Hochschulstudium zu verzichten und statt dessen eine Mechaniker-lehre durchzumachen. Er war nunmehr willens, Abendkurse zu besuchen, für die er sich das Geld selbst verdiente, und konnte so schließlich eine Aufnahmeprüfung für die Universität so gut bestehen, daß er schon sehr bald Stipendien bekam. Zu seiner Mutter, die passiv unterwürfig im Hintergrund geblieben war, nahm William die Beziehung wieder auf, die um so glücklicher wurde, als sich die Mutter zur Scheidung entschloß.

Nahezu, wenn auch vielleicht nicht ganz so ungünstig war der Einfluß von *Bobs* Vater auf dessen Vorbereitung für einen Beruf. Dieser politisch aktive, ehrgeizige amerikanische Geschäftsmann wollte seinen Sohn als den Erben seines Bankunternehmens und seiner politischen Interessen sehen. Bob sollte Staats- und Wirtschaftswissenschaften studieren.

Bob war sowohl begabt als auch anpassend. Er wollte in einer freundschaftlichen Atmosphäre leben; Lob und Anerkennung waren ihm besonders wichtig. Doch diese bekam er nur sehr selten, da seine guten Leistungen von den Eltern als selbstverständlich hingenommen wurden. Dies führte bei Bob zu Depressionen. Er war ehrgeizig, aber er strengte sich nicht sonderlich gern an, und wenn er keine Anerkennung fand, gab er sich auch keine Mühe.

Bobs Vater hatte eine bedauerliche Einstellung zur Arbeit. Wenn Bob sich über zu viele Schulaufgaben beklagte, sagte sein Vater: »Arbeit muß hart sein. Arbeit ist Pflichterfüllung und kein Vergnügen.« Da Bob in jener Periode seinen Vater aufs höchste verehrte und bewunderte, war er tief von diesen Worten beeindruckt. Doch obwohl er sich redlich bemühte, sich nach ihnen zu richten, stimmte ihn die Vorstellung einer freudlosen Pflichterfüllung mißmutig und schließlich verzweifelt.

Bob war äußerst erstaunt, als er in der Psychotherapie von seiner Therapeutin hörte, daß schöpferische Auffassung und Bewältigung nahezu jede Arbeit – ausgenommen lediglich eine völlig mechanische – interessant machen und Funktionslust erwecken kann. Dadurch, daß Bob diese Auffassung übernahm, änderte sich seine Einstellung zu seinem Studium völlig.

Höchst ungünstig war natürlich *Davids* Hintergrund. Seine Mutter, die ihren Lebensunterhalt mit harter Arbeit als Wäscherin verdiente, war eine jener hysterischen Frauen, die sich gern voller Selbstmitleid als Märtyrerinnen hinstellen. Ihr schweres Schicksal, so meinen sie, gebe ihnen das Recht, von anderen, vor allem von ihren Kindern, ähnliche Anstrengungen zu verlangen und für immer Anspruch auf deren Dankbarkeit zu haben. »Du bist es nicht wert, daß ich mich so für dich abrackere«, war eine ihrer stereotyp wiederholten Redensarten, die David stets in glühende Wut versetzten. Gegenseitige Beschuldigungen und Beschimpfungen bildeten den Lebenshintergrund für den heranwachsenden Knaben.

Anders als bei William, ließen die ewigen Vorwürfe und Mahnungen, Herabsetzungen und Strafen ihn nicht deprimiert werden, und sie nahmen ihm auch nicht die Arbeitslust.

Im Gegenteil – sie spornten ihn nur an, freilich zu Haß und Ehrgeiz und zu dem Entschluß, so früh wie möglich fern vom Elternhaus seinen Wert, seine brillante Leistungsfähigkeit zu beweisen und Anerkennung zu finden.

Genug. Ich kenne die *Einwände*, mit denen die Leser hier einsetzen werden. Erstens, so werden sie sagen, sind die vorgeführten Fälle *Extreme* und keine Durchschnittsfälle: Nicht alle Jugendlichen geraten in solche Situationen, und nicht alle Eltern üben einen derart ungünstigen Einfluß aus.

Natürlich. Die Jugendlichen, von denen hier die Rede war, gehören zu denen, die infolge ihrer Kindheitserfahrungen Schwierigkeiten beim Eintritt in den Beruf haben. Und wir können annehmen, daß die große Mehrzahl ihr berufliches Leben mit gesünderem Selbstvertrauen und gesünderen Motiven beginnt. Aber es finden sich vielleicht doch bei mehr Jugendlichen, als man annimmt, Ansätze zu Schwierigkeiten in den angedeuteten Richtungen, und zudem repräsentiert die von uns hier vorgestellte tatsächlich existierende Gruppe von jungen Leuten bei weitem noch nicht die ungünstigsten Einstellungen zu Leben und Arbeit. Es gibt junge Menschen mit viel negativerem Ausblick ins Leben.

Ein zweiter wichtiger Einwand unserer Leser wird dahin gehen, daß sie sagen: *Wie* um alles in der Welt *können Eltern je das Richtige tun?* Nach dem, was Sie beschreiben, so mögen viele Leser mir entgegnen, sieht es so aus, als ob man überhaupt niemals das Richtige treffen kann – bald tut man zuviel, bald zuwenig, und deshalb ist es sehr wahrscheinlich, daß man immer irgendwie einseitig ist und bei der jungen Generation als veraltet gilt.

Nun, ich glaube tatsächlich, daß es für Eltern fast unmöglich ist, je alles richtig zu machen. Man tut zuviel, man tut zuwenig, man ist zu einseitig und in der Tat oft veraltet, und zu alledem kommt, daß man als Mensch seine eigenen Probleme hat, die man zu lösen versuchen muß, während man seine Kinder erzieht.

Hier aber ergibt sich sofort die erste Regel: Die Eltern müssen sich bemühen, ihre Kinder nicht mit ihren *eigenen Problemen* zu belasten: mit den Problemen ihrer eigenen Unzufriedenheit, ihrer unglücklichen Ehen, ihrer eigenen wirtschaftlichen, beruflichen, gesellschaftlichen und sonstigen Schwierigkeiten. Alles zu diskutieren, was hier in Betracht kommt, würde ein eigenes Buch verlangen. Was wir hier tun können, ist nur dies: zur *Selbstprüfung* und zum *Nachdenken* anleiten, um die Situation richtig zu erfassen und zu beherrschen.

Hierbei spielt eine außerordentlich wichtige Rolle das *Verstehen* der eigenen Kinder. Kinder sind ungeheuer verschieden. Nicht nur ihr Alter, sondern auch ihre Persönlichkeit verbietet oder erlaubt es, in welchem Ausmaß sie am elterlichen Leben teilhaben können. Kinder sind ferner verschieden in der Art, wie sie auf die jeweiligen Vorschriften, Ermahnungen und Wünsche der Eltern reagieren.

Die wichtigste allgemeine Regel scheint mir die zu sein, daß alle Eltern versuchen sollten, sich in die Lage ihres Kindes zu versetzen und sich in seine Persönlichkeit hineinzudenken; daß sich jeder Mühe geben sollte, das Kind unter Berücksichtigung aller Gegebenheiten zu verstehen; und daß sie ihre Einwände und ihre Vorstellung in Erziehungsfragen in die individuelle Situation einzupassen suchen sollten.

Berufsverfehlungen sind um so schwieriger zu korrigieren, je später im Leben Versuche in dieser Richtung unternommen werden. Fragen wir uns ganz allgemein: Wie kommen Berufsverfehlungen zustande?

Zwei Faktoren sind als hauptverantwortlich zu nennen. Zur Verfehlung im Beruf kommt es erstens, wenn jemand einen Beruf wählt, für den er weder aufgrund seiner Fähigkeit noch aufgrund seiner Neigungen *geeignet* ist, und zweitens, wenn jemand eine, allgemein gesprochen, *ungünstige* Einstellung zu Arbeit und Beruf hat. Hierbei können die verschiedensten Dinge in Frage kommen, etwa Arbeitsunlust im allgemeinen, Lebenseinstellungen, die für die Arbeit ungünstig sind, und neurotische Motivationen.

Leider trifft man allzu häufig Menschen, die fühlen, daß sie ihren Beruf verfehlt haben und in völlig falsche Bahnen geraten sind. Wir begegneten bereits wiederholt dem Fall von Bruno (Seite 30 f., 80 f. und 102 f.), dessen Vater ihn aus falschem Ehrgeiz seine ganze Kindheit hindurch darauf einstellte, Arzt zu werden, ohne die Frage der hierfür nötigen Begabung in Betracht zu ziehen. Brunos Gefühl, seinen wahren Beruf verfehlt zu haben, und seine Überzeugung, in einen für ihn falschen Beruf geraten zu sein, konnten erst in langer Therapie behoben werden, als er bereits Mitte der Dreißig war.

Seinen Beruf verfehlt zu haben, behauptet auch Kelly, ein Lehrer, ebenfalls in der Mitte der Dreißig. Kelly hatte von Jugend auf gedichtet und auch Schauspiele geschrieben; sein größter Wunsch war, in der Filmindustrie tätig werden zu können. Aus einer armen irischen Familie stammend, brachte er sich mühsam durch das Studium an einer Lehrerbildungsanstalt in der Absicht, sich sein Brot als Lehrer zu verdienen, während er in seiner Freizeit auf sein eigentliches Ziel hinarbeitete.

Er hatte zwar mit zwei Fernsehspielen Erfolg, doch gelang es ihm nie, sich in dieser schwierigen Branche weiter durchzusetzen, und so blieb er im Lehrerberuf stecken. Für diesen aber war er wenig geeignet, da ihm die Herzenswärme und das Interesse für die Kinder fehlte, das ihn diesen nahegebracht hätte. Es ist schwer zu sagen, ob er unter günstigen Umständen ein guter Drehbuch-Autor hätte werden können. So wie die Dinge lagen, hatte er jedenfalls als Lehrer offenbar nicht den für ihn richtigen Beruf.

Zahlreich sind die Fälle, in denen Einstellungen, die der Berufsarbeit ungünstig sind, zu oft lebenslangen Verfehlungen führen. Derartige Fälle bedürfen so gut wie immer psychotherapeutischer Hilfe, um Neueinstellungen möglich zu machen.

Zu spät für solche Hilfe kam der bereits von uns erwähnte Ben (Seite 113 f. und 126), dessen Berufswahl ausschließlich dadurch bestimmt wurde, daß er dem gehaßten Vater Widerspruch entgegensetzte. Ben, einem Mann in den Fünfzig, konnte in seinem Berufsproblem nicht mehr geholfen werden, als er sich in psychotherapeutische Behandlung begab.

In anderen Fällen falscher Einstellungen oder spielerischer Vergeudung von Talenten kann die notwendige Umstellung dann erzielt werden, wenn die Behandlung früh genug erfolgt. *Bertrand ist ein Beispiel spielerischer Vergeudung von Begabungen. Dieser Fall eines Lebensanfangs mit einer Ziellosigkeit, die durch die Therapie behoben wurde, bietet interessante Momente für eine genauere Betrachtung.*

Solange die Erinnerung des jetzt Einundzwanzigjährigen – er ist der einzige Sohn eines Ingenieurs in einer größeren Stadt des amerikanischen Ostens – zurückreicht, war die Ehe seiner Eltern sehr unglücklich. Daran, daß seine Mutter viel geweint hat, erinnert er sich schon seit seinem dritten Lebensjahr. Wenn sie, den Sohn auf dem Schoß, oft stundenlang auf den Vater wartete, der meist erst spät nach Hause kam, sprach sie weinend und klagend zu dem Kind über den Vater. Dieser hatte viele Affären, aus denen er auch kein Hehl machte; Bertrand glaubt, daß sein Hauptmotiv Eitelkeit war: Er wollte sich seine Unwiderstehlichkeit als Mann beweisen. Bertrands Mutter, eine sehr reizvolle, jedoch auch sehr schwache Frau, kam aus einer Familie, in der man die Frage einer Scheidung für absolut undiskutabel hielt. Zudem hatte sie Angst davor, auf eigenen Füßen stehen zu müssen.

Bertrand war seiner Mutter völlig zugetan. Er und sie waren unzertrennlich; seinen Vater haßte Bertrand. Um den widerspenstigen Jungen aus dem Weg zu haben, schickte der Vater ihn mit zwölf Jahren in ein Internat. Bertrand rächte sich, indem er seine Schularbeiten vernachlässigte und Briefe oder Gedichte an seine Mutter sandte.

Bertrand war außerordentlich begabt, besonders schriftstellerisch und schauspielerisch; die Aufführungen in der Schule waren die einzigen Gelegenheiten, bei denen er sich auszeichnete.

Der Gram um seine Mutter wuchs, als diese sich endlich scheiden ließ – damals war Bertrand sechzehn Jahre alt – und dann, während sie allein lebte, zu trinken begann.

Sobald er recht und schlecht sein Abitur bestanden hatte, begab er sich zu der Mutter und nahm sofort eine unbedeutende kleine Beamtenstelle im Fernsprechdienst an, um die Mutter regelmäßig unterstützen zu können und vom Vater völlig unabhängig zu sein. Seine Freizeit verbrachte er fast ganz mit seiner Mutter; sonst verkehrte er nur in einem Klub seines Wohnorts. In diesem ausschließlich aus Männern bestehenden Verein machte Bertrand die Bekanntschaften, die dann zu homosexuellen Beziehungen führten; begonnen hatte er solche allerdings bereits im Internat. Als Grund gab er später an, er habe sich für absolut keine andere weibliche Person interessieren können als für seine Mutter, da er sich dieser so eng verbunden fühlte.

Die nächsten Jahre brachten Bertrand zunehmend Kummer, weil es mit der Trunksucht seiner Mutter immer schlimmer wurde, so daß sich Widerwillen, ja Haß in ihm regte und er mit seiner ursprünglichen anbetenden Liebe in Konflikt geriet.

Seine vergeblichen Bemühungen, ihr zu helfen, beanspruchten ihn innerlich so sehr, daß er jegliches Interesse an der eigenen Entwicklung verlor. Als nach einigen Jahren die Mutter schließlich starb, fand Bertrand sich nicht nur völlig verlassen, sondern auch ohne jedes Lebensziel, völlig teilnahmslos und deprimiert. Er hatte das Gefühl, daß sein Leben und das Leben überhaupt sinnlos seien; gelegentlich dachte er an Selbstmord.

27   Dahinträumen auf einer unbewohnten Tropen-Insel – das ist der
Wunschtraum eines ziellos gewordenen Hochbegabten

*Seine Homosexualität bedrückte ihn weniger, als man hätte an-
nehmen sollen. In den letzten Jahren hatte er eine mehr freundschaftliche Beziehung angeknüpft, die sich als dauernd bewährte
und ihn seine Einsamkeit weniger qualvoll empfinden ließ.*
*Als er sich zwei Jahre später auf Anraten eines Klubkameraden in
psychotherapeutische Behandlung begab, brachte er als haupt-
sächliche Beschwerden die Sinnlosigkeit seines Tuns und die Ziellosigkeit seines Lebens vor. »Mein Wunschtraum«, sagte er zu der
Therapeutin, »ist es, auf eine unbewohnte Tropen-Insel zu gehen
und dort nichts zu tun, als Bananen zu essen und mein Leben zu
verträumen.«*

Dieser Fall zeigt eine völlige Ziellosigkeit, eine totale Verfehlung des Lebens eines hochbegabten Menschen, der von seinen Eltern in ihre Lebensprobleme verstrickt wurde. Diesem Kind war es von Anfang an verwehrt, sein eigenes Leben zu leben oder je sich selber zu finden. Er war emotional zu verstrickt, als daß er überhaupt an eine Zukunft hätte denken können. Die ständige Sorge um seine Mutter hinderte ihn, normale Interessen zu entwickeln und sich seiner Begabungen bewußt zu werden.

Im Verlauf der Therapie fühlte Bertrand sich allmählich frei genug, seine schriftstellerischen und schauspielerischen Talente zu entfalten und eine gewisse Begeisterung dafür aufzubringen, diese Begabungen zu nutzen. Er wurde später einer der bekanntesten Künstler im Show-Geschäft, der seine eigenen witzigen Aphorismen und Gedichte vortrug. Dieser ausgesprochen begabte junge Mensch hätte unter glücklicheren Verhältnissen wahrscheinlich leicht seinen Weg in eine weit normalere Zukunft finden können.

8. Zusammenfassung

Unsere kurze Übersicht hat uns gezeigt, daß bei der Wahl und beim Ausüben beruflicher Tätigkeit mannigfaltige Zielstrebungen zur Wirkung kommen und verschiedene Arten der Erwartung befriedigt werden können.

Das erste, entwicklungsmäßig früheste mit der Arbeit verbundene Ziel ist *Funktionslust*. Für eine Arbeit, die Funktionslust zu versprechen scheint, wird häufig Neigung ausgesprochen. Hierbei handelt es sich allerdings meist um Phantasievorstellungen hinsichtlich der vermutlichen Natur dieser geplanten Tätigkeiten.

Zweitens spielen in der beruflichen Zielsetzung, besonders in der Jugend, *Autoritäten* und andere Ratgeber eine Rolle, deren Klugheit, Erfahrung und Führung der Berufsanwärter *Gefolgschaft* leistet, ohne eigene Verantwortung für die Berufswahl zu übernehmen. Das darin sich kundgebende Abhängigkeitsbedürfnis, das Bedürfnis, den Autoritäten zu gefallen und die eigene Verantwortung zu vermeiden, spielt hier eine wesentliche Rolle. Dieses Motiv könnte und sollte jedoch bei einer Erziehung zu größerer Selbständigkeit und Sachkenntnis weitgehend eingeschränkt werden, was zweifellos eine größere Reife der Berufsanwärter zur Folge hätte.

Erst bei weiterer Reifung und Einsicht werden Berufsziele drittens in der *Leistung* gesehen. Dieses für »das Werk« und den Wirkenden bedeutsamste Ziel der Bestleistung, die im Falle von *Begabung* und Fähigkeit zu schöpferischem Ausdruck dem Schaffenden Gelegenheit zur Selbstverwirklichung gibt, spielt unter den Motiven faktisch nicht die entscheidende Rolle, die objektiv wünschenswert wäre. Sehr erstrebenswert wäre im Interesse der Arbeit und der Arbeitenden, daß in der Erziehung künftiger Berufsanwärter dieser Faktor der *Eignung* gründlicher studiert und seine Wichtigkeit betont würde. Verbunden mit der Eignung sind im allgemeinen Neigung und Funktionslust.

Eine vierte Gruppe von Zielen hat ebenfalls mit der Leistung zu tun, jedoch nicht im Zusammenhang mit Eignung oder Bestleistung. Wichtig sind hier statt dessen die *moralische Genugtuung*, angemessene Arbeit geleistet zu haben, und im Zusammenhang damit das Erwarten von Erfolgen. *Erfolge* der Leistung im Sinne von *Anerkennung, Stellung, Einkommen* stellen das Hauptziel dieser Gruppe dar. Das heißt, in dieser Gruppe handelt es sich um Ziele von Menschen, für die der Beruf, beziehungsweise die Arbeit, mehr ein Mittel zum Zweck ist als ein Zweck in sich selbst. Bedürfnisbefriedigung und schöpferische Expansion verwirklichen sich bei dieser Gruppe nicht in dem, was sie schaffend hervorbringen können, sondern in Möglichkeiten persönlicher Entfaltung, die Nebenprodukte ihrer Arbeit sind.

Wenn man die in diesem Fall vorliegende Motivation – es sei hier an die Untersuchung von Herzberg, Mausner und Snyderman erinnert (Seite 142) – »niedere« Arbeitsmotivation genannt hat, so ist dies nur richtig vom Standpunkt einer möglichst idealen Arbeitsleistung. Vom menschlichen Standpunkt stellen die Erfahrungen persönlichen Erfolges ebenso grundlegende Lebensziele dar wie die Erfahrung gelingender, wenn möglich schöpferischer Leistung. Menschen, die nur schaffen und leisten wollen, ohne sich um Anerkennung, Stellung und Einkommen zu kümmern, sind gewöhnlich weltfremde Personen, in deren persönlichem Leben irgend etwas nicht ganz stimmt.

Kommen schon hier Faktoren *menschlicher Beziehungen* ins Spiel, so ist dies in noch höherem Maße der Fall in der fünften Gruppe von Arbeitszielen. In dieser Gruppe wird das bei Gelegenheit der Arbeit verwirklichte Streben betont, mit anderen oder für andere zu schaffen.

Als ein sechstes Ziel, das in unseren Beispielen nicht zum Ausdruck kam, sei wenigstens erwähnt: die Nutzbarmachung von Situationen des *Arbeitsmarkts* und von *Konjunkturen,* das heißt von temporär gegebenen Gelegenheiten, mit hohem Gewinn zu arbeiten.

Siebentens nannten wir als ein heute selten gewordenes Teilziel von Berufswahlen die Lust am *Abenteuer,* am Überstehen von Gefahren oder das Erleben von unerwartetem Neuen in der Welt.

Und achtens haben wir schließlich einen Blick auf die zahlreichen Arten von *Berufsverfehlungen* geworfen, deren verschiedene Ursachen an Hand von Beispielen besprochen wurden, insbesondere unter Berücksichtigung ungünstiger emotionaler Einwirkungen von Eltern. Es ist eine bedauerliche Tatsache, daß viele, vielleicht die meisten Menschen keine Gelegenheit zur Berufswahl im eigentlichen Sinne haben. Sie sind zu arm, zu unwissend, oder sie leben fernab in einem entlegenen Winkel – das heißt in Lebenslagen, von denen aus kein Weg sie hinaus in die Freiheit der Selbstbestimmung führt. Auf der anderen Seite sind viele in der modernen Industrie verlangte Arbeiten zu mechanisch, als daß sie zu persönlichem Ausdruck und zu Leistungsbefriedigung im eigentlichen Sinne Gelegenheit geben könnten. Aus diesen Gründen werden heute denn auch von vielen Arbeitgebern die Faktoren der Anerkennung, der Stellung, des Lohns und Gehalts mit großer Sorgfalt behandelt, um eine persönliche, wenn auch im Sinne der Arbeit sekundäre Leistungsbefriedigung zu ermöglichen.

Für den jedenfalls, der Bewegungsfreiheit hat, würde es zu tieferer Lebensbefriedigung beitragen, wenn er der Frage seiner Eignung besondere Aufmerksamkeit und sorgfältigere Überlegungen widmen würde, bevor er seine endgültige Berufswahl trifft.

VIII Sexualität und Liebe, Ehe und Familie

1. Sexualität und Liebe

Wird die auf Erfolg gerichtete Zielsetzung in erster Linie in Arbeit und Beruf befriedigt, so wird andererseits Glück vor allem von der Liebe und der Ehe erwartet. Die hier gemeinte Liebe impliziert Sexualität, und die Ehe impliziert im allgemeinen auch die Familie, Kinder also.

Es ist nun bemerkenswert, wie sehr die Erreichbarkeit dieses Glücks als eine normalerweise zu erwartende Entwicklung gilt, während in Wirklichkeit das Gelingen einer sexuell voll befriedigenden und gleichzeitig von Liebe erfüllten Beziehung zu den schwierigsten Entwicklungsaufgaben überhaupt gehört.

Freud sah die letzten Ursachen aller Neurosen in sexuellen Problemen und betrachtete eine normale Befriedigung des *Sexualtriebs* als entscheidend für ein gesundes und befriedigtes Leben. Wenn auch die klinisch Erfahrenen verschiedenster psychotherapeutischer Schulen heute nicht mehr völlig mit diesem extremen Standpunkt übereinstimmen, so kann sich doch keiner der Tatsache verschließen, welch fundamentale Rolle der Sexualität im Leben des Menschen zukommt: Der Aufbau eines seelisch gesunden und befriedigenden Lebens bei gleichzeitig befriedigter Sexualität oder gar ohne solche gehört, sofern er überhaupt gelingt, zu den schwersten Aufgaben, vor die ein Mensch sich gestellt sehen kann. Diejenigen, die dies abstreiten, sind sich im allgemeinen nicht darüber klar, wie seelische Gesundheit exakt zu definieren ist und welche (von ihnen nicht erkannten) neurotischen Tendenzen sie selbst haben.

Mancher Leser mag an dieser Stelle fragen, warum die Sexualität angeblich eine so zentrale Rolle im Leben spielt. Die Antwort ist: Die Art der *Hingabe* in einer wechselseitig glücklichen *Sexual- und Liebesbeziehung* ist offenbar deshalb so einzigartig, weil sie in einzigartiger Weise den Menschen eröffnet, ihm hilft, aus sich selbst heraus zu geben, während er gleichzeitig etwas bekommt, das ihn »anfüllt« und erfüllt: »Mehr als Nahrung, als Sonne mich füllt«, sagte ein Patient zu mir. »Nichts füllt mich, und ich bin leer, wenn ich nicht liebe.«

Entscheidend bei alledem ist, daß eine Bindung von Sexualität *und* Liebe erfolgt: Befriedigung durch Sexualität ohne Liebe impliziert einen Mangel, Befriedigung durch Liebe ohne Sexualität impliziert ein Versagen, ob freiwillig oder auferlegt. Fragen über diese Zusammenhänge werden in der Psychotherapie fast dauernd aufgeworfen.

Bedauerlicherweise sind sich nur wenige Menschen dieser Zusammenhänge klar bewußt und schenken in ihrer Reaktion auf mögliche Partner den *beiden* zum »Glück« beitragenden Komponenten dieser Grundbeziehung des Lebens nicht genügend Beachtung. Oder wenn sie es tun, so schieben sie oft den einen oder anderen Faktor als weniger wichtig beiseite.

»Physisch zieht er mich nicht so an, aber als Mensch bin ich völlig verliebt in ihn«, erklärte eine Befragte im Interview.

Oder eine von Jaides siebzehnjährigen Arbeiterinnen sagt: »Ich liebe ihn gar nicht so, aber das geschlechtliche Zusammenkommen ist immer schön.«

Eine andere der Befragten antwortete: »Ich kann mich nicht daran gewöhnen, nur einen Mann zu haben. Ich probiere immer jeden aus – an einer Stelle im Friedhof, wenn ich mich nach Hause bringen lasse, aber keiner konnte mich richtig befriedigen.« Dieses Mädchen ist sich offenbar nicht klar darüber, daß ihre mangelnde Gefühlsbeteiligung ihre physische Reaktion beeinträchtigt.

Das mangelnde Verständnis für die eben dargelegten Zusammenhänge ist zu einem nicht geringen Teil die Folge der extremen Einseitigkeit, mit der Freud und, mehr als er selbst noch, viele seiner Anhänger die Rolle gesehen haben, die die Sexualität spielt. Zahlreiche Hörer Freuds und seiner Schüler und nicht minder viele Leser ihrer Bücher und Aufsätze wurden abgeschreckt – fast alles Menschen, die bei einsichtigerer Behandlung dieser Frage hätten gewonnen werden können. So stiftete die den wirklichen Verhältnissen nicht gerecht werdende Gleichsetzung von Liebe und Sexualität in Freuds Analyse eine heute noch immer nicht beseitigte Verwirrung und reizte zum Widerspruch, der jedoch nicht wirksam werden konnte, weil er für lange Zeit der Sachkenntnis entbehrte.

Dieser Mangel an Sachkenntnis bei den nicht-analytischen Gruppen beruhte auf der Tatsache, daß bis vor relativ kurzer Zeit niemand, mit Ausnahme der Analytiker selbst, Tiefeneinsichten an Fällen gewinnen konnte. Erst seitdem auch Nicht-Analytiker für psychologische Behandlungen ausgebildet und für diese Therapie zugelassen wurden und seitdem Carl Rogers in den vierziger Jahren in bahnbrechender Weise auf Tonband aufgenommene Behandlungsverläufe den Psychologen zugänglich machte, konnten theoretisch unvoreingenommene Untersuchungen von Motivationen vorgenommen werden.

Aber selbst jetzt stößt man noch auf Widerstand gegen eine freie Erörterung des Problems der Sexualität. Das liegt daran, daß die Allgemeinheit überall noch zu wenig in objektiver Selbstwahrnehmung und im Unterscheiden der eigenen echten und unechten Reaktionen geschult ist und dadurch die Einsicht in die eigenen Widerstände und Repressionen beeinträchtigt wird.

So sind noch immer Befangenheit und Verlegenheit im Spiel, wenn es zur Besprechung sexueller Fragen kommt, und nach wie vor vermögen nur wenige Eltern über diese Dinge mit ihren Kindern sachlich unvoreingenommen zu diskutieren. Noch ist das Problem der Sexualerziehung der Jugend von Dunkel und Verwirrung umgeben.

Immerhin ist festzustellen, daß man heute verschiedenenorts Versuche zur Lösung der beiden Probleme – der Erziehung zu Selbstwahrnehmung und Selbstverstehen sowie der Aufklärung über sexuelle Vorgänge und über die Rolle der Sexualität im Leben –

unternimmt. Das erste Problem wird in der ständig weiter um sich greifenden Gruppentherapie und im Sensitivitätstraining behandelt, das zweite Problem in Unterrichtsstunden an den Schulen wenigstens im Hinblick auf einige Grundtatsachen angegangen.

Eine Schwierigkeit, die allgemein empfunden wird, ist die nach dem »Wie« der *sexuellen Aufklärung.* Um diese Frage endlich adäquat zu lösen, kommen in zunehmendem Maße Eltern und Lehrer zu Diskussionen zusammen. Der klinische Psychologe, der weiß, welch katastrophale seelische Probleme sich bei Jugendlichen aus Unwissen und infolge brutaler »Aufklärung« durch Unberufene ergeben, kann diese neue Bewegung zur Lösung der schwierigen Frage angemessener Sexualerziehung nur begrüßen.

Ein Hauptproblem der Sexualerziehung junger Menschen besteht darin, daß es auf diesem Gebiet heute keinerlei allgemeingültige *Normen* gibt. Wer im Ideengut bestimmter kirchlicher Institutionen aufgewachsen ist oder aufwächst oder wer sich der Autorität bestimmter festumrissener moralischer Traditionen beugt, der wird – wenigstens prinzipiell – das Verbot vorehelicher sowie außerehelicher Sexualbeziehungen akzeptieren. Demgegenüber gibt es sodann aber eine große Anzahl von Menschen, ob Jugendliche, ob Erwachsene, die sich nicht mehr vorschreiben lassen wollen, wie sie zu leben haben, und die einen eigenen Standpunkt finden wollen. Diese Menschen suchen, wenn sie es ernst nehmen, nach Regeln, die sich aus dem Studium gesunder oder kranker Entwicklungen ergeben könnten. Oder sie suchen nach anderweitigen neuen moralischen Gesichtspunkten. Oder, wenn sie es nicht ernst nehmen, tun sie einfach, was sie gern tun wollen und was andere auch tun.

Den letzten Eindruck gewinnt man, wenn man zum Beispiel W. Jaides Buch »Die junge Arbeiterin« liest. Für einen großen Teil dieser Mädchen ist es einfach selbstverständlich, daß sie sexuelle Beziehungen haben. Ein kleinerer Teil zögert, entweder weil sich solche Mädchen an ein Prinzip halten oder weil sie nur gefühlsmäßig eine konservative Haltung einnehmen.

Eine siebzehnjährige Arbeiterin der ersten Gruppe sagt zum Beispiel im Interview: »Ich brauche einen Mann ins Bett. In S. hatte ich immer welche, aber hier bin ich vom Pech verfolgt. G. hat einen Macker für mich. Er soll gut aussehen und hat einen tollen Wagen. Er sucht ein Mädchen. Ich muß mir Mühe geben, ihm zu gefallen. Die Augen sollen sprechen, die Figur soll ihn reizen. Ein Wickelpullover ist für alle Fälle so praktisch, ich müßte dazu einen Rock haben, der vorn und hinten einen Schlitz hat, beinahe bis zum

Bauchnabel. Der weibliche Oberschenkel reizt doch besonders –
haben Sie das noch nicht gehört?«
Eine andere Arbeiterin der entgegengesetzten Gruppe, ebenfalls
siebzehn Jahre alt, sagt: »Solange sie nur einen Kuß wollen, ist es
nicht so schlimm, aber wenn sie unverschämter werden, knalle ich
ihnen eine.«
Diesen Arbeiterinnen gegenüber muten die von Waltraut Küppers
in ihrer Tagebuchsammlung (1964) zum Ausdruck gelangenden
Mädchen an, als stammten sie aus einer anderen Welt. Das
Problem »Sexualität« meiden sie völlig; es wird nicht einmal als
Problem, geschweige denn im Zusammenhang mit etwaigen Bedürfnissen berührt. Ihre Beziehungen zum anderen Geschlecht
werden in vagen Beschreibungen, gelegentlich in emotionalen,
sexuell gefärbten Ausbrüchen dargestellt und bleiben in ungelösten
Spannungen. Einige Beispiele mögen dies belegen.
»Es war zwischen uns fast eine elektrische Spannung oder ein
Bannkreis, um den wir uns in unseren Gesprächen herumbewegten,
sorglich achtgebend, daß keiner hineintapste ... Wie es in mir
brauste, die Freude, das Glücklichsein, das Blut, wenn ich spürte,
wie F. mich beim Tanzen hielt und führte. Jenes Höchste, es war
wieder erregend nah, angstvoll bedrückend, weil es die heißerstrit-
tene Ruhe raubt.« (Gabriele Reich, 17 Jahre, 1947.)
»Küssen, ist das eine Sünde? Gestern abend spürte ich, wie sich
F. in der Gewalt hat, und daß er immer so bleiben wird, voll einer
tiefen unbewußten Reinheit. Das bindet mich wohl am meisten an
ihn.« (Gabriele Reich, 18 Jahre, 1948.)
»Abends im Bett überkam mich plötzlich, als wir, Anne und ich,
uns über A. unterhielten und von Liebe und Ehe sprachen, eine
grauenhafte Angst vor einer unsichtbaren, dunklen, in den Abgrund
stürzenden Macht, die mich nicht wieder losließ. Ich hätte früher
zusammenschauern mögen, wenn ich an sie dachte. Durch A.s Hilfe
werde ich wohl wieder den rechten Weg finden, und Kurt wird mir
beistehen.« (Hanna Bender, 19 Jahre, 1949.)
»Ich bin nun von dieser Sehnsucht gefangen, und wie man auf dem
Meer doch vor Durst das tötende Wasser trinkt, so berausche ich
mich an Dingen, die mir Verderben und Schmerz bringen. Ich
sehne mich nach einem Menschen und kann nicht umhin, immer
an ihn zu denken, je mehr ich aber an ihn denke, um so größer ist
das Verlangen nach ihm. Aber ich werde nicht verzweifeln, denn
ich leide Trost und ertrage Hoffnung ... Mein ganzes Innere ist
erfüllt mit dem Du.« (Ute Wagner, 19 Jahre, 1958.)
Das sich in all diesen Äußerungen Jugendlicher bekundende

Problem ist – abgesehen von den bereits erwähnten Fragen der Norm, an die man sich halten soll – das Verwirrende in der Komplexität der sowohl körperlichen wie seelischen Bedürfnisse. Die Entwicklung dieser beiden Faktoren in der Pubertät beginnt bekanntlich als getrennt voneinander.

Die physischen Bedürfnisse, denen zum großen Teil zunächst durch Masturbation abgeholfen wird, führen aus Drang sowie aus Neugier zu Sexualspielen mit Partnern, wobei schließlich ein Sexualakt stattfindet oder aber vermieden wird.

Die seelischen Bedürfnisse andererseits entwickeln sich parallel und oft völlig getrennt von den körperlichen Antrieben. Diese seelische Komponente besteht gewöhnlich in einem schwärmerischen Anbeten oder oberflächlichen Verlieben, dem erst in der späteren Pubertät die Reifung zu eigentlichem Lieben folgt.

Die von einem Jugendlichen Angebeteten und die, welche ihn sexuell stimulieren, sind meistens verschiedene Personen. Das Erreichen der Vollreife besteht im Zusammenfließen dieser beiden Ströme von Bedürfnissen. Die physischen und die seelischen Bedürfnisse zu einer Einheit zu bringen, ist für manche Menschen nur unter sehr engen Bedingungen möglich, das heißt in der Begegnung mit einem unter wenigen etwaigen Partnern, so daß die Verwirklichung ihrer Sehnsucht sehr erschwert ist. Von vielen erhofft, aber von relativ wenigen erreicht wird daher eine die Tiefen und Höhen menschlichen Erlebens erfassende und umfassende Leidenschaft, in der Sexualität und Liebe miteinander verschmelzen.

Wir sagten, daß infolge des Fehlens einer Norm ebenso wie der rechten Führung viele Jugendliche *unsicher* und *verwirrt* sind hinsichtlich der Angemessenheit ihres sexuellen Verhaltens und des Ausdrucks ihrer Liebesgefühle. Schlimmer aber als Unsicherheit und Verwirrung sind *neurotische Fehlhaltungen*, die sich auf diesem Gebiet gewöhnlich in der Pubertät anzeigen.

»Die Männer sind alle nur auf ein und dasselbe aus. Man muß ihnen aus dem Wege gehen«, predigte Hildes *Mutter, deren sexuelle Frigidität ihren Mann bald nach Beginn ihrer Ehe abgestoßen und schließlich aus dem Hause getrieben hatte. Sie predigte es so unablässig und erfolgreich, daß Hilde noch in der Mitte der Dreißig nie einem Mann nahegekommen war und nun über der Leere ihres Lebens zusammenbrach.*

Oder aber: »Auf die Männer ist keinerlei Verlaß. Eine Frau muß sich darauf vorbereiten, auf eigenen Füßen zu stehen«, sagte Almas *Mutter, deren Mann ihr Vermögen verspielt hatte.* Alma

deutete dies so, daß sie sich beruflich selbständig machte, um sich
auf diese Weise für ihre Ehe die Unabhängigkeit zu sichern.

Andere Vorgänge, die dem Kind das Zerwürfnis in der Ehe der
Eltern vor Augen führen, sind gleichfalls geeignet, die gesunde
Entwicklung der Sexualbedürfnisse und der Liebesfähigkeit zu
beeinträchtigen.

Noch ungünstiger ist, wie Freud es richtig gesehen und wie ein
halbes Jahrhundert psychotherapeutischer Arbeit es bestätigt hat,
der Einfluß einer liebearmen Mutter-Kind-Beziehung auf die
Hingabefähigkeit des Heranwachsenden. In der *Mutterliebe* erfährt und lernt der Mensch von Anfang seines Lebens an, was
Liebe ist. Und wenn das Baby diese wenn auch noch nicht zielgerichtet bewußt erstrebt, so wendet es sich ihr doch unbewußt zu
wie einer unentbehrlichen Nahrung und wie der Sonne. Und schon
von früh an reagiert es auf diese Liebe mit seinem eigenen Gefühl.
Es besteht heute nicht der geringste Zweifel mehr daran, daß in
der Grundbeziehung zwischen Mutter und Kind das Fundament
gelegt wird für die Liebesfähigkeit eines Menschen.

In den Lebensgeschichten solcher Personen, die sich als Kinder
nicht geliebt fühlten, finden wir stets Hinweise auf diesen Mangel
ihrer Kindheit. Unbestreitbar ist warme Mutterliebe, besonders
wenn sie mit *verständnisvoller Führung* gepaart ist, das erste
»Glück«, das dem Menschen beschieden sein kann.

Von Linda hörten wir, wie das Bewußtsein der Liebe ihrer Mutter
sie ihr ganzes Leben lang begleitete (Seite 34 f. und 71 f.). Diese
Liebe war so erwärmend und so voller Verständnis, daß sie die
rauhe, autoritäre Art des Vaters in den Schatten stellte.

Besonders glücklich war die Kindheit von Ina, einer jetzt nahezu
fünfzigjährigen Frau, die in einer süddeutschen Stadt aufgewach-
sen war. Was mir an Ina auffiel, als ich sie kennenlernte, war die
Art, in der sie von ihren Eltern sprach; sie war gerade zu Besuch
bei ihnen, die in einer anderen Stadt Süddeutschlands lebten als
Ina und ihre Familie. Der Ton war warm und liebevoll, ohne
Abhängigkeit und Unterwürfigkeit anzuzeigen. Besonders unge-
wöhnlich an ihrem Bericht schien mir, daß sie und ihre Eltern sich
gegenseitig immer so viel Interessantes zu erzählen hätten, wenn
sie sich zwei- oder dreimal im Jahr besuchten.

Meistens nämlich findet man – sieht man von ausgesprochen
schlechten und gelangweilten Eltern-Kind-Beziehungen bei Erwachsenen ab – das Gefühl der Pflicht und einer höflichen, manchmal gegenseitig herablassenden Teilnahme vorherrschen. Eltern
und ihre erwachsenen Kinder haben sich oft wenig zu sagen, der

Abstand der Generationen distanziert sie, und es wird nur selten über sehr intime Angelegenheiten gesprochen. Solche auf mangelndem Verständnis beruhende Distanz beginnt, falls nicht schon in der Kindheit, so doch in der Pubertät, wenn die Sexualreifung der Heranwachsenden eine Aussprache erwünscht macht, der jedoch, wie wir gesehen haben, die meisten Eltern nicht gewachsen sind.

Ina betonte, daß sie von jeher mit den Eltern wie mit ihren besten Freunden reden konnte und daß gerade diese Vertraulichkeit das außerordentliche gegenseitige Interesse wachhielt, selbst bei abweichenden Ansichten, wie sie gelegentlich vorkamen.

So waren zum Beispiel, als Ina heiraten wollte, ihre Eltern von der Persönlichkeit des Mannes nicht so eingenommen, wie sie es sich gewünscht hätte. Egon war etwas laut und aggressiver, als es den Eltern gefiel; auch hätten sie lieber einen Schwiegersohn mit etwas besserem gesellschaftlichem Herkommen und besserer Schulbildung gesehen. Doch sie akzeptierten die Wahl ihrer Tochter und zeigten sich Egon gegenüber liebevoll und wohlwollend. Denn er war offenbar der Mann, auf den Ina als den für sie richtigen ansprach.

Auf ihrer Beziehung zu den Eltern beruht für Ina ihre glückliche Lebenseinstellung und letztlich auch ihr gelungenes und glückliches Leben. Mit ihrem Mann verband sie die Wärme und Offenheit, die sie zu Hause gelernt hatte. Seine gelegentlichen Zornesausbrüche nahm sie mit Gelassenheit hin, weil sie ihnen keine tiefere Bedeutung beimaß. Seiner Aggressivität trat sie entgegen, wenn sie Schaden anzurichten drohte. In den Beziehungen des manchmal hitzig reagierenden Vaters zu seinen Söhnen war sie die Ausgleichende. All dies hinderte sie nicht, ihr Leben als außerordentlich reich und geglückt zu empfinden; sie war froh, daß sie so viel Liebe geben konnte und fast immer auch empfing. Und anderen eine Freude zu machen, wurde von Ina als für sie selbst beglückend empfunden.

Ein entgegengesetztes Beispiel von Liebesunfähigkeit bietet der Fall von Britta.

Brittas Eltern waren kurz nach Brittas Geburt aus Schweden nach Amerika eingewandert. Mit etwas erspartem Geld eröffneten sie in einer Stadt des Mittelwestens ein kleines Gasthaus. Die Frau kochte, der Mann servierte; ihre Arbeit nahm sie voll in Anspruch. Nie waren sie zu Hause; die Tochter mußte sich als Kleinkind in der Ecke eines an die Wirtsstube angrenzenden Raumes allein beschäftigen. Das wurde auch nicht besser, als Britta in die Schule kam und später die Handelsschule besuchte: Nach dem Unterricht war sie in der elterlichen Wohnung stets sich selbst überlassen. Britta kann sich kaum entsinnen, mit ihrem Vater je irgendein Gespräch geführt zu haben. Ihre Mutter war zwar stets sehr redselig, aber was sie sagte, blieb ganz unpersönlich. Die gesamte Kindheit hindurch fühlte Britta sich sehr einsam; sie beneidete die Nachbarskinder, die ihre Mütter zu Hause hatten und jederzeit zu ihnen laufen konnten.

Ihren Mann lernte Britta kennen, als dieser einen Freund begleitete, der eine Mitschülerin von der Handelsschule abholte. Harold stammte ebenfalls aus Schweden. Er war damals zum Militär eingezogen und hatte gerade Urlaub. In seiner Uniform sah er sehr gut aus. Für Britta war er der erste Mensch, der ihr Beachtung schenkte, und der erste Mann, der mit ihr ausging. Prompt verliebte sie sich in ihn.

Bald nachdem Harold aus dem Felde heimgekommen war, heirateten sie. Britta wurde sofort schwanger. Harold erhielt eine Anstellung als Buchhalter bei einer großen Firma, die ihn in einen ihrer Zweigbetriebe in eine andere Stadt versetzte, so daß das junge Paar kurz nach seiner Verheiratung umziehen mußte.

Britta, die schon in ihrer Heimatstadt kaum Freunde gehabt hatte, war in der neuen Umgebung völlig verloren. Sie hatte keinerlei Ahnung, wie sie zu Bekanntschaften kommen konnte. So einsam und ohne jede innere Verbindung, wie sie bei ihren Eltern gelebt hatte, blieb sie auch jetzt: Obwohl in Harold verliebt, war sie völlig unfähig, sich ihm hinzugeben und auf seine Versuche, ihr näherzukommen, einzugehen. Sie blieb unzugänglich – kein Wunder also, daß Harold enttäuscht war über ihre sexuelle Frigidität und ihre auch sonst kalte Art. Selbst das Kind konnte Britta und Harold nicht einander näherbringen, obwohl sie beide durchaus interessierte Eltern waren und Britta sich viel mit ihrem Kind befaßte, dabei allerdings hauptsächlich auf das körperliche Wohl des Kindes bedacht war. Seelisch blieb sie auch hier verschlossen. Mehr und mehr wurde sie sich dessen bewußt, daß sie weder ihren Mann noch ihr Kind glücklich machte. In zunehmendem Maße stellten sich Depressionen und die verschiedensten Krankheitssymptome ein. Ihrem Arzt war es zu verdanken, daß sie schließlich in psychotherapeutische Behandlung gelangte.

Interessanterweise ist mir ein vollkommen paralleler Fall bekannt, der um eine Generation zurückliegt. Damals gab es natürlich noch keine Psychotherapie; die Frau beging schließlich aus Melancholie Selbstmord.

Entscheidend an diesen Fällen ist, daß die Unfähigkeit dieser Frauen, zu lieben und sich seelisch wie körperlich aufzuschließen und hinzugeben, sie selber ebenso unglücklich macht wie die Ihren. Und all das ist, so wird der Leser fragen, die Schuld der Eltern, die es offenbar selbst nicht besser wußten? Ja und nein. Zweifellos ist ein Elternhaus, wie Britta es hatte, außergewöhnlich ungünstig. Jedoch lernen wir immer wieder Fälle kennen, bei denen sich Kinder von dem Einfluß ihrer unmittelbaren Umgebung befreien und sich Zugang zu anderen Menschen verschaffen, seien es Nachbarn, Lehrer oder Mütter anderer Kinder, mit denen sie Freundschaft anzuknüpfen verstehen.

Allerdings setzt dies zweifellos eine besonders günstige Veranlagung oder andere günstige Umgebungsfaktoren voraus, und deshalb ist eine solche Selbstbefreiung des Kindes meist kaum zu erwarten. Von einem Erwachsenen jedoch sollte man heutzutage erwarten, daß er sich der Folgen einer ungünstigen Kindheit bewußt wird und Hilfe beim Psychotherapeuten sucht, wenn er sich selbst nicht zu helfen vermag.

2. Die Ehe

Die beiden zuletzt besprochenen Fälle führen uns von der Sexualität und der Liebe zur Betrachtung der *Ehe*. Sie zeigen uns die Weiterentwicklung der vorehelichen Persönlichkeit in der Ehe.

Viele Menschen meinen nicht nur, daß die Liebe einem in den Schoß fällt, sondern daß dann auch in der Ehe sich alles von selbst regeln und aufs schönste ordnen wird, wenn man sich in einem Gefühl, das man für Liebe hält, verheiratet. Und sie sind höchst erstaunt, wenn man ihnen mitteilt, daß die Ehepartner an ihrer Ehe arbeiten müssen, um sie zum Gelingen zu bringen.

»Arbeiten? Was ist damit gemeint?« so fragen sie. Gemeint ist, daß die Eheleute lernen müssen, sich miteinander *auszusprechen* und ihre notwendigerweise oft in vielem verschiedenen Lebensauffassungen miteinander zu durchdenken.

Die fast allgemein verbreitete Annahme, daß man sich bei gutem Willen verstehen werde oder daß man – wie fast alle Frauen glauben – den Partner beeinflussen und ändern könne, daß sich also ohne besondere Bemühungen die Harmonie einstellen werde – diese Annahme muß als naiv anmuten, wenn man sich klarmacht, wie ungewöhnlich komplex die Probleme der ehelichen Lebensführung sind.

28 Die glückliche
körperlich-seelische
Verbindung von
Sexualität und Liebe
erfüllt die größte
Erwartung
des Lebens

Die Ehe, diese entscheidende Zweierbeziehung des Lebens, wird heutzutage von manchen für eine veraltete Institution gehalten. Die Vertreter dieser Ansicht denken dabei meist an die vielen Scheidungen, die vielen unglücklichen Beziehungen, die vielen in der Ehe unbefriedigt bleibenden Bedürfnisse und ungelöst bleibenden Probleme.

Trotz alledem aber ist das Drängen in die Ehe nach wie vor so stark, wie es stets war, wenn nicht sogar stärker. Der Grund hierfür ist die alte und immer wieder neue Hoffnung, in der Ehe ein Zueinandergehören, ein Verstehen, einen Rückhalt, ein Geborgensein zu finden, wie es sie für den Erwachsenen in keiner anderen Lebensbeziehung gibt. Die Angst, allein in der Welt stehen und sich allein behaupten zu müssen, und die Verlorenheit, die Einsamkeit dieses Alleinseins halten viele Menschen in einer auch keineswegs glücklichen Ehe gebunden.

»Was hätte ich denn, wenn ich mich von Jerome scheiden ließe«, rief Etta aus, als eine Freundin sie wieder einmal fragte, warum sie sich so viel von ihrem Mann gefallen lasse. »Ich wäre eine Frau ohne Ehemann. Was würde das für mich bedeuten?«

Allein leben zu müssen, das bedeutet in der Tat für viele einen Schrecken sondergleichen. Nicht ohne Grund klagen die meisten Witwen über ihr Alleinsein, selbst wenn ihnen in der Ehe durchaus nicht das erhoffte Glück beschieden gewesen war.

Trotz allem, was gegen die Ehe gesagt wird, ist sie ohne Zweifel die wichtigste *Zweierbeziehung* oder *Dyade* des Lebens, von deren Gelingen in gewissem Grade die günstige Entwicklung des gesamten Lebens nach der Heirat abhängt.

Diese Behauptung mag extrem klingen. Es liegen jedoch genug biographische und klinische Befunde vor, welche die fundamentale Rolle dieser Beziehung im Leben bekunden. Normalerweise mündet die zufällig geschlossene oder durch bewußte Wahl entschiedene Zweierbeziehung in die Ehe ein.

Wenn man die (wahrscheinlich überwiegend häufigen) Fälle des teilweisen oder völligen Mißlingens dieser Beziehung mit denen des Gelingens vergleicht, dann wird einem die ganz außergewöhnliche Komplexität der für das Gelingen zu erfüllenden Bedingungen klar. Die Menschen von heute erwarten sich ungeheuer viel von der Ehe. Soll sich aber die Ehe auch nur einigermaßen befriedigend entwickeln, so sind dafür mehr Faktoren unerläßlich als für jede andere Lebensbeziehung.

Vier dieser Faktoren sollen hier kurz behandelt werden. Es sind dies die *seelisch-körperliche Beziehung*, die *Persönlichkeitsbezie-*

29 Vielfältig sind die Faktoren, die zum haßerfüllten Streit der Ehegatten und zur Zerrüttung der Ehe führen (Aus dem Film »Wer hat Angst vor Virginia Woolf?«)

hung, die Art der *praktischen Lebensführung* und schließlich die Rolle der *Werte* und *moralischen Überzeugungen*.

Erstens hängt die wirklich glückliche Entwicklung der für das Erwachsenenleben grundlegenden Zweierbeziehung offenbar davon ab, daß in ihr sowohl das Bedürfnis nach *Liebe* wie auch das nach *Sexualität* befriedigt wird. Wie bereits dargelegt, ist dies unglücklicherweise viel seltener der Fall, als man allgemein annimmt und als die Heiratenden es erwarten.

Die Psychiatrie, speziell die Psychoanalyse, vertrat zwar von jeher den Standpunkt, daß seelisch gesunde Menschen ungehemmt auf die sexuelle Erregung durch nahezu jeden Partner zu reagieren imstande sein sollten. Diese These ist jedoch, wie wir schon besprachen, als für komplizierte moderne Menschen problematisch anzusehen. Es ist zwar richtig, daß ein immer noch sehr hoher Prozentsatz von Frauen neurotisch gehemmt und bei jedem Partner frigide ist. Jedoch gibt es offenbar wohl so etwas wie eine physische Affinität oder Nicht-Affinität, die keineswegs immer mit personaler Gefühlsnähe parallel geht. Die Komplexität dieser Faktoren verhindert oder fördert die körperliche Verschmelzung zweier Individuen weitaus stärker als alle Effekte mehr oder weniger geschickter Manipulationen, die lehrbar sind.

Ist jedoch wirklich durch eine glückliche körperlich-seelische Verbindung die größte Erwartung des Lebens erfüllt, so können sich dann noch immer beim ehelichen Zusammenleben andersartige Probleme einstellen. Damit kommen wir zum zweiten der von uns als für das Gelingen der Ehe unerläßlich bezeichneten Faktoren: Die Schwierigkeiten können sich aus den unvorhersehbaren Folgen des Aufeinanderprallens der zwei *Persönlichkeiten* ergeben, die trotz ihrer Leidenschaft füreinander nicht miteinander auszukommen vermögen, sondern durch gewisse Eigenschaften und Verhaltensweisen sich gegenseitig unglücklich machen.

Blanche und Randolf waren ein psychophysisch außerordentlich gut zueinander passendes und eng miteinander verbundenes Paar. Trotzdem hatten sie in ihrer nun seit dreißig Jahren bestehenden Ehe unter ständiger Zwietracht und Sorge infolge des Zusammenpralls ihrer Persönlichkeiten zu leiden. Blanche, die in ihren Mann noch immer verliebt war und ihn in vieler Hinsicht sehr bewunderte, beklagte sich all die Jahre hindurch über seine Herrschsucht ihr gegenüber und über die mangelnde Verbindlichkeit, ja den Hochmut, mit dem er andere Menschen behandelte. Und Randolf, der gleichfalls ohne seine Frau nicht hätte existieren können, war ständig gereizt dadurch, daß sie seinem angeblich besseren Urteil in Lebensfragen widersprach und außerdem die Beziehungen zu Menschen aller Art viel zu wichtig nahm, indem sie diese mit seiner Ansicht nach übertriebener Rücksichtnahme behandelte.

In einem Fall wie diesem spielen die Schwächen und neurotischen Tendenzen zweier Partner sich gegenseitig in die Hände. In anderen Fällen können es lediglich Gewohnheiten und das Alltagsbenehmen sein, womit zwei Eheleute sich gegenseitig auf die Nerven gehen. Oder es erschweren tiefergehende Neigungen, Abneigungen und sonstige Charakterzüge das Zusammenleben.

Ein Großteil, vielleicht sogar der größte Teil derer, die sich ineinander verlieben, kennen einander als Menschen überhaupt nicht, und die meisten Liebespaare wissen wenig oder gar nichts über die in ihnen liegenden Potentialitäten, aufgrund deren sie sich dann später in so unerwarteter Weise voneinander fortentwickeln. Dieses Auseinanderleben ergibt sich besonders häufig im Zusammenhang mit der *praktischen Lebensführung* sowie den Werten und Überzeugungen zweier Partner.

Bekanntlich beruht eine Ehe nicht nur auf der gelungenen Zweierbeziehung als solcher, sondern sie beinhaltet darüber hinaus eine gemeinsame praktische Lebensführung. Dieser dritte für das Gelingen der Ehe wesentliche Faktor umfaßt seinerseits wiederum eine Vielzahl von Bedingungen, die Führung von Haushalt und Wirtschaft ebenso wie all das, was sich auf die Familiengründung, also die Kinder, auf das Aufbauen des Berufes, das Verfolgen von Interessen, auf die Pflege gesellschaftlicher Beziehungen und vielerlei anderes erstreckt.

Es mutet wie ein Wunder an, daß bei der Fülle dieser *gemeinsam* zu lösenden Lebensaufgaben zwei Menschen jemals dauernd harmonisch zusammenwirken können – und natürlich ist es in der Tat nur relativ selten der Fall.

Denn so sieht die Wirklichkeit aus: Viele Menschen heiraten, ohne sich darüber klar zu sein, daß sie hinsichtlich ihres Einkommens und damit der Mittel für den gemeinsamen Haushalt ganz unterschiedliche Erwartungen haben. Was der Mann zu verdienen in der Lage ist, wie die Frau die Wirtschaft führt – das kann böse Enttäuschungen mit sich bringen. Nicht übereinstimmende gesellschaftliche, kulturelle und sonstige Interessen können die Ehegatten weit auseinanderführen. Und es kommt sogar vor, was man kaum für möglich halten sollte: daß die Ehepartner sich vor der Heirat nicht darüber geeinigt haben, ob sie Kinder haben wollen oder nicht.

Nicht ganz selten fand ich, daß die Berufstätigkeit der modernen Frau zu einem nicht vorhergesehenen Stein des Anstoßes wird.

Erinnern wir uns des Falles von Arnold und Anita (Seite 111 f.). Sie liebten einander sehr. Arnold war stolz darauf, daß seine Frau nicht nur sehr schön war, sondern als Sängerin eine offenbar sehr vielversprechende Karriere begonnen hatte. Er identifizierte sich mit ihr, die den für ihn unerfüllbar gebliebenen Wunschtraum einer künstlerischen Laufbahn verwirklichen konnte.

Nach einiger Zeit jedoch wurde das anders. Er verübelte es ihr, wenn sie beruflich auf Reisen ging, er wurde eifersüchtig auf den Beifall, den sie allenthalben fand. Er glaubte sich durch ihre gemeinsamen Freunde vernachlässigt, denn als Geschäftsmann war er nicht sonderlich unterhaltsam. So fühlte er sich als Märtyrer, der hart arbeiten mußte und die Hauptlast der Mittel für den Haushalt zu tragen hatte.

Dadurch, daß er seinen Ärger immer mehr an seiner jungen Frau ausließ, machte er diese tief unglücklich. Hatten sie nicht beide vor der Eheschließung besprochen, wie wichtig ihr der Gesang und ihre künstlerische Karriere waren? Hatte Arnold nicht ihre Pläne ausdrücklich gebilligt?

Erbittert entgegnete Arnold, er habe nicht voraussehen können, wie sehr ihm Anitas Lebensführung und Erfolge auf die Nerven gehen würden. Er könne sie einfach nicht mehr ertragen. Anita ihrerseits war sich dessen bewußt, daß sie mit ihrer ausgezeichneten Stimme Aussicht auf eine große Karriere hatte; in der Entwicklung ihrer Potentialitäten empfand sie eine zu große Befriedigung, als daß sie diese hätte aufgeben können.

Das Zerwürfnis endete mit der Scheidung, die beide tief unglücklich machte.

Der Fall von Arnold und Anita zeigt sehr deutlich die Unvereinbarkeit der Potentialitäten und Ambitionen zweier Partner. Häufig sind aber auch Fälle sehr viel trivialerer Art, etwa Zwistigkeiten wegen des Haushaltsgeldes und der Verwaltung des Einkommens. Deshalb wird heute in der *Eheberatung* der Frage, wie sich die *Interessen* der Partner miteinander vereinbaren lassen, besondere Aufmerksamkeit gewidmet. Das ist sehr wichtig insofern, als moderne Forscher, die sich mit den Problemen von Ehe und Familie befassen, einen der Gründe für den Verfall des Familienlebens darin sehen, daß die Interessen der Familienangehörigen, soweit es sich um Freizeitbetätigungen handelt, unterschiedlich sind.

Einen vierten wesentlichen Faktor, der die Bildung der Einheit des Paares fördern oder hindern kann, stellen *moralische,* oft auch *religiöse Überzeugungen* dar.

Von den häufigen Schwierigkeiten dieser Art seien einige hervorgehoben. So wird die Vorstellung von der »*doppelten Moral*« heute zunehmend zum Eheproblem – jene durch Jahrhunderte in der westlichen Kultur gültige Auffassung, daß dem Mann sexuelle Freiheit auch noch innerhalb der Ehe zuzubilligen sei, der Frau jedoch auf keinen Fall. Dieser Standpunkt wird von modernen Frauen, die eine volle Einheit mit ihrem Mann suchen, im allgemeinen abgelehnt.

Es kann aber auch, ohne die doppelte Moral ins Spiel zu bringen, von dem einen Ehepartner der Anspruch auf *sexuelle Freiheit* vertreten werden, während der andere die Verpflichtung gegenüber dem Partner für ausschließlich erklärt. Sieht man von der etwaigen Bindung durch das Sakrament der Ehe ab, so zeigt sich in der verschiedenen Auffassung des Prinzips der ehelichen Treue der Grad des Verpflichtetseins, das ein Mensch auf sich nimmt.

Die strikte Auffassung ehelicher Verpflichtung oder aber das Fehlen einer solchen kann sich dann natürlich auch auf anderen Gebieten äußern, etwa in der Gewissenhaftigkeit, mit der die Versorgung der Familie betrieben wird, im Einstehen für den Partner und in anderem mehr.

Aber auch viele sonstige moralische und religiöse Überzeugungen können zu Eheproblemen werden. Zwei Beispiele mögen zwei verschiedene Situationen beleuchten.

Flora, jetzt in den Vierzig, war seit zwanzig Jahren verheiratet. Damals, als sie sich in ihren Mann verliebt hatte, machte er sie dadurch glücklich, daß er sie, ein kluges und gesellschaftlich höher stehendes Mädchen, sehr bewunderte. Erst in der Ehe aber entdeckte Flora, daß Ewald *denkbar unehrlich war. Sie fand dies heraus, als sie Einblick in seine geschäftliche Buchführung nahm, die alles andere als korrekt war. Aber nicht nur das: Seine Angestellten nützte er rücksichtslos aus, nicht selten verhielt er sich ihnen gegenüber ausgesprochen hinterhältig. Unehrlich war Ewald auch zu Flora: Einen Teil seiner Einnahmen verheimlichte er ihr. Mit tiefem Gram mußte sie im Laufe der Jahre gestehen, daß dieser Mann, dem sie physisch nicht widerstehen konnte, sie wahrscheinlich aus dem gleichen Eigennutz geheiratet hatte, mit dem er alle anderen Menschen behandelte.*

Zu Floras Zusammenbruch und dann auch zum Zusammenbruch der Ehe kam es, als sie entdeckte, daß Ewald ihr die einzige Tochter nach und nach entfremdet hatte und sie zu einer frühen Ehe mit dem Sohn eines intimen Geschäftsfreundes veranlaßte. Raffiniert wie ihr Vater, ließ Eva *ihre Feindseligkeit die Mutter nur gelegentlich spüren, dann aber in immer stärkerem Maße, indem sie ihre Mutter mehr und mehr von ihrem persönlichen Leben ausschloß. Flora mußte sich schließlich eingestehen, daß sie in ihrer Familie isoliert dastand, daß man sie beiseite geschoben hatte; jetzt erst wurde ihr völlig klar, daß sie sich Illusionen über ihre Beziehungen zu einem Partner gemacht hatte, für den ihre Liebe keinerlei Wert bedeutete und von dessen Auffassung über Moral die ihre durch Welten getrennt war.*

Häufiger vielleicht als extreme moralische Gegensätze dieser Art finden wir heutzutage Eheprobleme, die sich aus religiösen Konflikten und Entfremdungen ergeben.

Mathilde, *jetzt vierunddreißig, heiratete Anfang der Zwanzig einen Mann, mit dem sie sich in Liebe verbunden fühlte. Da sie aus einer streng katholischen Familie stammte, war die Eheschließung für sie erst dann möglich, als* Emil *zum Katholizismus über-*

*trat. Sie hatten zwei Kinder; Mathilde hielt sich für glücklich in
ihrem Glauben und in ihrer Ehe.*

*Emil jedoch war ein unruhiger Mensch. Er behauptete, er brauche
mehr Bewegungsfreiheit; viele Abende verbrachte er außer Haus,
meist gemeinsam mit Freunden in Lokalen. Nach einiger Zeit
hörte Mathilde, daß man Emil gelegentlich auch mit anderen
Frauen gesehen habe.*

Wir haben Mathildes Fall bereits auf Seite 134 kurz besprochen;
hier wollen wir ihn noch einmal eingehender betrachten.

*Mathildes Versuche, eine Aussprache herbeizuführen, schlugen
fehl. Emil wich ihr aus. Da er sie auch sexuell immer mehr mied,
mußte sie sich allmählich eingestehen, daß er sie nicht liebte oder
zumindest nicht mehr begehrte. Acht Jahre vergingen in dieser
Weise, bis es schließlich doch zu einer Aussprache kam. Emil erklärte, er habe Mathilde eigentlich nie geliebt; sie sei ihm zu ernst
und langweile ihn. Er habe eine besser zu ihm passende Frau
gefunden und verlange die Scheidung. Empört und unglücklich
zugleich erwiderte Mathilde, daß sie als Katholiken sich doch nicht
scheiden lassen könnten; sie hätten ja aufgrund ihres gemeinsamen
Glaubens geheiratet. Schroff entgegnete Emil, daß er sich nur
ihretwegen habe taufen lassen – ihm sei am Katholizismus überhaupt nichts gelegen.*

*Mathilde, welche die Verpflichtungen ihrer Kirche gegenüber sehr
ernst nahm, war völlig gebrochen. Sie sah sich zu dem bitteren
Entschluß gezwungen, entweder in die von ihrem Mann verlangte
Scheidung einzuwilligen und danach ohne jede Möglichkeit einer
neuen Ehe weiterzuleben oder aber an einer völlig zerrütteten Ehe
festzuhalten, die praktisch ohnehin die Trennung von ihrem Mann
bedeuten würde. Sie gab ihrem Mann schließlich nach und ließ
sich scheiden, in der Hoffnung auf eine Annullierung ihrer Ehe
durch die Kirche, die diese ihr jedoch nicht gewährte. Emil heiratete
sofort eine andere Frau, was für Mathildes Weiblichkeit eine tiefe
Demütigung bedeutete. Schlimmer aber und ein in ihrer Lage fast
unlösbares Problem war für sie ihre gestörte Beziehung zu ihrer
Kirche und zu ihrer Familie, die sie mit Vorwürfen überschüttete,
sowie die tiefe Beunruhigung über ihre eigene Zukunft.*

Die im vorangehenden geschilderten Schwierigkeiten sind selbstverständlich nur einige unter den vielen, die eine Ehe bedrohen.
Individuelle Interessen, Beziehungen zu Familienmitgliedern und
anderen Menschen, die Erziehung der Kinder – all das sind ebenfalls Bereiche, die Zwist und Uneinigkeit entstehen lassen können.
Vieles von dem, was geschehen kann, ist weder voraussagbar noch

vermeidbar. Zwei Menschen können nicht ihr Leben lang in einer so engen Beziehung, wie die Ehe es ist, zusammenleben, ohne daß Probleme und Konflikte entstehen. Die Frage ist vielmehr, ob die *Grundlage der Ehe* dergestalt ist, daß die Probleme konstruktiv gelöst werden können, und die Gemeinschaft wertvoll genug erscheint, erhalten zu bleiben.

Hier sehe ich das Hauptproblem so vieler Ehen, die aufgrund einer oft genug bald wieder vorübergehenden wechselseitigen Anziehung unüberlegt geschlossen werden, bei jungen Leuten häufig nur, um von Hause wegzukommen, bei älteren, um ein weiteres Alleinsein zu beenden.

Grundsätzlich kann, so glaube ich, zweierlei gesagt werden. Erstens scheint mir, daß dann, wenn die Grundlage einer Ehe eine tiefe, wechselseitig befriedigende seelisch-körperliche Liebesbeziehung ist, es meist möglich, aber auch wünschenswert ist, Probleme zu lösen und Konflikte zu bereinigen. Einen Fall dieser Art lernten wir bei Randolf und Blanche kennen, die allerdings psychologischer Hilfe für ihre Auseinandersetzungen bedurften.

Ob die seelisch-physische Einheit gelingt, ist kaum vorauszusagen. Jedoch ist eine ganze Reihe von Diskrepanzen zwischen zwei Menschen der Art, wie wir sie besprochen haben, voraussagbar, sofern sie systematisch durchdacht werden. Das ist besonders notwendig, wenn eine Ehe mehr auf der rationalen Grundlage einer wünschenswerten Lebensbeziehung geschlossen wird als auf der Basis von Liebe.

Hierbei werden heute vielfach *Eheberater* konsultiert; diese sind aufgrund ihrer Erfahrungen in der Lage, auf viele der genannten Faktoren, so besonders auf Lebensgewohnheiten der Partner sowie auf das Zusammenpassen der jeweiligen Interessen aufmerksam zu machen. Die vielen Scheidungen gerade in unserer Zeit und die hier dargestellten Eheprobleme weisen jedoch darauf hin, daß ein psychologisches Durchdenken der Faktoren des Ehelebens – mit oder ohne Hilfe – bisher noch nicht häufig genug erfolgt. Bei solchem gründlichen Durchdenken wäre ein Vermeiden unlösbarer Probleme, wie wir sie bei verschiedenen der hier berichteten Fälle kennengelernt haben, möglich gewesen. Ein wirklicher Fortschritt in dieser Richtung wird sich allerdings erst dann einstellen, wenn die Allgemeinheit eine bessere Ausbildung in der Selbstwahrnehmung sowie in der Wahrnehmung anderer erhalten hat.

3. Die Familie

Die meisten Menschen wünschen sich früher oder später Kinder. Besonders Frauen halten Kinder für einen wichtigen, wenn nicht den wichtigsten Beitrag zu ihrem Glück. Hierbei richten sich Hoffnung und Erwartung begreiflicherweise immer auf gesunde und gut geratene Kinder. Wird ein Kind mit körperlichen oder geistigen Defekten geboren oder mißrät seine Entwicklung, so bedeutet das stets tiefen Gram, den viele Menschen nicht zu überwinden vermögen.

Worin liegt das Glück, das die Eltern sich von ihren Kindern erwarten? Als erste und seelisch gesündeste Erwartung betrachten wir den elterlichen Wunsch, ein junges Wesen zum *Lieben* und zum *Heranziehen* zu haben. Es ist eine gesunde Freude, ein Leben heranwachsen und sich entwickeln zu sehen, es zu pflegen, zu betreuen, zu belehren, ihm die Welt zu eröffnen.

Als wesentlich erscheint mir zweitens, daß der Nachwuchs der *eigene* ist, sei es durch Geburt oder durch Adoption. Das Gefühl, daß das Kind das »eigene« ist, bedeutet für die meisten Menschen die Voraussetzung ihrer vollen Identifikation mit dem Kind – Identifikation im Sinne des Gefühls, dies Kind ist ein Teil von mir; was ihm zustößt, erlebe ich, als wenn es mir selber geschähe; ich will es verstehen, ich will mit ihm fühlen. Es gibt Menschen, die sich in dieser Weise auch mit einem Kind identifizieren können, das ihnen nicht »gehört«, etwa eine in einem fernen Land lebende Kriegswaise, für die sie sorgen. Andererseits gibt es Menschen, die sich nur mit einem aus ihrem Fleisch und Blut stammenden Kind identifizieren, vielleicht gar nur ein solches lieben können.

Eine dritte auf das Kind sich erstreckende Lebenserwartung ist, daß auch dieses *Kind sich mit den Eltern identifiziert* und sie liebt und anerkennt. Hierbei bestehen allerdings große Unterschiede in dem, was Eltern sich von der inneren Verbundenheit und der »Dankbarkeit« ihrer Kinder erwarten.

Eine vierte, teilweise mit der dritten verbundene Erwartung der Eltern ist, daß *das Kind ihr eigenes Leben fortsetzt:* Die Eltern mögen zufrieden sein, einen guten Menschen in die Welt gesetzt zu haben, der in ihrem Sinne gut und anständig lebt. Oder sie mögen erwarten, daß das Kind ein Werk fortsetzt, einem berühmten Namen Ehre macht, eine gesellschaftliche Stellung aufrechterhält und so den Eltern ein über ihr eigenes Dasein hinaus sich erstreckendes Weiterleben sichert. Dann gibt es aber auch Eltern, die wollen, daß ihr Kind etwas erreicht, das sie selber vergeblich erstrebt haben und nicht erreichen konnten: Das Kind ist ihnen ein erweitertes Selbst.

In der Vielzahl dieser Erwartungen liegt freilich die Möglichkeit zahlreicher Fehlentwicklungen beschlossen.

Was das *Lieben* und *Heranbilden* eines jungen Menschen betrifft, so kann sich dies als schwieriger und mühevoller erweisen, als junge Eltern annehmen. Gewiß – heute versuchen viele Eltern, sich einige Kenntnisse von der körperlichen Pflege und der Erziehung des Kleinkindes zu verschaffen, doch sind sie oft bereits ratlos, wenn sich die ersten kindlichen Ansprüche melden. Zwar wissen sie gelegentlich aus der kinderpsychologischen Forschung, daß der frühkindliche Trotz eine notwendige Phase der Ich-Entwicklung des Kindes darstellt, die nicht unterdrückt, sondern durch gelegentliche Nachgiebigkeit unterstützt werden soll; doch gibt es über dieses spezielle Problem hinausreichende allgemeinere Fragen der Erziehung, für welche die beste Lösung noch nicht völlig sichergestellt ist.

Ein Grund hierfür ist die allgemeine Unsicherheit unserer Zeit hinsichtlich der Werte und Überzeugungen, hinsichtlich dessen, woran wir glauben können und wofür wir leben sollen. Lebenswerte und Überzeugungen, die, von den vorangegangenen Generationen her übermittelt, als gesichert festzustehen schienen, sind vielfach ins Schwanken geraten. Was aber sollen Eltern angesichts solch allgemeiner Unsicherheit tun?

Eine Einsicht kann wohl als definitiv bezeichnet werden: Die Zeit der autoritären Haltung ist vorbei. Niemand kann heute mehr seine *Autorität* mit sonderlichem Erfolg geltend machen, und wenn jemand es innerhalb gewisser lokaler und kultureller Grenzen noch tun will und kann, so unterwirft er sich und seine Umwelt rückständigen Prinzipien. Statt dessen wird wohl ziemlich allgemein die Erziehung zu innerer Freiheit und Unabhängigkeit des Denkens allem anderen vorangestellt.

Daraus folgt eine zweite Einsicht: Eltern sowohl wie Lehrer haben Erfolg in dem Maße, in dem sie es verstehen, die Selbständigkeit des Heranwachsenden zu fördern. Hierbei ist die Frage nur, wieviel und welche Art von Selbständigkeit auf welchen Altersstufen?

H. G. Ginott hat kürzlich ein ausgezeichnetes kleines Buch für Eltern geschrieben, »Between Parents and Child« (»Zwischen Eltern und Kind«), mit dem Untertitel »Neue Lösungen zu alten Problemen«. Das ist es tatsächlich, was dieses Buch gibt. Da ist zum Beispiel ein ebenso kurzes wie vielsagendes Kapitel über »Verantwortlichkeit und Unabhängigkeit«. Der Autor sagt darin, wie viele Eltern ihr Kind zu Verantwortlichkeit aus ihrem eigenen Bedürfnis zu erziehen versuchen, so daß es die Freiheit, die man ihm gibt, nicht mißbraucht. Er weist darauf hin, wie viele Eltern glauben, die Erziehung zur Verantwortlichkeit erfolge dadurch, daß dem Kinde gewisse Pflichten auferlegt werden, etwa die Pflicht zu körperlicher Reinlichkeit, die Pflicht, seine Sachen sauber und in Ordnung zu halten, die Pflicht zu gewissenhafter Erledigung der Schulaufgaben, die Pflicht zu Höflichkeit usw. Ein Kind, so sagt Ginott, mag alle diese Dinge tun, wie man sie ihm aufgibt, und kann auf anderen Gebieten doch unverantwortliche Entschlüsse fassen. Der Grund dafür ist der, daß es nur Gehorsam ganz bestimmten Geboten gegenüber gelernt, nicht aber innere Wertprinzipien entwickelt hat.

Wie kann dies geschehen? Der Autor erörtert den psychologischen Prozeß, der abläuft, wenn ein Mensch seine Verantwortungen in der Welt verstehen und übernehmen lernt. Als erstes, so zeigt er, ist es notwendig, daß das Kind lernt, sich seine eigenen Gefühle klarzumachen, sie zu verstehen. Und genau dies in der Tat ist eines der Hauptprinzipien moderner Psychotherapie.

Ähnlich einem modernen Psychotherapeuten sollen moderne Eltern versuchen, dem Kind zum Ausdruck und zur Erkenntnis seiner Gefühle zu helfen mit Fragen wie: »Du scheinst heute einen schlechten Tag zu haben?« oder »Irgend etwas macht dich wohl heute ärgerlich?« Diese Art, helfend auf das Kind einzuwirken, empfiehlt Ginott den Eltern anstelle jener alten und veralteten Ermahnungen, das Kind müsse böse Gefühle unterdrücken, indem man etwa zu ihm sagt: »Ein gutes Kind haßt seinen kleinen Bruder nicht« oder »Du bist ein gutes Kind, bloß steckt ein kleiner Teufel in dir, der so bös ist.«

Eltern, die sich berichten lassen, wie ein Kind wirklich fühlt, können ihm dann auch helfen, allmählich andere Grundhaltungen einzunehmen, etwa das Verstehen anderer, das Mitgefühl mit anderen und dergleichen. Diesem einsichtigeren Kind, das mit einem gewissen Abstand von sich selber gelernt hat, seine Beweggründe, Gefühle und Handlungen klarer zu sehen, kann man dann schon früh erlauben, selbst zu wählen und mitzubestimmen in Fragen, die es selber betreffen, Fragen also der Kleidung und des Essens, der besten Zeit für die Schularbeiten, der Musikstunden, der Höhe des Taschengeldes, der Wahl von Freunden, der Pflege von Tieren im Haus und anderer häuslicher Pflichten.

Wie auch von europäischen Soziologen, zum Beispiel von H. Schelsky und L. Rosenmayr, betont wird, sind heute die Jugendlichen ihren Eltern im allgemeinen nähergerückt, als sie es in der vorigen Generation waren. Dies hängt mit dem Zurücktreten der autoritären Erziehung zusammen, außerdem aber auch mit dem zunehmend stärker werdenden richtunggebenden Einfluß, den heute *Altersgenossen* aufeinander haben. Was die neue Vertraulichkeit zwischen den Generationen möglich macht, ist die nicht auf Urteil und Verurteilung eingestellte Haltung der Älteren, wenn diese es sich zur Regel gemacht haben, vorurteilslos und sachlich ruhig zuzuhören und Verständnis für die Jugendlichen, ebenso wie schon für die Kinder, aufzubringen.

Dies aber ist, wie gesagt, etwa die Haltung, wie der moderne Psychotherapeut sie einnimmt: Er hört sich geduldig, sachlich und ohne Wimpernzucken jede Art von Bericht an. Das bedeutet jedoch keineswegs, daß er alles hinnimmt ohne die Absicht, eine Verbesserung zu bewirken. Nur erwägt er nachdenkend, wie er mit Takt und Vorsicht abweichende Gesichtspunkte so vorbringen kann, daß er den Patienten zum Nachdenken veranlaßt und ihn eventuell zu überzeugen imstande ist.

Geduldig und sachlich zuhören; behutsam und mit Takt andere Gesichtspunkte darlegen und so zum Nachdenken bringen und, wenn möglich, überzeugen – genau das ist es, was die ältere Generation vom Psychotherapeuten lernen sollte, wenn sie mit der Jugend spricht. Schwierig ist dies allerdings zugegebenermaßen bei dem Teil der heutigen Jugend, der offen rebelliert und ein tiefes Mißtrauen gegen die ältere Generation hegt – gegen jeden, wie man häufig als Schlagwort hört, der »älter als dreißig« ist.

Niemand weiß genau, welchen Prozentsatz diese rebellierende Jugend darstellt, die sich in den verschiedensten Ländern regt. Mein Eindruck ist, daß sich in dieser Gruppe Jugendliche mit sehr unterschiedlichen Arten von Unbehagen, Ansprüchen, Beschwerden und Anklagen zusammenfinden. Viele spielen ein persönliches Problem zu einem allgemeinen auf und vertreten die Ansicht, der Jugend sollten viel größere Freiheiten zugestanden werden. Nicht nur in Haartracht und Kleidung wollen sie die »Alten« schockieren; auch Gefährlicheres, etwa absolute sexuelle Freiheit ebenso wie uneingeschränkte Freiheit im Gebrauch von Rauschgiften, wird von ihnen als Zeichen der Anerkennung ihrer individuellen Rechte verlangt. Oft verbirgt sich aber hinter solchen Ansprüchen viel Einfacheres: eine tiefgehende Sehnsucht nach mehr Interesse und Verständnis seitens der Erwachsenen.

Sharon, *die fünfzehnjährige älteste Tochter einer kinderreichen konservativen amerikanischen Professorenfamilie, sei als Beispiel*

*angeführt. In der Pubertät schwankte sie zwischen Liebe zu ihren
Eltern und Haß auf sie, von denen sie sich nicht verstanden und
nicht genau beachtet glaubte. Ihrer Meinung nach hatte sie viel
mehr Pflichten und relativ weniger Freiheiten als ihre jüngeren
Geschwister. Sie geriet in einen Kreis rebellierender Jugendlicher,
die Marihuana rauchten, sich an Rauschgiften versuchten und sich
sexuelle Freiheiten nahmen.*

*Sharons Mutter wandte sich völlig von der Tochter ab, erklärte,
sie sei ein mißratenes Ding, und wollte sie in ein strenges Internat
stecken. Der Vater hingegen versuchte, mit Hilfe eines Psychologen,
Sharons Probleme mit ihr durchzusprechen. Über die Gründe ihrer
Aufsässigkeit und über die Ziele, die sie verfolgte, äußerte sich
Sharon nur sehr konfus. Mit großer Geduld vermochte ihr Vater
sie allmählich spüren zu lassen, daß es für ihn zwar schwierig sei,
sie wirklich zu verstehen, daß er sie aber als seine Tochter liebe
und an sie glaube. Er wolle ihr beistehen, mit Hilfe des Psychologen sich selbst zu verstehen und sich zu einer Lösung ihrer Probleme durchzuarbeiten. Sharons Reaktion war, daß sie ihrem Vater
für seinen Glauben an sie dankte. So kam es schließlich zu einer
Vertrautheit zwischen Vater und Tochter, wie sie vordem nicht
bestanden hatte.*

Das Lebensziel, den Glauben des sie liebenden Vaters an sie zu
rechtfertigen, und das Bewußtsein, daß er sie für einen wertvollen
Menschen hielt, spielten bei Sharon eine wichtige Rolle. Und
ähnlich wird es bei vielen Jugendlichen sein, die auf der Suche
nach neuen Lebensformen sind.

Eltern, die ihrem Kind nahestehen und es verstehen wollen, leiden
besonders unter den Schwierigkeiten, die sie haben, wenn sie der
neuen Generation gerecht werden wollen. Heute vor allem, wo
Kinder in so außerordentlich jungen Jahren bereits Kenntnisse erwerben und Erfahrungen machen, die früher völlig außerhalb
ihres Bereiches lagen, ist es für viele Eltern ungewöhnlich schwer,
die richtige Reaktion auf Dinge zu finden, die ihre Kinder beschäftigen.

Simone de Beauvoir läßt in ihrem neuesten Roman »Die Welt der
schönen Bilder« eine Zehnjährige ihre Mutter fragen: »Warum
leben die Menschen?« Beide Eltern zerbrechen sich den Kopf, ohne
eine Antwort zu finden, die das Kind befriedigt. Für die Mutter
wird ihr Versagen angesichts dieser Fragen zu einem nahezu
zentralen Problem. Es ist ein treffendes Beispiel für einen ungewöhnlich hohen Grad der Identifikation einer Mutter mit ihrer
Tochter.

Handelt es sich in diesem Fall hauptsächlich um ein Sich-Ein-fühlen in das Kind, so wird die Identifikation eines Elternteils mit seinem Kind dann zum Problem, wenn das Kind als eine Art *Besitz* betrachtet wird. Damit entsteht nämlich eine sehr ungünstige Situation für die Entwicklung des Kindes sowie für die Beziehung zwischen Eltern und Kind: Rebellion oder aber sklavische Ab-hängigkeit ist die Folge.

Ebenso ungünstig ist es, wenn die Eltern von dem Kind erwarten, daß es sich vollkommen mit ihnen identifiziert. Eltern, die extreme Dankbarkeit und vollkommene Übereinstimmung als selbstver-ständlich empfundene *Nachfolge* erwarten, werden, wie bei der zunehmenden Verselbständigung der jüngeren Generation nicht anders zu erwarten, fast immer enttäuscht.

Dies gilt auch nicht minder häufig für Eltern, die ihren ganzen Ehrgeiz darein setzen, von ihrem Kind ihr eigenes *Werk* fortgeführt zu sehen, den Namen, die Stellung der Familie oder dergleichen. Viele Väter hoffen, daß ihr Sohn erreicht, was sie selbst nicht zu erreichen vermochten.

Einen solchen Fall haben wir im dritten Kapitel dargestellt (Seite 30 f. und 80 f.). Brunos Vater war von dem brennenden Wunsch besessen gewesen, Arzt zu werden. Da ihm die Mittel gefehlt hat-ten, das teure und lange Studium zu absolvieren, war er entschlos-sen, seinen einzigen Sohn auf das ehrgeizige Ziel hin zu erziehen; dabei stellte Brunos Vater sich nie die Frage, ob der Sohn die für diese Berufsausbildung notwendige Begabung überhaupt besaß, so wie er dies auch niemals für sich selbst in Betracht gezogen hatte.

Während der Vater nie in die Lage gekommen war, sich den Be-weis zu erbringen, sah Bruno sich nach kurzer Studienzeit vor die ernüchternde Tatsache mangelnder Begabung gestellt. Und da er von früher Kindheit an in der bestimmten Erwartung gelebt hatte, seines Vaters und seinen Wunschtraum zu verwirklichen, war es kein Wunder, daß er unter der Enttäuschung zusammen-brach.

Ähnlich wie die Ehe – das ist die Lehre, die wir aus unseren Bei-spielen und Überlegungen ziehen müssen – gestaltet sich auch die Eltern-Kind-Beziehung nicht ohne weiteres zu einem glücklichen Verhältnis. Dazu bedarf es vielmehr des gründlichen Nachdenkens, des verständnisvollen Einfühlens und sorgfältiger, liebevoller Betreuung.

IX   Erwartungen hinsichtlich des eigenen Selbst

.Im allgemeinen sind sich die Menschen nicht dessen bewußt, daß
sie, was ihr eigenes Selbst anlangt, mehr oder weniger bestimmte
Erwartungen haben.
Bevor wir uns aber fragen, was diese Erwartungen denn beinhal-
ten, wird es nützlich sein, einen Moment darüber nachzudenken,
was dieses Selbst eigentlich ist.

1. Definition des Selbst

Mit den Betrachtungen dieses Abschnitts wenden wir uns an den
mehr theoretisch interessierten Leser, während andere diesen Abschnitt vielleicht überschlagen können.
Ganz offenbar ist das Selbst nicht sichtbar oder fühlbar, wie unser
Körper es ist. Und es läßt sich auch nicht so definitiv lokalisieren
wie unser Verstand, von dem wir wissen, daß er seinen Sitz im
Gehirn hat. Mehr noch: Sogar die Existenz dieses Selbst ist umstritten. Es gibt nämlich Psychologen, besonders solche der Psychoanalytischen Schule, die bestreiten, daß es ein »Selbst« gibt. Sie
sprechen, wie Heinz Hartmann es klar darlegt, von dem »Selbst«
als der Person, als die man sich sieht. Dieses Selbst wird, wie
Gardner Murphy ausführt, vom Individuum im Laufe des Lebens
allmählich aufgebaut. Es existiert nur als das Bild, das man von
sich hat.
Nach Sigmund Freud sind die tatsächlich existierenden und funk-
tionierenden Instanzen der Persönlichkeit das Es, das Ich und das
Über-Ich, drei verschiedene Strukturen der Persönlichkeit, die
man in aller Kürze vielleicht am besten als unbewußte Triebe,
bewußte Bemeisterungstendenzen und Gewissensmahnungen bezeichnen kann. Wo und wie man sich den Sitz dieser Instanzen
vorstellen soll, ist allerdings nicht weniger problematisch als die
Annahme eines Selbst als eines zentralen Systems.
Das *Selbst als ein zentrales System* – dies ist die Annahme, die
ich selber und einige andere Vertreter der als Humanistische Psychologen bezeichneten Gruppe machen: daß nämlich Richtung und
Ziele der Persönlichkeit als eines Ganzen von einem zentralen
System her bestimmt werden. Dieses zentrale System oder der
Kern der Persönlichkeit muß natürlich als im Gehirn lokalisiert
angenommen werden. Es repräsentiert das, was schon Brentano,
Husserl und andere vor Beginn der dynamischen Psychologie als

die *Intentionalität* der Persönlichkeit bezeichnet haben, worunter Gerichtetheit und Zielsetzung zu verstehen ist. In diesem Sinn wurde der Begriff von mir selber wiederaufgenommen (1933) wie auch von Rollo May (1953) vertreten. Auch Gordon Allport (1961) unterscheidet ein richtungsetzendes Zentrum des Selbst von dem Bilde des Selbst, das ein Mensch von sich hat und aufbaut.

Vom Standpunkt der Humanistischen Psychologie können hierbei Freuds Kategorien eingebaut werden; während zweifellos ursprünglich wegweisend, sind diese Freudschen Kategorien auch noch heute akzeptabel und nützlich, sofern man sich darüber klar wird, daß sie die Sachlage unvollständig und einseitig in Richtung des Pathologischen überbetont erfassen. Dies sei in Kürze diskutiert.

Was zunächst das *Es* betrifft, das der Vertreter unbewußter Triebe ist, so stellen diese Triebe nach Freud das einzige *primäre* Zielstreben dar. Das heißt, ursprünglich und letztlich will der Mensch angeblich nur Triebbefriedigung.

Das *Ich* und das *Über-Ich* sind *sekundäre* Instanzen, das heißt, sie funktionieren nur gezwungenermaßen. Das Ich fordert vom Individuum, daß es sich der Wirklichkeit anpaßt und Wunschvereitelungen akzeptiert. Das Über-Ich verlangt,. daß das Individuum sich den Geboten der Gesellschaft unterwirft und im Sinne der Gesellschaft das »Rechte« tut.

Gegen diese Theorie lassen sich viele Einwände erheben. Nur einige der in unserem Zusammenhang wichtigsten seien vorgebracht. Wichtig ist zunächst der von mir an anderer Stelle (1959, 1968) gebrachte Nachweis und Hinweis auf die Tatsache, daß der Mensch von Beginn des Lebens an mehr Grundtendenzen hat als nur die, seine Triebe zu befriedigen. Wie schon an früheren Stellen dieses Buches dargelegt, ist bereits das Neugeborene von Anfang an nicht nur eingestellt auf Bedürfnisbefriedigung – wie wir das nannten –, sondern es paßt sich auch an, ist auf schöpferische Betätigung hin gerichtet, und es strebt nach Ordnung und Integration. Das heißt, es hat außer der Tendenz zur Triebbefriedigung von Anfang an eingebaut Strebungen nach Anpassung an die gegebene Reizwelt sowie nach Bemeisterung dieser Reizwelt und seiner eigenen Bewegungsimpulse, nach aktiv gestaltender Betätigung in der Umwelt und nach Regulation und Organisation seiner inneren Welt.

Beobachtungen an Neugeborenen beweisen, daß Anpassung an Umweltgegebenheiten und deren Bemeisterung nicht erst erfolgen, wenn Frustrationen und Wunschvereitelungen erlebt werden. Vielmehr benutzt das Kleinstkind seine täglich zunehmende Bemeisterung dazu, sich aktiv in eine Außenwelt zu begeben, die es normalerweise als eine positive akzeptiert, das heißt als eine, in der es Interessantes erleben und Interessantes tun kann. Welcher Beobachter eines lustvoll lauschenden oder seine Klapper schwingenden Babys wird hier eine negative Reaktion finden können? Hartmann versucht, diesen Beobachtungen dadurch gerecht zu werden, daß er Wahrnehmungen und Bewegungen absondert von anderen Reaktionen auf die Realität. Nach seiner Theorie kommen Wahrnehmungen und Bewegungen ohne vorherige Wunschvereitelungen zustande, weil sie unemotionale und konfliktfreie Verhaltensweisen sind. Diese beiden Behauptungen kann der Kinderpsychologe allerdings bestreiten; jedoch würde diese Diskussion hier zu weit führen.

Genügen muß hier die Feststellung, daß wir aufgrund unserer Beobachtungen die *Realität* für ein normalerweise positives Erlebnis halten. Nur dem Neurotiker erscheint die Wirklichkeit, in der sich zurechtzufinden er Schwierigkeiten hat, als eine ihm dauernd Versagen auferlegende und Probleme stellende Gegebenheit. Auch dem gesunden Menschen bietet das Leben weit mehr Enttäuschungen und Frustrationen, als er freiwillig auf sich zu nehmen bereit wäre. In solchen Fällen erlebt er die Realität als negativ – und unter diesen Umständen treffen Freuds Beobachtungen zu.

Weiterhin bestreiten wir, daß das *Gewissen,* wie Freud es für das Über-Ich behauptet, Recht und Unrecht nur im Gefolge der von der Gesellschaft auferlegten Ordnung unterscheidet. Was geschieht, so fragte schon Karen Horney, wenn ein Mensch in einer kranken Gesellschaft lebt? Soll er Recht und Unrecht im Sinne dieser Gesellschaftsordnung sehen? Offenbar hat sich das Urteil der modernen Welt mit Entschiedenheit gegen eine solche Abhängigkeit ausgesprochen. Jeder Mensch ist sich selber verantwortlich, und normalerweise muß sein Gewissen ihm sagen, was Recht und was Unrecht ist.

Neben solcher Urteilsfähigkeit ist dem Menschen noch eine weitere Fähigkeit mitgegeben. Er weiß nämlich genau, ob er mit seinem Leben das für ihn Richtige tut und getan hat oder nicht – das für ihn Richtige im Sinne der Verwirklichung seiner Potentialitäten.

Daß diese jedem, auch dem nicht besonders geschulten Menschen mögliche Einsicht eine Tatsache ist, gehört zu den bemerkenswertesten Entdeckungen der modernen Psychotherapie, über die wir sogleich noch Näheres ausführen werden.

An dieser Stelle mag die theoretische Feststellung genügen, daß das Streben nach Verwirklichung der besten Potentialitäten als im Menschen angelegt betrachtet werden kann und daß die Erkenntnis der Verfehlung in dieser Richtung vom Gewissen einer Person ebenso vermerkt wird wie anderes Unrechttun.

Damit wird natürlich nicht die Tatsache ausgeschlossen, daß ein Mensch bei neurotischer Unterdrückung seiner wahren Gefühle es nicht zur Kenntnis nimmt, wenn er Unrecht tut.

2. Was Menschen sich für ihr Selbst erwarten

Zunächst will ein Mensch, daß er sich selbst *gern hat* oder gut leiden mag. Dies könnte wie eine Aufforderung zur Eigenliebe klingen: »Was erzählen Sie uns da?« wird vielleicht der eine oder andere Leser fragen. »Wollen Sie uns einreden, daß wir in uns selber verliebt sein sollen?« Keineswegs. Zwischen dem »Sich-gern-Haben« und jener Verliebtheit in sich selbst, die seit Freud als Narzißmus bezeichnet wird, besteht ein großer Unterschied. Ein narzißtischer Mensch ist eitel und eigensüchtig und stellt sich selbst allen anderen voran. Der Mensch dagegen, der seinen Angelegenheiten mit dem Grundgefühl nachgeht, daß er sich selber gut leiden mag, erlebt nichts anderes als ein gewisses Wohlbehagen hinsichtlich seiner eigenen Lebens- und Handlungsweise.

Vielleicht wird der Leser besser verstehen, was gemeint ist, wenn wir ihn daran erinnern, wie schwer zu ertragen Augenblicke waren, in denen er sich nicht leiden konnte oder gar sich *haßte*. Ich glaube, jeder hat gelegentlich Grund zu Gefühlen des Selbsthasses: wenn man irgendeine unnötige Unfreundlichkeit begangen oder auf törichte Weise gute Chancen verpaßt hat, wenn man griesgrämig dahinlebt, während man andere guten Mutes sieht, oder anderes mehr.

In Interviews hört man oft, wie sehr Menschen sich hassen, und zwar nicht nur notwendigerweise wegen begangenen Unrechts, sondern auch allgemein deswegen, weil ihnen das Leben mißlingt, weil sie sich nicht über etwas freuen, nicht für etwas erwärmen können. Mangelnde Liebe und mangelnde Teilnahme sind oft der Grund von Selbsthaß, dem *ohne* Psychotherapie schwer beizukommen ist. Die Hauptursache ist gewöhnlich, wie psychoanalytische Explorationen zeigen, daß ein Individuum, das sich selbst nicht mag, von seiner Mutter am Lebensanfang nicht die Art Liebe empfing, die ihm erlaubte, sich als *liebenswert* zu erleben.

Jeffry, über dessen Lebensanfänge wir schon auf Seite 22 berichteten, ist ein solches Kind gewesen: Seine Mutter, die Babys ohnehin nicht leiden konnte, fand ihn wegen seines Ekzems und seines Asthmas besonders abstoßend. Nahezu drei Jahrzehnte ging er mit dem Gefühl herum, daß er abstoßend und nicht liebenswert sei, und es bedurfte der intensiven, warmherzigen Beziehung seiner Psychotherapeutin zu ihm, um ihn anders fühlen zu lassen. Erst aufgrund seiner psychotherapeutischen Behandlung war er tatsächlich imstande, die tiefe Liebe seiner jungen Frau zu ihm als »wirklich« zu akzeptieren.

Das hier beschriebene Sich-gern-Haben und Sich-als-liebenswert-Fühlen sind offenbar grundlegende Erlebnisse für die persönliche *Bedürfnisbefriedigung,* ohne die alles Funktionieren in der Welt irgendwie versauert und getrübt wird.

In dem Maße, wie Jeffry sich liebenswert und geliebt fühlte, konnte nun auch er selbst Liebeswärme und Liebesnähe entwickeln. Menschen ohne Liebe sind im allgemeinen nicht fähig, wirkliche Nähe zu anderen Menschen zu verspüren. Das Bewußtsein, Nähe und *Intimität* erleben zu können, ist eine weitere Grunderfahrung, die ein Mensch von sich selbst erwartet.

Eine zweite Gruppe von Erwartungen bezüglich des eigenen Selbst hat mit unserer zweiten Grundtendenz zu *selbstbeschränkender Anpassung* zu tun. Es sind das alle jene Eigenheiten des Selbst, die in Beziehung zu anderen Menschen zum Ausdruck kommen, beispielsweise in dem Wunsch, von sich selbst zu wissen, daß man beliebt, anerkannt, geachtet, vielleicht gar bewundert wird. Für die meisten Menschen hängt ihre *Selbstsicherheit* weitgehend davon ab, wie andere auf sie reagieren; nur relativ wenige Menschen sind sich ihres Eigenwertes so gewiß, daß sie auf Anerkennung verzichten und im Bewußtsein, richtig zu handeln, ohne Anerkennung weiter voranschreiten können.

Bei führenden Persönlichkeiten, insbesondere bei Politikern, spielt die Frage der *Anerkennung* bekanntlich eine sehr wesentliche Rolle. Was in Amerika seit langem üblich ist, hat sich jetzt allenthalben durchgesetzt: Durch Meinungsumfragen wird fortlaufend überwacht, wie weit führende Persönlichkeiten im Vergleich zu anderen akzeptiert oder abgelehnt werden und wie sich dieses Verhältnis ändert.

Mehr als im europäischen Alltagsleben spielt im amerikanischen die *Beliebtheit* eine große Rolle schon bei Schulkindern, die von früh an bewußt darauf aufmerksam gemacht werden, wie wichtig es ist, anerkannt zu sein, für diese oder jene Rolle gewählt zu

30   Beliebtheit und Anerkennung spielen schon in der Schule eine Rolle –
in jeder Klasse gibt es einen als führend Akzeptierten

werden und soweit wie möglich beliebt zu sein. Doch wäre es
verfehlt, wollte man annehmen, daß es so nur in Amerika ist.
Auch an europäischen Schulen gibt es das. So ersahen wir mit
Erstaunen aus Untersuchungen, die H. Hetzer und K. Reininger
an Wiener Schulen der frühen dreißiger Jahre vornahmen, daß
auch hier den Kindern unterschiedliche Grade der Beliebtheit und
der allgemeinen Anerkennung durch ihre Mitschüler von sehr früh
an durchaus bewußt waren.
In der Tat wiesen Beobachtungen, die ich 1928 an Kindern des
ersten und zweiten Lebensjahres vornahm, darauf hin, daß es eine
Art des Sich-mit-anderen-Messens, eine Art seelischer Kraftproben
schon in den allerersten Beziehungen dieser Babys mit anderen
gibt. Daß es sich in diesen Kraftproben – oder sollen wir sagen
Machtproben? – um sehr primitive, womöglich angeborene Tendenzen handelt, wird durch die zu Anfang des Jahrhunderts von

31 und 32   Die »Hackordnung« kann man auf jedem Hühnerhof beobachten: Das in der Rangordnung am höchsten stehende Huhn hackt alle
anderen, das rangniedrigste wird von allen anderen gehackt

D. Katz und T. Schjelderup-Ebbe durchgeführten Beobachtungen
an Hühnern bestätigt: Sie fanden, daß Hühner je nach Überlegenheit oder Schwäche hohe oder niedere Stellungen in der »Rangordnung«, das heißt der Zulassung zum Futternapf haben. Eine
solche »Hackordnung«, wie man das Ausüben von Vorrang und
Macht genannt hat, ist später auch bei anderen Tieren festgestellt
worden.
Von sich selbst zu wissen, daß man über *Macht* verfügt, scheint
nach alledem auf einem Trieb zu beruhen; diesem Trieb hem-
mungslos zu folgen, wird heute jedoch moralisch wohl allgemein
verworfen. Andererseits stellt das *Gefühl des Unterlegenseins* eine
der bedrückendsten Erfahrungen dar, die allerdings, wie Alfred
Adler nachwies, oft auf neurotischer Grundlage zustande kommt:
Menschen, die sich von früh an nicht geliebt fühlten oder die sich
in der einen oder anderen Hinsicht als minderwertig erfuhren,
kommen häufig zu der Überzeugung, unzureichend und anderen
unterlegen zu sein. Besonders mangelnde Mutterliebe nimmt dem
Kind von früh an jene Gefühle des Selbstwertes, die für sein

Bewußtsein, daß es den Dingen gewachsen ist, von ebenso fundamentaler Bedeutung sind wie für sein Bewußtsein, daß es liebenswert ist. Angemessene Selbstsicherheit ist das, was ein Individuum im Rahmen seiner Beziehungen zu anderen Menschen für sich selbst erstrebt.

Eine dritte Gruppe von Erwartungen bezüglich des eigenen Selbst hat mit der Grundtendenz *schöpferischer Expansion* zu tun. Im Zusammenhang mit dieser Tendenz will ein Mensch das Bewußtsein haben, daß er von sich selbst als von einem tüchtigen, *schaffenskräftigen,* in der Welt wirksamen Menschen denken kann, daß er im Hinblick auf seine Leistung *Selbstvertrauen* und das Gefühl des Selbstwertes haben kann.

Das hier in Betracht kommende Selbstwertgefühl hat eine andere Grundlage als das aus der Mutterliebe sich ergebende. Wer fühlt, daß er seiner Mutter wertvoll ist, muß im allgemeinen nichts dazu beitragen, als dazusein. Eine häufig in diesem Zusammenhang erörterte Frage ist, ob eine Mutter aufhört, ihr Kind zu lieben, wenn sie weiß, daß es Schlechtigkeiten begeht und ein böser Mensch geworden ist.

Eine der ergreifendsten Szenen des vielbesprochenen Films »Bonnie und Clyde« ist die Szene, in der Bonnie ihre alte Mutter aufsucht zu einer Zeit, als sie und Clyde für ihre vielen Verbrechen bereits bekannt sind. Ein Treffpunkt auf dem Felde wird vereinbart. Mutter und Tochter sind tief ergriffen, und die Mutter erlaubt Bonnie, sie zu umarmen. Aber sie bewahrt inneren Abstand. Als Bonnie versucht, ihr schmeichelnd einzureden, eines Tages, wenn sie genug Geld habe, werde sie sich nirgends anders als nahe der Mutter niederlassen, sagt die alte Frau ganz nüchtern und zugleich voller Kummer: »Nein, davon glaube ich kein Wort. Wenn du das tust, Bonnie Parker, dann wärest du sicher von Gesetzes wegen binnen 24 Stunden tot. Nein, Bonnie, lauf davon, solange du kannst. Das ist alles, was du tun kannst.«

Diese Mutter ist buchstäblich zerrissen zwischen Liebe, Gram und Empörung über die verbrecherische Laufbahn ihrer Tochter.

Das von der Mutter nicht geliebte Baby wächst gewöhnlich zu einem Menschen ohne Selbstwertgefühle heran. Wir haben dies am Beispiel Jeffrys aufgezeigt (Seite 22 und 192). Eine ganz andere Grundlage für Gefühle des Selbstwertes, als es die Mutterliebe ist, bieten jedoch Schaffensfähigkeit und Bewährung in einer Leistung. Allerdings bedarf ein Individuum einer starken Persönlichkeit, um ohne Mutterliebe Selbstwertgefühle allein auf Leistung gegründet zu entwickeln. Ein Beispiel dafür ist Konstantine.

33 Voller Gram hat sich die Mutter von ihrer verbrecherischen Tochter
Bonnie losgesagt (Aus dem Film »Bonnie und Clyde«)

Konstantine *ist eine jetzt in der Mitte des Lebens stehende hervor-
ragende Journalistin, die aus einer Gelehrtenfamilie kommt. Beide
Eltern waren Professoren und fanden wenig Zeit für ihre zwei
Kinder; Interesse brachten sie lediglich deren intellektueller Entwicklung und ihren Leistungen in der Schule entgegen. Als Kind
weinte Konstantine oft darüber, daß sie nie, wie ihre Freundinnen
es taten, zu ihrer Mutter gehen und mit ihr reden konnte, weil die
Mutter meistens mit wissenschaftlicher Arbeit beschäftigt oder
abwesend war.*
*Glücklicherweise war Konstantine sehr begabt. Schon als Acht- bis
Zehnjährige schrieb sie kleine, von ihr selbst bebilderte Geschichten, was ihr viel Freude machte. Auch las sie viel. Als Vierzehn-
jährige war sie bereits fest entschlossen, ihre Lust zum Schreiben
und ihre Begabung dafür zur Grundlage ihres Lebensberufes zu
machen. Sehr eng befreundet war sie mit Herma, einem ebenso*

*intelligenten wie mütterlich warmherzigen Mädchen, das liebe-
und teilnahmsvolle Eltern und so ein glückliches Zuhause hatte.
Konstantine besuchte sie dort oft. Da Herma Sprachen und Literatur studieren wollte, hatte sie viel Verständnis für das Schaffen
ihrer Freundin; mit großem Interesse und gutem Urteilsvermögen
hörte und sah sie sich Konstantines Geschichten an. Mit Hermas
Hilfe schuf Konstantine sich ihre eigene Welt, in der sie sich
wohl fühlte und einen gewissen Ersatz für die ihr fehlende Mutterliebe fand. Ihre Begabung und ihre freundschaftliche Verbundenheit mit Herma und deren Familie halfen ihr zu einer emotional
relativ gesunden Entwicklung.*

Ein Fall wie der von Konstantine stellt jedoch eine Ausnahme und
nicht die Regel dar. Weniger starke Persönlichkeiten mit weniger
ausgesprochenen Begabungen bedürfen der Stützung seitens ihrer
Umgebung, um ein angemessenes Selbstgefühl zu entwickeln und
Glauben an sich selbst zu finden. Fälle von Depression und dem
Erlebnis eigenen Wertmangels gehen oft aus einer sie seelisch nicht
genügend fördernden Umgebung hervor. Ein Beispiel ist der Fall
Mona.

*Wir kennen Mona bereits (Seite 152 und 154), doch gilt es hier,
ihren Fall noch einmal genauer zu durchdenken. Mit sechsundzwanzig Jahren kam Mona in psychotherapeutische Behandlung, um aus
ihren Depressionen und den Zweifeln an ihrem Selbstwert heraus-
zufinden und zu erfahren, welche Umstände ihr das ersehnte Glück
von Ehe und Familie vorenthielten. Ganz zufällig hatte sie zwei
ihrer Freundinnen mit Männern bekannt gemacht; schon bald
danach heirateten beide Freundinnen, und die Ehen wurden besonders glücklich. Mona selbst hingegen, so schien es ihr, fand
niemals den richtigen Mann, und auch sonst wußte sie nie, was
sie mit ihrem Leben anfangen sollte. Seit zwei Jahren hatte sie
ein Verhältnis mit einem verheirateten Mann, der sie zwar schätzte,
aber nicht im geringsten beabsichtigte, sich scheiden zu lassen.
Mona hatte das Gefühl, daß ihr Leben irgendwie festgefahren sei.
Wenn man sie fragte, warum sie anderen so viel besser helfen
könnte als sich selbst, erhielt man die Antwort, sie sei schüchtern
und furchtsam und auch viel zu passiv, selbst etwas zu unternehmen und Bekanntschaften zu machen.*

*Diese Passivität findet ihre Erklärung in Monas Geschichte. Sie
war die einzige Tochter eines ältlichen, aus Italien eingewanderten
Ehepaares. Besonders die streng katholische Mutter lehnte alle
modernen Ideen strikt ab und wachte über ihr Kind mit herrsch-
süchtiger Unnachgiebigkeit. Mona durfte an vielen Dingen nicht*

teilnehmen, die ihren Freundinnen erlaubt waren, die Monas Mutter jedoch entweder für unnötige Verwöhnung, für gesundheitsschädlich, für unpassend oder für gefährlich hielt. Sie durfte keine Ballettstunden haben wie andere Kinder ihrer Klasse, sie mußte früher zu Hause sein und früher zu Bett gehen, sie durfte nicht mit den anderen zum See hinunterlaufen und an ihren wilden Spielen teilnehmen. Und oft genug bekam Mona die schlechte Laune ihrer Mutter zu spüren. Sie besuchte zunächst eine katholische Privatschule und wurde dann in ein katholisches Mädchen-College geschickt zur Ausbildung als Chemolaborantin. Dieses Berufsziel wurde von ihr mit Einverständnis der Eltern gewählt, in der Annahme, daß Mona sich in wenigen Jahren ohnehin verheiraten werde, wie sich das gehöre, und ihre Ausbildung für einen Beruf, mit dem sie sich bis dahin selbst erhalten könne, sei mittlerweile von Nutzen.

Schule und College absolvierte Mona mit mäßigen Leistungen und ohne große Begeisterung, aber auch ohne besonderen Widerspruch und nahm dann eine Stellung als Laborantin an. Von klein auf gewohnt, sich an den meisten Unterhaltungen ihrer Altersgenossen nicht zu beteiligen, hatte Mona auch ihre Jahre im College zurückgezogen verbracht. Da sie keine männlichen Bekanntschaften hatte, ja nicht einmal wußte, wie sie zu solchen kommen sollte, und da sie zu schüchtern war, andere Studentinnen um Vermittlung zu bitten, ging sie zu keinem der üblichen Tanzabende. In Gymnastik und Leichtathletik wenig geübt, nahm sie auch an Sportveranstaltungen nicht teil. Sie wurde Mitglied eines Buchklubs, hielt sich aber auch hier isoliert. Kurzum, die mütterliche Taktik, sie von allem und jedem fernzuhalten, wirkte sich nun in verhängnisvoller Passivität und Teilnahmslosigkeit aus.

Mona hoffte, irgendwann und irgendwie den »richtigen« Mann kennenzulernen und zu heiraten. Ihre Vorstellungen, wo und wie sie diesem Mann begegnen würde, waren allerdings nur ganz unbestimmt. In dem Laboratorium, in dem sie arbeitete, und in der Pension, in der sie ein Zimmer hatte, lernte sie dann tatsächlich einige junge Männer kennen; infolge Monas Ungeschicklichkeit und Schüchternheit interessierten sich diese Bekannten jedoch mehr für ihre Freundinnen als für sie. So tat Mona einen recht verzweifelten Schritt: Sie ließ sich auf ein Verhältnis mit einem verheirateten Kollegen ein, der mit seiner Aggressivität die Schranken ihrer Zurückhaltung durchbrach und sie zugleich schmeichlerisch für sich gewann. Sie, die Verschüchterte, faßte sich ein Herz und verliebte sich in diesen Mann. Um so erschütterter war sie, als

34 Die Folgen elterlichen Fehlverhaltens: Ohne jedes Selbstvertrauen und deprimiert, hat sich das Mädchen Mona in Passivität und Isolierung zurückgezogen

er die anfänglich vage angedeutete Möglichkeit einer Scheidung mit aller Bestimmtheit ablehnte. Dieses so streng erzogene Mädchen sah sich nun seelisch gebunden an einen Mann, der einer anderen Frau gehörte und mit dem ein sexuelles Verhältnis zu haben ihr natürlich schwere Gewissensnöte verursachte.

Entfernter als je war sie von einer klaren Vorstellung dessen, was sie mit ihrem Leben anfangen sollte oder konnte.

Als sie nach einem Jahr solchen Zusammenlebens in die Therapie kam, war sie zwar bereit, die für sie grundsätzlich unglückliche Verbindung zu lösen. Aber Ratlosigkeit und Passivität hinderten sie noch lange daran, die Möglichkeiten ihres zukünftigen Lebens zu durchdenken und irgendwelche Schritte in Richtung auf eine Lösung hin zu unternehmen.

Mona reagierte auf all das, was ihr geschehen war, mit tiefer Depression. Zwar gehörte sie nicht zu denen, welche die Welt für ihr Versagen verantwortlich machen; über den Anteil aber, den ihre Mutter an ihrer Entwicklung und an ihrem Schicksal hatte, sprach sie erregt, mit Tränen in den Augen und zeitweise voller Haß. Für längere Zeit machten die Depressionen sie unfähig, sich konstruktive Gedanken über eine bessere Zukunft zu machen, weil ihr jeder Glauben an sich selber fehlte.

In Mona haben wir einen Fall, bei dem eine engherzige, verständnislose, herrschsüchtige und im wesentlichen lieblose Mutter, in deren Erziehungsmaßnahmen sich einzumischen der Vater vermied, geradezu die Grundlagen schuf für die Lebensverfehlung ihrer Tochter. Diese in einer italienischen Kleinstadt aufgewachsene Frau hatte nichts anderes im Sinn, als daß ihre Tochter zwar einen Beruf erlernte, der sie ernähren konnte, daß sie jedoch vor allem so bald wie möglich heiraten sollte. Hierin sah sie die eigentliche Bestimmung jeder Frau und deshalb auch ihrer Tochter. Indem sie so Mona von allem fernhielt, was in der heutigen Zeit und in der amerikanischen Großstadt, in welche die Familie gleichsam verschlagen worden war, zum Aufbau eines Lebens gehört; indem sie verhinderte, daß sich bei Mona Interessen für Aktivitäten entwickelten, die über den Horizont von Haushalt und Schule hinausgingen, hatte sie ihre Tochter gesellschaftlich isoliert und völlig unerfahren ins Leben hinaus entlassen. Schlimmer noch: Sie hatte deren Selbstvertrauen untergraben und sie mit Zweifeln nicht nur an ihren Fähigkeiten, sondern auch an ihrem Wert erfüllt.

Es war ein glücklicher Zufall, daß eine Kollegin Mona veranlaßte, sich in psychotherapeutische Behandlung zu begeben, gerade zu dem Zeitpunkt, an dem ihre Verzweiflung über ihr Verhältnis den Höhepunkt erreicht hatte. Die Therapeutin vermochte das Mädchen zum Durchdenken und Verstehen ihrer bisherigen Entwicklung zu bringen und sie von der angstvollen Bindung an die Mutter zu befreien. Es dauerte jedoch lange, bis Mona imstande war, ihr Leben mit Vertrauen in sich selbst und mehr Mut zum Verfolgen von Interessen und zu gesellschaftlicher Betätigung zu führen und ihm so eine eigene Richtung zu geben.

Die Fähigkeit, sich schaffend und leistend in die Welt hinaus zu begeben und sich in der Welt durchzusetzen, verhilft zum Selbstvertrauen und Bewußtsein des Selbstwertes – Eigenschaften, die, wie wir sehen, sich relativ unabhängig von dem auf Mutterliebe gegründeten Selbstvertrauen entwickeln können. Allerdings gibt es immer wieder Menschen, die trotz großer Leistungen nicht wirklich an sich glauben, weil ihrem Leben tiefe Liebesbeziehungen fehlen. Wir besprachen bereits, wie schwierig die Entwicklung von Liebesfähigkeit und Liebesbeziehungen ist, wenn nicht die Grundlage dazu durch die Mutterliebe gegeben wurde.

Eine vierte Gruppe von Erwartungen bezüglich des eigenen Selbst hat mit der Grundtendenz zur *inneren Ordnung* zu tun. Innere Ordnung wird, wie dargelegt, dadurch hergestellt, daß wir unser Leben nach gewissen Regeln und Prinzipien führen, wie es vor allem sittliche Grundsätze, religiöse, philosophische oder politische Ideen, gesellschaftliche Vorstellungen sowie Regeln sind, die sich im Laufe der Zeit aus kultureller Überlieferung, Familientradition oder dergleichen herausgebildet haben.

Selbstachtung und Glauben an sich selbst zu erwerben oder zu erhalten erwartet derjenige, der seinen Grundsätzen oder Überzeugungen gemäß lebt. Diese können zwar unter Umständen zu Entschlüssen führen, die sein Glück beeinträchtigen, jedoch geben sie ihm eine Art der Befriedigung oder, besser noch, des Friedens, zu dem er anders kaum kommen kann. Allerdings schließen solche befriedigenden und Frieden schenkenden Überzeugungen nicht die Möglichkeit aus, daß die von einem einzelnen oder von einer Gruppe gewählten Prinzipien in den Augen anderer anfechtbar oder gar unsittlich sind.

So ist es eine bekannte Tatsache, daß die Banden von *Kriminellen* vielfach unter einem strengen Ehrenkodex für das Verhalten ihrer Mitglieder zueinander stehen: Während Betrug, Raub, ja Mord an Fremden zu ihren Zielen gehören, setzen die Bandenmitglieder ihren ganzen Stolz darein, sich gegenseitig zu helfen und nie zu verraten.

Ein schwerwiegendes Problem unserer Zeit besteht darin, daß in der westlichen Kultur ein entscheidender *Wandel in den Überzeugungen* vor sich geht. Die politischen Umstürze, die Kriege und die Greueltaten unseres Jahrhunderts haben den Glauben der jüngeren Generation an die Autorität der älteren erschüttert.

Die Suche nach neuen Vorstellungen von den Rechten eines Individuums, von der Ehrlichkeit menschlicher Beziehungen und von den für die Menschheit konstruktivsten Lebensformen hat zu scharfer Kritik an den bestehenden Institutionen geführt. Selbst eine so festgegründete Institution wie die katholische Kirche sieht sich gezwungen, eine Lockerung bisher als unumstößlich geltender Satzungen in Erwägung zu ziehen – wir erinnern an die Diskussionen über die Zulässigkeit von Maßnahmen zur Geburtenkontrolle, über Erleichterungen der Ehescheidung, wir erinnern an den Beschluß des Zweiten Vatikanischen Konzils zur Gewissensfreiheit und an die Bemühungen um die »getrennten Brüder« im Glauben.

Wer sich ernsthaft um ein richtiges, um ein volles Leben bemüht, lebt unter Einsatz seiner selbst für etwas, an das er *glauben* kann. Menschen, die den Glauben ihrer Kindheit verloren oder einen solchen Glauben nie hatten, stellen bei tieferem Nachdenken fest, daß ihrem Unfrieden ein mangelnder Glaube an irgend etwas, dem sie sich hingeben können, zugrunde liegt. Viktor Frankl erklärt dies in vielen Schriften damit, daß die Menschen dafür geboren seien, über sich hinaus *für etwas außerhalb ihrer selbst zu leben,* und bezeichnet dies als die *transzendentale* Veranlagung der menschlichen Persönlichkeit.

Die klinische Erfahrung lehrt jedoch, daß dieses »Etwas« nicht willkürlich gewählt werden kann. Um wirkliche Befriedigung zu erlangen, muß das Ziel, auf das sich die Hingabe richtet, den Potentialitäten des Individuums entsprechen, ob es sich um einen religiösen Glauben, um praktische Hilfe für Mitmenschen oder um andere Ziele handelt: Die *Dedikation,* wie wir diese Einstellung an früherer Stelle genannt haben (Seite 35), muß sinnvoll aus den eigenen Interessen und Fähigkeiten hervorgehen. Es gibt Menschen, die sich für andere buchstäblich zerreißen, ohne daß es sie doch wirklich befriedigt. Es bedarf also des Nachdenkens und des Selbstverstehens, um richtig zu wählen, wofür man leben will. In unserer Zeit ist es für den einzelnen oft außerordentlich schwierig, die ihm gemäße Stellungnahme zu Fragen der richtigsten Lebensführung, der angemessensten Wertordnung, der konstruktivsten Lebensziele zu finden.

Wiederum muß deshalb darauf hingewiesen werden, wie hilfreich die moderne Psychotherapie und besonders die *Gruppentherapie* in dieser Hinsicht geworden sind: Über den Rahmen der Therapie hinaus haben sie sich zu einem Mittel der Erziehung für Angehörige aller Altersgruppen entwickelt.

X Leben und Tod

Gesunde jüngere Menschen erwarten es als selbstverständlich, daß sie am Leben bleiben, daß sie morgen, übermorgen und weiterhin noch am Leben sein werden, um all ihre Pläne in die Wirklichkeit umzusetzen. Und in der Tat geben jüngere Menschen sich oft so, als seien sie »unsterblich«. Mit der Möglichkeit eines Todes scheinen sie überhaupt nicht zu rechnen – und dies trotz all der Tausende von Unfällen, die dauernd um sie herum passieren, deren im allgemeinen jedoch nur Neurotiker sich sorgenvoll bewußt sind.

Interessant ist zum Beispiel, wie sich Menschen verhalten, die eine weite Flugreise antreten. Es gibt natürlich manche, die dieser Reise mit Angst und Sorge entgegenblicken. Nicht wenige kaufen am Flughafen schnell noch eine Lebensversicherung für ihre

35 Von keinem Gedanken an die Möglichkeit eines Unglücks oder gar des Todes beschwert, besteigen die Passagiere das Flugzeug – infolge des dem Gesunden eigenen Unsterblichkeitsgefühls

Familien. Die große Menge jedoch tritt den Flug über Länder und Meere an, ohne auch nur einen Gedanken an die Möglichkeit eines Unglücks und damit des Todes zu verschwenden. Man freut sich, daß bald Cocktails serviert werden, fragt, welcher Film gezeigt wird, und ist gespannt auf New York oder London, Tahiti oder Bombay. Für die Reise auf den Mond wurden schon jetzt so viele Plätze vorbestellt, daß mehrere Flüge von Pan American und anderen Linien ausgebucht sind.

Das »Unsterblichkeitsgefühl« ist eines der eigenartigsten Phänomene des gesunden Lebens; es schließt jedoch nicht aus, daß unter den verschiedensten Umständen *Angst* sich einstellt. Genauer sollten wir von Ängsten reden, denn es sind solche unterschiedlichster Art, die oft nur indirekt in Beziehung zu unserem Untergang stehen.

Von zahlreichen Forschern der Moderne ist das Problem der Angst als eines von zentraler Bedeutung behandelt worden.

Eine ganze Reihe von Philosophen, Psychologen und Theologen hat versucht, die Arten der Angst systematisch zu gliedern. Besonders die *Existentialisten,* die sich mit Fragen des menschlichen Daseins philosophisch und psychologisch befassen, haben tiefschürfende Untersuchungen angestellt. Historisch gehen sie auf Sören Kierkegaard zurück, einen großen dänischen Philosophen, der von 1813 bis 1855 lebte. Auch Friedrich Nietzsche (1844 bis 1900) spielt eine wichtige Rolle unter ihren Vorgängern. Vor allem an Kierkegaards Untersuchungen der Angst knüpfte als Initiator des modernen Existentialismus Martin Heidegger an, dessen Werk »Sein und Zeit« (1927) den Ausgangspunkt modernen Philosophierens über Leben und Tod darstellt.

Heideggers zentrale Frage betrifft den *Sinn des Daseins,* mit dem die Angst als ein zentrales Phänomen verbunden ist. Angst und Sorge ergeben sich für Heidegger aus der Tatsache unserer »Geworfenheit aus dem Nichts«. Das heißt, wir sind da, aber wissen nicht, woher wir kommen und wohin wir gehen.

Dieses Gefühl, das Karl Jaspers, ein anderer zeitgenössischer deutscher Philosoph, als die »Ungeborgenheit« des heutigen Menschen bezeichnet, wird von Fritz-Joachim von Rintelen kritisiert. Er wendet sich gegen die »Illusionslosigkeit«, wie sie von Denkern wie Heidegger und besonders auch von den bekannten französischen Existentialisten Jean-Paul Sartre und Gabriel Marcel vertreten wird, und stellt ihnen sein Vertrauen auf Sinn und Wert, letztlich auf Gott entgegen.

Es kann hier nicht unsere Aufgabe sein, die Gedanken des Existentialismus zu diskutieren. Wir erwähnen sie nur in ihrem Zusammenhang mit den Untersuchungen der Angst, die durch die genannten Forscher wesentlich vertieft wurden.

Weithin bekannt ist Paul Tillich, ein ursprünglich deutscher Theologe und Philosoph, der 1965 in Chicago starb und in seinem berühmten Buch »Der Mut zum Sein« drei Arten der Angst unterscheidet: Angst vor Schicksal und Tod, Angst vor Leere und Sinnlosigkeit und Angst vor Schuld und Verdammung.

Alle diese drei Ängste bedrohen das menschliche Dasein in unterschiedlicher Weise. Die Angst vor Schicksal und Tod – das ist die

Angst vor dem Ausgelöschtwerden. Die Angst vor Leere und Sinnlosigkeit – das ist die Angst vor der Nichtigkeit unserer geistigen Existenz. Die Angst vor Schuld und Verdammung – das ist die Angst vor unserer moralischen Wertlosigkeit. Diesen Ängsten stellt Tillich den »Mut zum Sein« entgegen, den Mut der Selbstbejahung in einem Glauben, der sich über die Sinnlosigkeit unseres Daseins erhebt.

Die Angst, die von den Existentialisten untersucht wird, ist nicht so sehr die Angst vor dem Tode als solchem als vielmehr die angstvolle Erfahrung der Sinnlosigkeit und die Angst, daß unsere Existenz möglicherweise nach dem Tod völlig ausgelöscht sein wird. V. von Gebsattel schreibt in diesem Sinne: »Dem Leben gegenüber steht der Tod, an den das Leben wie an seine Grenze anstößt; ein Tod, der als das ganz andere nichts ist als pure Verneigung des Lebens . . .«

Die Angst vor dem Ausgelöschtwerden und vor dem Verlorengehen wird auch von solchen Menschen während des Lebens erfahren, die sich von dem Problem des Lebenssinnes nicht behelligen lassen. Gerade diese Furcht vor dem *Verlorengehen* wird bei jeder tiefen Liebeshingabe erlebt, und deshalb ist es nur richtig, wenn A. Jores hervorhebt, daß diese Art der Angst besonders den neurotisch gestörten Menschen dauernd beherrscht, weil er sich nicht hinzugeben vermag.

Die normalen Vorstufen dieser Angst vor dem Verlorengehen sind von Fritz Riemann in einem lesenswerten Buch beschrieben worden. Er unterscheidet vier Formen der Angst und beschreibt sie als: »1. Die Angst vor der Selbsthingabe, als Ich-Verlust und Abhängigkeit erlebt; 2. die Angst vor der Selbstwerdung, als Ungeborgenheit und Isolierung erlebt; 3. die Angst vor der Wandlung, als Vergänglichkeit und Unsicherheit erlebt; und 4. die Angst vor der Notwendigkeit, als Endgültigkeit und Unfreiheit erlebt.«

Riemann erklärt diese Ängste als Reaktionen auf gewisse Impulse im Menschen, durch die er den Anforderungen des Lebens gerecht werden will. Die Impulse sind: »Das Streben nach Selbstbewahrung und Absonderung, mit dem Gegenstreben nach Selbsthingabe und Zugehörigkeit; und andererseits das Streben nach Dauer und Sicherung mit dem Gegenstreben nach Wandlung und Risiko.«

Das Ergebnis des Überwindens dieser Ängste im Laufe des Lebens stellt Riemann mit eindrucksvollen Worten dar, die hier wiedergegeben seien: »Wenn es jemanden gäbe, der sowohl die Angst vor der Hingabe in echtem Sinne verarbeitet hat und der sich in liebendem Vertrauen dem Leben öffnen kann; der zugleich sein

Ich-Sein in freier souveräner Form lebt ohne Angst, aus schützen-
den Geborgenheiten zu fallen; der weiterhin die Angst vor der
Vergänglichkeit angenommen hat und dennoch das Leben zu
lieben wagt und die Strecke seines eigenen Lebens möglichst
fruchtbar zu leben versucht; und der schließlich gleichzeitig ohne
Angst die Ordnungen und Gesetzmäßigkeiten des Lebens auf
sich nimmt mit dem Bewußtsein ihrer Notwendigkeit und ohne
Angst, dadurch in seiner Freiheit zu sehr beschnitten zu werden
– wenn es einen solchen Menschen gäbe, dann würden wir ihm
zweifellos die höchste Reife zuerkennen müssen.«

Die Angst vor dem Tod selber wird offenbar in sehr verschiedener
Weise erlebt, besonders natürlich von denen, die an ein Leben
nach dem Tode glauben, im Unterschied zu solchen, die es nicht
tun. Hermann Feifel hat darüber ausgedehnte Untersuchungen
angestellt.

Das Material, das Feifel zusammentrug – Antworten auf die Frage:
»Was bedeutet der Tod für Sie?« –, stammte von fast hundert
normalen und nahezu hundert seelisch kranken Menschen mittlerer
und älterer Altersstufen. Zwei Hauptgruppen von Antworten
konnte er feststellen: Die erste umfaßt die Reaktion derer, die im
Tod ein Ende sehen: Sie akzeptieren entweder stoisch das Un-
vermeidliche, oder sie unterdrücken die Gedanken an den Tod;
das Vermeiden von Gedanken über den Tod findet sich hauptsächlich bei jüngeren Menschen und bei emotional Kranken. Die
zweite Gruppe setzt sich aus den Antworten religiös orientierter
Menschen zusammen: Sie preisen den Tod als das, was dem Leben
Sinn gibt, und als Voraussetzung für ein »wahres« Leben.

Feifel hat außerdem untersucht, was die von ihm Befragten täten,
wenn ihnen vor dem Tode noch ein letzter Wunsch erfüllt würde.
Die Antworten liegen zwischen dem einen Extrem, bei dem die
Wahl auf Vergnügen, Reisen und dergleichen fällt, und dem
anderen Extrem, bei dem Gutes tun oder die Beschäftigung mit
Gott genannt wird. Die letztgenannten Antworten sind besonders
häufig bei emotional Kranken.

Als Feifel fragte, in welchem Alter man den Tod wohl am meisten
fürchte und in welchem am wenigsten, fand er heraus, daß merkwürdigerweise den Menschen in den Siebzig beide Möglichkeiten
am häufigsten zugesprochen wurden. Einerseits, so hieß es, fürchte
man im Alter den Tod am meisten, weil man ihm so nahe ist,
andererseits wurde aber auch erklärt, man fürchte ihn dann am
wenigsten, weil man sein Leben gelebt hat und es nicht mehr viel
gibt, wofür man leben will.

36 »Ritter, Tod und Teufel« – Albrecht Dürers berühmter Kupfer-
stich von 1513 hat auch heute noch seinen Sinn nicht verloren: Wer
die Furcht vor dem Tode endgültig überwunden hat, der ist befähigt,
auch die gefährlichsten Abenteuer zu bestehen. Und Abenteuer warten auch in unserer Zeit auf den, der sich an sie wagt. Zwar sind es
nicht mehr Abenteuer ritterlichen Kampfes mit der Waffe, wohl aber
solche im Interesse der Menschheit und ihrer friedlichen Zukunft:
Abenteuer, auch lebensgefährliche, auf den weiten Feldern der
Wissenschaft und der Medizin, der Technik und der Weltraumfahrt

I. E. Alexander und A. M. Adlerstein haben festgestellt, daß religiöse Menschen häufiger bewußt über den Tod nachdenken als nichtreligiöse. Die letzteren betrachten den Tod als ein natürliches Ereignis, das kommen muß, das aber schmerzlich ist. Die Frommen fühlen Sicherheit in ihrer Gewißheit eines Lebens nach dem Tode.

Feifel hat auch viele Äußerungen großer Denker gesammelt, die alle die Meinung ausdrücken, daß nur der, der des Todes eingedenk bleibt, das Leben voll und angemessen lebt. Einige seien hier zitiert.

Der Kirchenvater Augustinus sagte in seinen »Bekenntnissen«: »Ein Mensch versteht sich selbst nur dann vollständig, wenn er die Vorstellung des Todes in sein Leben einbezogen hat.« Von dem französischen Philosophen Montaigne (1533–1592) stammt das Wort: »Nur wer den Tod nicht mehr fürchtet, hat aufgehört, ein Sklave zu sein.«

Dieses Überwinden der Todesfurcht befähigt – auch darauf weist Feifel hin – die Menschen dazu, vielfach gefährliche Abenteuer im Interesse von Wissenschaft, Medizin und Technik zu bestehen. Eine Stelle aus William Shakespeares »Julius Cäsar« mag dieses Kapitel beschließen:

> »Von allen Wundern, die ich je gehört,
> Scheint mir das größte, daß sich Menschen fürchten,
> Da sie doch sehn, der Tod, das Schicksal aller,
> Kommt, wann er kommen soll.«

Der Beitrag des Individuums zum Gelingen seines Lebens

»Nicht jeder kann im Alter sagen, daß er sein Leben genau so gelebt hat, wie er es wollte. Wie es mir gelang: zu leben in einer Stadt, die ich liebe, in schöner Natur und in innerer und äußerer Harmonie.« Dies sagte Lotte Lehmann anläßlich der Feier ihres achtzigsten Geburtstages in Santa Barbara (Kalifornien). Sie erlaubte mir, sie zu zitieren.

37 Das Glück des in innerer und äußerer Harmonie erfüllten Lebens: Die große Sängerin Lotte Lehmann

Dieser von allen so geliebten Sängerin gelang es ihrem Gefühl nach, ihr Leben richtig zu leben, mit einem Resultat von Glück und Erfolg sowie im Einvernehmen mit sich selbst.

Wie aber weiß man, daß man »richtige« Entscheidungen getroffen, daß man »richtig« gelebt hat? Merkwürdigerweise wissen die Menschen dies, ohne daß jemand es ihnen erklären muß. Ihr innerstes Selbst sagt es ihnen. Ohne daß andere sie beglückwünschen oder beschuldigen, wissen sie, wenn sie sich für die Art, wie sie gelebt, und für die Entscheidungen, die sie getroffen haben, recht geben dürfen oder anklagen müssen – vorausgesetzt, daß sie überhaupt fähig sind, ehrlich über sich nachzudenken, anstatt neurotisch verblendet zu sein. Dieses ehrliche Selbstverstehen sei näher untersucht.

1. Was sind »richtige« Lebensweisen und Entscheidungen?

Allgemein gesprochen, sind richtige Lebensweisen und Entscheidungen solche, die sich nach und nach für die Person sowie für andere Betroffene am *konstruktivsten* auswirken.

Die Begriffe »konstruktiv« und »destruktiv« haben wir bereits im zweiten Kapitel eingeführt (Seite 39, 91 f.), jedoch müssen wir ihnen hier noch einige weitere Betrachtungen widmen. Als konstruktiv betrachten wir alles, was zur Entwicklung und schließlich zur Lebenserfüllung beiträgt, günstigenfalls sowohl zu der des Individuums selber wie zu der jener anderen Menschen, mit denen es zu tun hat.

Wie kann jemand wissen, was die für ihn und seine Umgebung günstigsten Entschlüsse und Maßnahmen sind? *Guter Wille* allein garantiert sie absolut nicht. Es ist eine der billigsten Selbstverteidigungen, sich auf beste Absichten zu berufen. Beste Absichten hatte Bens Vater, der durch lieblose Strenge den Sohn ins Verderben stieß (Seite 113 f., 126). Beste Absichten hatten Elmas Eltern, die, ihren Überzeugungen folgend, die Tochter in völlig falsche, das heißt für deren Entwicklung ungünstige Richtungen lenkten (Seite 81, 102).

Gut, mag der Leser fragen. Aber wie hätten sie es besser machen können? Sie haben doch das Beste getan, was zu tun sie wußten. Wahr daran ist, daß diese unwissenden Leute wahrscheinlich nichts anderes zu tun wußten als das, was sie taten. Aber wie Unkenntnis in der Rechtsprechung nicht vor Strafe schützt, so müssen wir auch hier darauf bestehen, daß ein moderner Mensch, der respektiert werden will, kein Recht dazu hat, unwissend und unbewußt dahinzuleben und – nach sogenanntem bestem Wissen und Gewissen – unverantwortliche Ansichten zu vertreten und Menschen, die ihm anvertraut sind, auf falsche Bahnen zu lenken. Unwissenheit und Unbewußtheit sind heute keine Entschuldigungen mehr, weil es weitverbreitete, jedem zugängliche Mittel der Aufklärung und Belehrung gibt: Zeitungen, Zeitschriften und Bücher, Funk und Fernsehen oder Vorträge und vor allem Psychotherapie.

Können wir also den »guten Willen« als Entschuldigung nicht gelten lassen, so muß auch der Wert der unbewußten *Intuition,* die in Mitteleuropa viele Verfechter hatte und hat, als unzuverlässig angefochten werden. Die Intuition hat ihren Platz im schöpferischen Denken. Sie eröffnet den Weg zu neuen Ideen und Horizonten. Aber in der Menschenbehandlung ist das, was man als »Intuition« bezeichnet, dann, wenn es sich wirklich als hilfreich erweist, gewöhnlich eben nicht reine Intuition, also keine gefühlsmäßige Eingebung, sondern eine mit Mitgefühl verbundene Sensitivität, die sich auf die Beobachtung und das Verstehen von Anzeichen gründet. Die Bewußtmachung dieser Sensitivität und dieses Verstehens ist das, was in den Sensitivitätstrainings-Kursen verfolgt und zur Befriedigung aller erreicht wird.

Übrigens berufen Leute wie Bens Vater und Elmas Eltern sich nicht auf ihre Intuition, sondern auf Prinzipien, die sie fern jeder Sachkenntnis aufgestellt oder unbesehen von anderen übernommen haben, wie man es bei vielen findet, die auf ihre Prinzipien pochen. Wohin Prinzipienreiterei führt, sahen wir auch im Fall von Mona (Seite 152, 154) und William (Seite 152, 154). Bei den meisten anderen verunglückten Lebensläufen, die wir hier vorgeführt haben, ist jedoch nicht einmal durchgehend guter Wille festzustellen; die Mehrzahl dieser Menschen handelt aus Motiven, die sie selbst keineswegs für bewundernswert halten würden, wenn sie sie kennten: Selbstsucht, Leidenschaften, Unverstand, Selbstzweifel, Unfähigkeit, sich auf eine gute Bahn zu bringen, und anderes mehr führen sie irre. Glücklich und relativ selten sind die Menschen, die ohne Kenntnisse und Lebenseinsichten infolge günstiger Lebensbedingungen während ihrer Kindheit »richtige« Entschlüsse treffen. Betrachten wir einige solche Beispiele.

Wiederholt haben wir über Bill Roberts *berichtet. Hier wollen wir nochmals kurz auf ihn eingehen, und zwar im Zusammenhang mit dem von ihm gefaßten »richtigen« Entschlüssen. Bill, der eine glückliche Kindheit gehabt hatte, beschloß mit vierzehn Jahren,* sein Elternhaus und die Farm zu verlassen, zu Verwandten nach Chicago zu gehen und sich soweit wie möglich allein durchzuschlagen. Sein Grund: Er fühlte, daß sein kürzlich von seiner verwitweten Mutter geheirateter Stiefvater ihm nicht besonders gewogen war.

Bill war kein Kämpfer. Er wollte gern in Frieden leben und angenehme Beziehungen zu anderen Menschen unterhalten; er hielt sich auch nicht besonders dafür geeignet, Schwierigkeiten, die in persönlichen Beziehungen auftraten, zu überwinden.

Aus demselben Grund beschloß er mehrere Jahre später, ein von ihm sehr geliebtes Mädchen nicht zu heiraten, weil sie katholisch und er protestantisch war und er sich weder den Schwierigkeiten einer solchen Verbindung aussetzen noch seinen Glauben einem anderen Menschen zuliebe ändern wollte. In diesen und ähnlichen Entscheidungen, die Bill Roberts traf, erkennen wir Versagungen und Selbstbeschränkungen, die er sich auferlegt, weil er sich selbst und seine Abneigung, gegen Schwierigkeiten anzukämpfen, offenbar richtig einschätzt.

Als ein entgegengesetzter Fall sei Mathilde genannt, die wir ebenfalls bereits kennen (Seite 134, 180). Als fromme Katholikin hatte sie einen Mann geheiratet, der ihretwegen bei der Eheschließung vom protestantischen zum katholischen Glauben übertrat. Damals waren Mathilde und Emil fest von ihrer gegenseitigen Liebe überzeugt.

Jedoch war die Ehe bald insofern enttäuschend, als beide nur wenig gemeinsame Interessen hatten und einander wenig zu sagen wußten. Emil ging viel aus, Mathilde widmete sich ganz der Erziehung ihrer zwei kleinen Mädchen. Mathildes Versuchen, sich mit ihrem Mann darüber auszusprechen, daß sie sich immer mehr auseinanderlebten, wich dieser immer wieder aus. Nach acht Jahren schließlich erklärte Emil, er sei in der Ehe nicht glücklich, er habe eine besser zu ihm passende Frau gefunden und verlange die Scheidung. Mathildes Einwurf, sie seien doch beide Katholiken und könnten sich nicht scheiden lassen, beantwortete Emil wegwerfend damit, daß ihm der Glaube, den er ihretwegen angenommen habe, nichts bedeute. Er erzwang die Scheidung von der völlig gebrochenen Frau, die, aus einer streng katholischen Familie stammend, von ihren Verwandten angegriffen und verurteilt wurde und die schwer unter der Notwendigkeit, nun ehelos weiterleben zu müssen, litt.

Der Fall von Mathilde zeigt, verglichen mit dem von Bill Roberts, deutlich, wie falsch Mathilde alle bei ihrer Eheschließung in Betracht kommenden Faktoren eingeschätzt hat. Im Verlauf ihrer Therapie gab sie zu, daß sie sich erst im Laufe der Ehe darüber klar geworden sei, wie wenig ihr Mann und sie zueinander paßten; über die Probleme, die sich im Zusammenhang mit ihrer Religion ergeben müßten, falls die Ehe mißglückte, habe sie sich überhaupt keine Gedanken gemacht.

Mathilde war zwar im Sinne dessen, was man sich auf der Schule und Hochschule aneignen kann, sehr viel gebildeter als Bill Roberts. Dennoch verfügte sie über eine weit geringere psychologische Kenntnis ihrer selbst und der Persönlichkeit ihres Mannes. Sie sah keine Probleme, wo es von Anfang an viele gab.

Ein zweites Beispiel möge eine andere Art der Entscheidung beleuchten.

Wir erinnern uns an Linda, der wir ebenfalls wiederholt begegneten (Seite 34, 71) und deren glückliche Lenkung durch eine verständnisvolle Mutter wir bewunderten. Obwohl Lindas autoritärer Vater sich energisch gegen ihre Interessen am Lernen aussprach, weil, wie er meinte, Mädchen in den Haushalt gehören, beschloß Linda unter dem Einfluß ihrer Mutter, dem Vater keinen Widerstand zu leisten. Sie befriedigte ihre Leidenschaft zum Lernen und Lesen, soweit die Mutter ihr das in Abwesenheit des Vaters möglich machte, und verschob die Verwirklichung eines Lebens nach ihrer Wahl auf die Zukunft.

Die Fähigkeit zum Kompromiß zwischen dem, was ihr auferzwungen wurde, und dem, was sie selbst gern tun wollte, kam ihr später während der vielen Komplikationen ihres Ehelebens sehr zustatten, und ohne Schwierigkeiten vermochte sie willig die Beendigung ihrer Berufsausbildung aufzuschieben, solange sie in ihrer Ehe mitverdienen mußte. Doch nie gab sie die Hoffnung auf Befriedigung ihrer eigenen Wünsche und Interessen völlig auf, auch dann nicht, als sie sich den ihr von anderer Seite her auferlegten Pflichten unterwarf.

Im Unterschied zu Lindas »richtigen« Entscheidungen für Kompromisse ist der uns gleichfalls bereits bekannte Martin (Seite 12, 74, 78, 100) schon als Knabe und dann auch als Mann völlig unfähig zu vermittelnden Lösungen.

Martin war fünf Jahre alt, als der Vater seine Familie verließ. Seitdem wurde Martin dauernd von der Mutter ermahnt, er müsse viel und gut lernen und ein tüchtiger Mensch werden, da von seinem Können später ihrer beider Existenz abhänge. Der ebenso gewissenhafte wie feinfühlige Junge, dessen Mutter ihm ständig vorhielt, wie hart sie für ihn arbeite und welches Märtyrertum sie

damit auf sich nehme, war völlig von der Vorstellung seiner Ver-
pflichtung gegenüber der Mutter erfüllt. Er gönnte sich kein ein-
ziges Vergnügen seiner Altersgenossen, sondern kannte nichts als
das rastlose Streben nach besten Zensuren und nach Stipendien.
Später übernahm er auch diesen und jenen Job, um sich sein
Taschengeld selbst zu verdienen. Seinen so früh gefaßten Beschluß,
das Leben völlig auf Arbeit und Pflichterfüllung einzustellen, setzte
er derart extrem in die Tat um, daß er seine Gesundheit mehrmals
durch Überarbeitung gefährdete.

Bereits während seines Studiums – er arbeitete auf das Examen
als Ingenieur hin – war er ein deprimierter Mensch. Diese Depres-
sion steigerte sich in den nächsten Jahren zwanghafter Überarbei-
tung so sehr, daß Martin schließlich zusammenbrach.

Im Gegensatz zu Linda hatte Martin keinen Erwachsenen hinter
sich, der ihm half, dem Leben mehr Freuden abzugewinnen, als
die um ihre Existenz besorgte und zugleich völlig verständnislose
Mutter es für nötig hielt. Und er selbst war zu gewissenhaft und
außerdem seiner Mutter gegenüber zu unterwürfig, als daß er sich
mehr Freiheit zugestanden hätte. Martins Entschluß, sein Leben
einzig und allein der Arbeit und seiner Mutter zu widmen, wirkte
sich im Laufe der Zeit zunehmend geradezu zerstörerisch auf seine
Gesundheit aus, und das nicht nur in körperlicher, sondern auch in
seelischer Hinsicht. Als Dreißigjähriger war Martin total unfähig,
sich an irgend etwas zu erfreuen.

Wir sagten, Martin hatte keinen Erwachsenen hinter sich, der ihm
half, das Leben richtig anzupacken. Von einem Kind kann natürlich
nicht ohne weiteres erwartet werden, daß es richtige Entscheidungen trifft, wenn es ungünstig beeinflußt wird. Manchmal jedoch
gibt es Kinder, die über ein gutes inneres Gleichgewicht verfügen
und sich auch schon zu entscheiden wissen. Aber im großen und
ganzen sind für frühe Entschlüsse die Eltern verantwortlich.

Zu den frühen kommen natürlich auch spätere Entscheidungen, die
ein Leben noch grundlegend nach dieser oder jener Richtung hin
beeinflussen können. Ein Beispiel dieser Art sei im folgenden
Abschnitt besprochen.

2. Menschen wissen, wenn sie Fehler gemacht haben

Ein Mensch weiß, wenn er Fehler gemacht hat. Allerdings gibt es
viele, die sich so lange wie möglich verhehlen, wieviel sie selbst zu
ihrem Schicksal beigetragen haben. Sie fühlen sich als »Opfer« von

»unglücklichen« Lebensumständen, während sie bei anderen nur die »glücklichen« bemerken. Falls sie fromm sind, glauben sie manchmal, sie würden vielleicht für irgendwelche Sünden bestraft. Selten fällt es ihnen ein, die Ursache für ihre Lebensverfehlung in ihrer eigenen Persönlichkeit zu sehen. Ein Beispiel dafür bietet eine Frau namens Poldi.

Poldi kommt mit sechzig Jahren in die psychotherapeutische Behandlung mit der Frage, ob ihr nach ihrem bisher so verfehlten Leben vielleicht doch noch geholfen werden könne. Warum war es verfehlt? Poldi meint, sie habe nie Glück gehabt, sie habe halt nie den richtigen Mann und überhaupt nicht die richtigen Menschen kennengelernt. – Was wären denn die richtigen Menschen gewesen? – Menschen, die sich für sie interessiert hätten, Teilnahme an ihr gezeigt, sie gern gehabt hätten. – Und wie steht es mit Poldi in dieser Hinsicht? Zeigt sie Teilnahme und Interesse? – Ach, sie will sich nicht aufdrängen, sie hält sich immer im Hintergrund.

Ich glaube, man braucht kein Psychologe zu sein, um zu sehen, was hier vorliegt: Diese Frau, die vollkommen ausgehungert nach Liebe ist, hat in sich selbst keine zu geben. Sie glaubt, daß Liebe einem zufällt, wenn man Glück hat.

»Ich habe in meinem ganzen Leben keine Liebe gehabt«, sagt sie. *»Warum sagt man mir immer: Du mußt ... Ich habe eine Kusine, die kann hinkommen, wo sie will, jeder freut sich, jeder interessiert sich für sie, alle laden sie ein.«* – *»Vielleicht ist sie charmant«*, sagte ich. – *»Ach, schon wenn sie hereinkommt, sind alle erfreut. Ich, wenn man mich nicht freundlich anschaut oder begrüßt, verkrieche ich mich ...«*

Poldi ist offenbar nicht fähig, Ursache und Wirkung zu unterscheiden. Sie denkt, es sei ihr unhübsches Gesicht im Vergleich zu dem hübschen der Kusine, was schon bei der ersten Begegnung einen Unterschied mache. Aber es ist natürlich nicht das Gesicht als solches, sondern der unfreundliche, mürrische Ausdruck, der abstößt. Später, als Poldi bei Begrüßungen freundlicher lächelte, erfuhr sie selber den Unterschied.

Was aber liegt hier wirklich vor? Poldis Leben hatte von Anfang an einen unglücklichen Verlauf genommen, und sie war nicht imstande gewesen, ihm eine neue Wendung zu geben. Das Unglück begann nicht erst später, als sie weder Liebe finden noch geben konnte. Es begann mit dem Lebensanfang in den Händen einer gefühlsarmen, hart arbeitenden Mutter, die wenig Zeit hatte und für dieses nicht anziehende, viel weinende Kind nur wenig Zuneigung aufbrachte.

Poldi stammte aus einer böhmischen, damals noch zu Österreich gehörenden Kleinstadt, in der ihre Eltern ein kleines Lebensmittelgeschäft hatten. Als erstes Kind kam sie zu einer Zeit, in dem das noch mittellose Ehepaar ganz in seinen Sorgen um die Existenz aufging. Die Lage hatte sich auch noch nicht geändert, als das zweite Kind geboren wurde, ein Sohn, der sich, ähnlich wie Poldi, ziemlich ungünstig entwickelte. Später kamen noch zwei Töchter, doch da hatte sich die Situation der Eltern bereits verbessert, und so wurden diese beiden später Geborenen von ihnen und von den Hausgehilfinnen, die man sich nun leisten konnte, mit mehr Interesse behandelt.

Die älteste Tochter blickte stets voller Eifersucht auf ihre bevorzugten Schwestern. Schon früh setzte sich in ihr die Vorstellung fest, daß sie ein »Opfer« ungünstiger Umstände sei. Mit dieser Rolle des Opfers ging sie durch ihr ganzes Leben.

Als sie nahe den Zwanzig war, erklärte ihr Vater, man müsse sie nun verheiraten. Poldi sagt, er habe sie loswerden wollen. Es paßte ihm nicht, daß eine der hübscheren jüngeren Töchter vor der ältesten heiratete; das wäre für alle eine Blamage gewesen. So suchte er ihr einen Mann und fand auch einen, wesentlich älter als sie, einen Kaufmann, der durch eine gute Mitgift für die Heirat gewonnen wurde.

Nach Poldis Gefühlen wurde überhaupt nicht gefragt. Sie mochte diesen Mann nicht. Sie wagte es jedoch nicht, sich gegen ihren Vater aufzulehnen. Sie weinte und war still.

Nach der Eheschließung kam schon binnen kürzester Zeit heraus, daß Poldis Mann Leopold die Mitgift für die Tilgung von Schulden verbrauchte, die er vorher sorgfältig verheimlicht hatte. Aber nicht nur das: Er kannte seiner Frau gegenüber keinerlei Rücksicht und brachte nicht das geringste Interesse für sie auf; nahezu die meisten Abende war er außer Haus, und sein Leben führte er ohne sie.

Wiederum hatte Poldi Gelegenheit, sich als »Opfer« zu fühlen. Nicht die Vernachlässigung durch ihren Mann, sondern dessen betrügerischer Umgang mit der Mitgift veranlaßte Poldis Vater, ihr bei der Scheidung beizustehen, die sie wünschte.

Zum erstenmal begann sie ihr Leben nun etwas mehr in die von ihr selbst gewünschten Bahnen zu leiten, indem sie eine Stelle als Sekretärin annahm, eine eigene Wohnung bezog und ein paar Bekanntschaften machte. Dieses relativ erfreuliche Dasein fand jedoch in kürzester Zeit dadurch sein Ende, daß die Eltern sie zur Pflege der chronisch erkrankten Mutter nach Hause riefen. Die anderen Geschwister waren inzwischen verheiratet und hatten

Kinder, und so hielt man es als Poldis selbstverständliche Pflicht, daß sie sich der Mutter annahm. Wiederum wurde Poldi das »Opfer«, wiederum unterwarf sie sich.

Als sie einige Jahre später, nach dem Tode der Mutter, wieder frei war, nahm sie ihren Beruf als Sekretärin erneut auf, doch der hatte jetzt den anfänglichen Reiz verloren. Sie war nun eine Frau in den Dreißig, deren unbefriedigtes, ziemlich leeres Leben in den nächsten nahezu dreißig Jahren nur zweimal durch kurze, oberflächliche Affären unterbrochen wurde.

Was Poldis Geschichte besonders drastisch und noch stärker als bei Mona zeigt, ist die Verfehlung durch eine *Passivität*, in der ein Mensch in allen entscheidenden Situationen die Rolle des Objektes statt der des Subjektes spielt. Schon als Poldi in ihrer Jugend studieren wollte, hatte sie sich vom Vater überreden lassen, daß eine frühe Heirat für sie das Beste sei; bis dahin solle sie als Sekretärin arbeiten, und diesen Beruf lernte Poldi dann auch. Und so war es geblieben: Bei der Wahl des Mannes, bei der Erkrankung der Mutter hatte sie immer wieder dem Vater gehorcht; sie wagte es nicht, seinen Entscheidungen zuwiderzuhandeln.

Diese Einstellung hatte ihren Ursprung in Poldis frühester Kindheit, in der ihr das Gefühl der Wertlosigkeit ihrer Person eingeprägt wurde. Als diese wertlose Person, die keinerlei Rechte hatte, ließ sie über sich verfügen – mit dem Erfolg, daß sich das Gefühl, ein »Opfer« unglücklicher Lebensumstände zu sein, immer mehr verstärkte. Begonnen hatte es damit, daß man sie fühlen ließ, sie sei »nicht schön«, und daß ihre Eltern ihr keine Liebe entgegenbrachten; die Fortsetzung war dann, daß sie nie dem richtigen Mann begegnete und nie die richtigen Freunde fand; und es endete damit, daß niemand sich um sie kümmerte und das Leben an ihr vorbeiging.

Wie hätte Poldi sich von sehr viel früher an helfen können? Wenn es schon richtig war, daß ihre Eltern sie vernachlässigten und die Schwestern bevorzugten, so hätte Poldi doch schon während ihrer Schulzeit beobachten können, daß Kinder sich nicht durch Schönheit, sondern durch Freundlichkeit und Hilfsbereitschaft Freunde machen. Sie hätte in der Jugendzeit Freunde haben können, mit denen es ihr möglich gewesen wäre, über ihre Probleme zu sprechen. Sie hätte in solchen Freundschaften mehr Selbstvertrauen gewinnen und zu mehr Selbstwert finden können, und so hätte sie ihrem Vater bei seinen Anordnungen über ihren Beruf und ihre Ehe mit eigenen Vorstellungen und Entschlüssen entgegentreten können. Sie hätte aus der Kleinstadt fortgehen und sich in Wien auf eigene Füße stellen können. Und sie hätte später, als ihr Leben sich so verfehlt entwickelte, in Zeitungen oder Zeitschriften manches über die damals bereits zur Verfügung stehenden Methoden der Therapie lesen und zumindest psychologische Vorträge hören können.

Aber sie tat nichts von alledem, weil sie sich in der Rolle dessen, der die Welt anklagt, irgendwie wohl fühlte. So ist Poldis Leben hauptsächlich dadurch verfehlt, daß in ihm die menschlichen Beziehungen verfehlt wurden. Poldi war einer jener bedauernswerten Menschen, denen es nicht gelingt, Liebe in sich aufzubringen und Liebe zu geben, weil sie selbst niemals Liebe empfingen. Poldis Leben ist jedoch weiterhin auch infolge mangelnder eigener Zielstrebigkeit verfehlt: Schon als Kind unterdrückt und wenig lebendig, war sie nie imstande gewesen, sich von selbst und für sich selbst eine interessante Zukunft vorzustellen und sich Gedanken über ihr eigenes Leben zu machen. Obwohl sie gut lernte, fühlte sie sich ständig wegen ihres unansehnlichen Äußeren bedrückt. Sie maß sich keinen Wert und dem, was sie tat, keine Bedeutung bei, die Beachtung verdient hätte.

Wir sehen also in Poldis Leben den sich summierenden Effekt von *Mangel an Liebe* und einer zu selbstbewußter Entwicklung *nicht hinreichenden Begabung.*

Hinzu kommt bei Poldi als dritter Faktor eine wahrscheinlich mehr oder weniger angeborene Disposition zur Abhängigkeit. Alle neuesten Untersuchungen an Kleinstkindern scheinen nämlich darauf hinzuweisen, daß *Aktivität* und eine oft, wenn auch nicht immer mit ihr verbundene Tendenz zur *Unabhängigkeit* beziehungsweise *Passivität* und eine Tendenz zur *Abhängigkeit* vom Lebensanfang an gegeben sind und sich nur dem Grad ihrer Ausprägung nach, nicht jedoch grundsätzlich ändern lassen. Poldi neigt, ebenso wie Mona, zu Abhängigkeit und Passivität. Dies ist natürlich besonders ungünstig in einer Umgebung, die weder zu Aktivität noch zu Unabhängigkeit ermutigt: Poldis pathologische Neigung, die Folgen ihrer Abhängigkeit geradezu masochistisch zu genießen, wurde durch ihre Umwelt gefördert.

Obwohl Poldi sich erst so spät in ihrem Leben in psychotherapeutische Behandlung begab, gelang es ihr in der Therapie zum erstenmal, sich selbst und ihren Beitrag zu ihrem Geschick realistisch zu sehen. Bis dahin war sie einer jener Menschen gewesen, die ständig zwischen Selbstanklagen und Vorwürfen gegen andere hin und her schwanken. Ihre Selbstanklage lautete stets: »Ich weiß, ich bin schrecklich ...« Mit dieser Feststellung war jedoch keinerlei wirkliche Einsicht verbunden; diese Selbstkritik wurde vielmehr geäußert mit der Absicht, die Kritik anderer vorwegzunehmen und so, wenn irgend möglich, jede Diskussion von vornherein auszuschließen.

Die Therapeutin wies diese Ausrede zurück und half Poldi erkennen, in welcher Weise sie durch die Unterwürfigkeit und ihre mangelnde Selbstbestimmung zu ihrem Schicksal beigetragen hatte. Nach relativ kurzer Zeit fühlte Poldi sich wie nie zuvor zum Nachdenken über neue Lebensmöglichkeiten und Lebenspläne angespornt. Interessiert am Bankwesen, besuchte sie Kurse, die es ihr später ermöglichten, in die Geschäftsführung einer Bank einzutreten und aufgrund besserer Kenntnisse auch etwas für ihre eigenen Ersparnisse zu tun.

3. Das Problem der festgelegten Lebensweise

Bei manchen Menschen bewegt sich das Leben in starr festgelegten Bahnen wie auf Geleisen, von denen sie nicht mehr fortzukommen vermögen. Dies ist mit zunehmendem Alter häufiger der Fall, obwohl es gelegentlich auch jüngere Personen gibt, die sich bereits auf irgendeine Lebensweise festgelegt haben.

Albert und Elvira, ein Lehrerehepaar, beide siebenundvierzig Jahre alt und Eltern einer verheirateten Tochter, lebten in einer Kleinstadt, in der sie an zwei verschiedenen Schulen angestellt waren. Ihre langjährigen Streitigkeiten, die besonders nach der Verheiratung der Tochter stark zugenommen hatten, drehten sich ständig um das gleiche Problem: ihre ganz unterschiedlichen Interessen. Elvira liebte Geselligkeit und Reisen und wollte in ihrer Freizeit gern diesen beiden Interessen nachgehen. Albert weigerte sich, mitzumachen. Als ziemlich wortkarger, gesellschaftlich wenig gewandter Mann fand er keine Freude an Veranstaltungen, bei denen er stets im Hintergrund blieb. Und was das Reisen anbelangte, so waren ihm die damit verbundenen Unbequemlichkeiten zuwider: das Packen und Auspacken, das Hasten, um zur rechten Zeit am Zug, am Flugzeug oder am Schiff zu sein, das Zurechtfinden in fremden Städten und Ländern, das Verhandeln in Hotels und Restaurants, das Herumlaufen in Museen – all das war ihm lästig und widerwärtig. Er liebte es, in seinem Garten zu arbeiten und Rosen zu züchten oder gemütlich im Wohnzimmer zu sitzen und sich von Funk oder Fernsehen unterhalten zu lassen. Elvira führte lebhafte Klage darüber, daß ihrem

Mann jede Unternehmungslust fehle und daß es ihr nicht passe, alles allein machen zu müssen.

In Albert haben wir einen Mann vor uns mit einer ziemlich unreifen, früh zum Entwicklungsstillstand gelangten Persönlichkeit, der sich absolut weigert, sich irgendwie beeinflussen und gar ändern zu lassen. Trotz all der Schwierigkeiten, die sich daraus ergaben, wollte seine Frau sich nicht von ihm trennen, denn sie schätzte ihn wegen seiner Zuverlässigkeit und Anhänglichkeit und hatte auch eine gute Sexualbeziehung zu ihm. So wandte sich Elvira an einen psychologischen Berater; mit seiner Hilfe durchdachte sie ihre Situation und fand für die Befriedigung ihrer Bedürfnisse nach Geselligkeit und Reisen allmählich im Zusammenwirken mit Freunden Lösungen.

Häufig aber liegen in den Fällen, in denen Menschen sich festgefahren haben, sehr viel tiefere Gründe vor.

Wenn Hans – ein Perfektionist, dem niemand etwas gut genug machen kann, der aber auch an sich selbst immer höchste Ansprüche stellt – sich in den Gedanken verrannt hat, daß keine Frau seinen Vollkommenheitsansprüchen genügt, weshalb er sich darauf eingestellt hat, Junggeselle zu bleiben, dann liegt hier eine tiefe Neurose vor, die vor allem mit Hans' Bindung an seine Mutter zusammenhängt. Wenn Guido seine Leidenschaft für das Kartenspiel mit Freunden im Wirtshaus bis tief in die Nächte nicht aufgeben kann und seine Frau vergeblich auf sich warten läßt, dann läßt diese Gewohnheit vermuten, daß ihr tiefere Störungen zugrunde liegen als ein unwiderstehlicher Hang zum Kartenspiel.

Fälle, in denen solche Starrheiten und Zwänge vorliegen, können, wenn überhaupt, kaum je ohne psychologisch sachkundige und berufene Hilfe in andere Bahnen gelenkt werden.

4. Wie kann man von Beispielen lernen?

Die Beeinflussung durch das *Beispiel* spielt überall im Leben eine Rolle, im guten wie im bösesten Sinn: sogar der Mord an Martin Luther King wurde für jenen Joseph Bachmann, der Rudi Dutschke, den führenden Kopf der deutschen rebellischen Studenten niederschoß, zum Vorbild. Aber auch ein Phänomen wie die überraschend schnelle Verbreitung der Lebensweise, Haartracht und Kleidung der Hippies geht gleichfalls auf das Nachahmen von Beispielen zurück.

In der Gesellschaft wie am Arbeitsplatz und in der Schulklasse wirkt

38 Die Autorin, Frau Professor Charlotte Bühler, bei der Arbeit mit einer Therapiegruppe

das Beispiel Maßgebender, sofern es nicht außerdem bereits eine von Generation zu Generation sich fortsetzende Tradition gibt, die den neu zu der betreffenden Gruppe Kommenden das Beispiel oder Vorbild liefert.

Für die Beeinflussung und Wandlung innerer Haltungen gab es bis vor kurzem keine Methode des *Belehrens durch Beispiele*. Heute jedoch ist die *Gruppentherapie* eine der wichtigsten Quellen des Selbstverstehens und der Selbstentwicklung mit Hilfe anderer geworden. In der »Encounter«-Gruppe, wie man das (nach dem englischen Wort »encounter« für »begegnen«) nennt, das heißt in der Gruppe menschlicher Begegnungen, wird ausgesprochen, was den einzelnen bedrückt, aber auch was der einzelne oder die Gruppe an einem Mitglied auszusetzen findet.

»Aber wie kann ich vor all diesen fremden Menschen reden über das, was mit bedrückt?« fragt Meta, eine neue Patientin.

»Warten Sie, bis Sie hören, wie das vor sich geht«, erwidert die Therapeutin. »Sie werden erstaunt sein, welche Hilfe der einzelne von dieser Freiheit und Ehrlichkeit der Aussprache erfährt.«

Und in der Tat verwundert sich Meta in den nächsten Stunden darüber, wie die Gruppe Annie berät, als diese unter Tränen darüber spricht, daß ihr siebzehnjähriger Sohn sofort nach Abschluß der Schule das Haus verlassen und, ohne seine Eltern zu verständigen, eine Lehrstelle in einer anderen Stadt angenommen hat.

Die Diskussion erstreckte sich nun darauf, Annies Beziehung zu ihrem Sohn unter die Lupe zu nehmen und nach Feststellung der Gründe für die Entfremdung zu besprechen und zu beraten, was möglicherweise unternommen werden konnte, um eine Annäherung zustande zu bringen.

Andererseits hörte Meta auch, wie die Gruppe Nora kritisierte, weil sie bei allen Problemen logische Argumente und Ratschläge vorbrachte, anstatt die Gefühle und Motive zu untersuchen, die ein Mitglied der Gruppe, das sich über seine Sorgen aussprach, bewegten.

Nicht jedermann freilich hat Gelegenheit, an einer Therapiegruppe teilzunehmen. Wie also kann der sich selbst Überlassene durch Beispiele lernen? Dies ist zugegebenermaßen wesentlich schwerer, aber keinesfalls unmöglich.

Wenn jemand den Anleitungen dieses Buches folgt und die hier gegebenen Beispiele sorgfältig durchdenkt, so sollte er durchaus in der Lage sein, sich gewisse *Methoden* und *Gesichtspunkte* anzueignen, die ihm im Selbstverstehen helfen.

Er kann das hier Gelernte durch weitere Lektüre erweitern und vertiefen, wobei nicht ausschließlich Fachliteratur in Frage kommt. Viele zeitgenössische Romane und Theaterstücke befassen sich in psychologisch analysierender Form mit menschlichen Problemen unserer Zeit. Wenn jemand Ingmar Bergmans Filme sieht oder deren Drehbücher liest, wenn er die feinsinnige Studie durchdenkt, die der Film »Ein Mann und eine Frau« (von Claude Le Louche) darstellt, oder selbst wenn er die tragikomischen Filme »Heirat auf Italienisch« oder »Scheidung auf Amerikanisch« sieht, kann er sich über viele Motivationsprobleme unserer Zeit und auch seiner selbst klar werden. Eine Ehetragödie wie E. Albees »Wer hat Angst vor Virginia Woolf?« mag manchen nachdenklich über die eigene Ehe stimmen. Ein Roman wie Mary McCarthys »Die Clique« muß jedem, der sich noch nicht damit befaßt hat, die Sexualprobleme der Jugend von heute vor Augen führen. Und wer kann eigentlich Catherine Ann Porters »Narrenschiff« lesen, ohne über seine eigenen Torheiten nachzudenken?

Wie viele Menschen tun dies jedoch wirklich? Allzu groß ist noch die Zahl derer, die ihr eigenes Leben und ihre eigene Persönlichkeit immer nur in beschönigender Beleuchtung sehen.

Selbst in einer Interviewstudie, die mir kürzlich in die Hände kam,
läßt die von Tiefenpsychologie unberührte Explorantin sich von
einer älteren Frau ohne jede Gegenfrage versichern, daß sie »eine
ungetrübte und schöne Kindheit, ebenso auch eine wunderbare
Jugendzeit« gehabt habe; daß sie von den Eltern und Brüdern so
verwöhnt worden sei, daß sie in der Ehe mit Erstaunen entdeckt
habe, nicht mehr »so allein im Mittelpunkt« zu stehen, sondern
»ein bißchen zurückstecken mußte« und »nicht wie zu Hause
immer die erste Rolle spielen« konnte.

Abgesehen davon, daß ich noch nie eine durchweg »wunderbare«
Jugendzeit gesehen habe – außer bei oberflächlichsten Jugendlichen, die sich von keiner Lebens- und Zeitfrage in der Tiefe
berühren lassen –, wie kann ein Erwachsener, wie kann eine
Explorantin kritiklos ein Verwöhntwerden in der Kindheit als
günstig hinnehmen, eine Verhätschelung, infolge deren ein Mensch
sich als »im Mittelpunkt stehend« zu betrachten gewöhnt?

Die Vorstellung ihrer persönlichen Vorrechte begleitet diese Frau
bis in die Kriegsgefangenschaft, in der sie sich über »schlechtes
Essen, verschimmeltes Brot und Postsperre« empört – über all das,
was man ihr angetan hat, einer Dame, die offenbar von den
Greueln der Konzentrationslager nie etwas gehört hat. Und die
gleiche Frau meint, daß »der liebe Gott« sie »doch nun endlich«
in ihre alte Heimat zurückkehren lassen sollte – in welcher Auf-
fassung sie offenbar unberührt ist von dem Weltgeschehen, durch
das Millionen ihrer Heimat für immer beraubt wurden.

Selbstbetrachtungen mit solchem Mangel an Einsicht und Selbstkritik müssen in der heutigen Zeit als tragisch betrachtet werden
– tragisch, weil das zukünftige Geschick der Menschheit von
besserem Selbstverstehen und besserem Verstehen anderer mehr
abhängt als von allem anderen.

Aus diesem Grund gibt es heute weitgespannte Pläne, das
Sensitivitätstraining in die Erziehung einzubeziehen. An vielen
amerikanischen Schulen hat man es bereits als reguläres Fach in
den Unterricht eingebaut; die Begeisterung über die dadurch erreichte Verbesserung der Motivation bei den Schülern sowie über
den wesentlich besseren Geist in den Klassen ist allgemein.

5. Selbstanalyse und Selbstbefreiung

Wenn wir kurz zusammenfassend angeben wollen, was die wesentlichen Verhaltensweisen sind, durch die ein Mensch Einsicht in

sich selber und innere Freiheit gewinnen kann, so sind es folgende: Erstens ist notwendig ein feinfühlig *wahrnehmendes Beobachten* anderer in Wechselwirkung mit einem selbst. In diesem Beobachten wird man der Wirkungen von Menschen aufeinander gewahr wie auch der eigenen Wirkung auf andere.

Zweitens ist notwendig ein *ehrliches Durchdenken* der eigenen Beweggründe und der Beweggründe anderer. Diese Aufgabe ist die schwierigste; viele können sie ohne Beihilfe nicht lösen. Besonders schwierig ist sie für Menschen, die bewußt völlig ehrlich sind und dabei ihre unbewußte Unehrlichkeit nicht zu sehen vermögen. Solche Menschen bleiben dauernd in der Selbstverteidigung stecken, wenn man ihnen unbewußte Unehrlichkeit vorwirft.

Hier liegt für die meisten ein großes Problem. Sie sind zum Beispiel ehrlich überzeugt, einen Ärger überwunden zu haben oder jemandem eine Beleidigung nicht mehr nachzutragen, während sie in Wirklichkeit noch voller Feindseligkeit sind. Oder sie sind sich dessen sicher, daß sie auf einen Rivalen nicht eifersüchtig sind, während sie es tatsächlich doch sind. Oder sie bilden sich ein, kein Verlangen nach irgendeinem erstrebenswerten Ziel wie Reichtum, hohe Stellung, Ruhm oder dergleichen zu haben, während sie faktisch voller Begierde danach sind.

Alle diese Selbsttäuschungen sind nur sehr schwer ohne Hilfe zu bekämpfen. Aber derjenige, der die Reaktion anderer auf sich sorgfältig beobachtet, kann erkennen lernen, wann er Kritik erregt oder auf Unglauben stößt, auch wenn so etwas nicht geäußert wird. »Ich habe bemerkt, wie die Leute immer schweigsamer wurden, wenn ich gewisse Prahlereien vorbrachte«, sagte einmal eine Patientin zu mir.

Die Offenheit der ehrlichen Einstellung zu sich selbst eröffnet den Zugang zu tiefen *Gefühlen*. Viele Menschen verschließen sich vor ihren eigenen tieferen Gefühlen, und zwar meistens deshalb, weil sie fürchten, von ihnen überwältigt zu werden: Angst, Sorge, Selbstvorwürfe und Gefühle der eigenen Wertlosigkeit oder Verwerflichkeit, aber auch Wut und Empörung über andere oder Liebe und Bedürfnis nach Hingabe mögen so unterdrückt werden aus Furcht, sie nicht beherrschen zu können. Jedoch werden seelische Krankheiten nur noch schlimmer, wenn ein Mensch sich den Zugang zu seinen eigenen Gefühlen verbaut.

Arlene, einer Patientin, war es in mehr als zweijähriger Arbeit gelungen, ihre emotionalen Probleme sowie ihren Hang zum Alkoholismus zu überwinden. Zwei Jahre später jedoch hatte sie das erschütternde Erlebnis, eines Morgens aufzuwachen und zu wissen, daß sie sich am Abend vorher bei einer Party betrunken hatte.

Entsetzt über sich selbst, ging sie sofort daran, sich zu fragen, wie das möglich geworden war. Nach tiefem Nachdenken kam sie darauf, daß sie es sich das ganze letzte Jahr zunehmend allzu leicht gemacht und ihrem Hang zu einer etwas lässigen Lebensweise wieder nachgegeben hatte, indem sie die Abende mit Fernsehen verbrachte, ihre Weiterbildung und geistigen Interessen vernachlässigte und alles Nachdenken beiseite schob. Gleichzeitig aber hatte sie sich auch immer weniger zufrieden gefühlt, ohne sich jedoch mit ihren Gefühlen zu befassen und sie zu untersuchen. So war sie sich selbst wieder fremd geworden.

Mit einem Schlage machte sie sich klar, daß sie auf dem Wege war, alles zu verlieren, was sie in der Therapie gewonnen hatte: ihre Fähigkeit, sich ihrer selbst und ihrer Gefühle bewußt zu sein, ihre Ziele im Auge zu behalten und sich gelegentlich im Hinblick auf ihren Fortschritt auszuwerten.

In dem gleichen Augenblick, in dem sie all dies sah und zurückgewann – so berichtete sie der Gruppe, an deren Arbeit sie noch teilnahm –, fühlte sie sich wieder lebendig, zielbewußt und innerlich so frei, wie sie es zuvor gewesen war.

»Seine eigenen Gefühle fühlen«, das ist, wie Eugene Gendlin in seinen psychotherapeutischen Studien zeigte, einer der wesentlichsten Schritte, den ein seelisch Kranker zu seiner Heilung vornehmen kann.

Dieses *Fühlen der eigenen Gefühle* und Das-sich-der-Gefühle-bewußt-Werden ist weit entfernt von jenem »Intellektualisieren«, als das die Tiefenpsychologie von ihren Gegnern verschrien wird. Verstandesmäßige Analysen emotionaler Erfahrungen helfen niemandem. Die Kunst des Behandelnden ist, den Patienten zur Verlebendigung unterdrückter Gefühle zu führen. Nur dies verändert und erneuert einen Menschen und macht ihn frei.

6. Seelische Behandlung und Lebenserfüllung

Warum, so wird mancher Leser fragen, sind alle diese Selbsterforschungen notwendig, um zur Lebenserfüllung zu gelangen? Gibt es nicht viele Menschen, die ohne all dies glücklich und erfüllt sind? Ich weiß nicht, wie viele es sind; aber natürlich gibt es Menschen, die ohne planmäßige Behandlung oder Selbstanalyse ihre Lebenserfüllung herbeizuführen wissen.

Betrachtet man aber diese Art Menschen genauer, so stellt man fest, daß sie – ohne sich ihres Vorgehens als Methode bewußt zu sein – tatsächlich immer wieder Selbstprüfungen vornehmen. In Dialogen mit sich selbst überprüfen sie ihre Handlungsweise und die Ehrlichkeit ihrer Gefühle.

Als sich zum Beispiel Bill Roberts, wie auf Seite 76 berichtet, entschloß, das von ihm geliebte Mädchen nicht zu heiraten, weil der Zwiespalt zwischen ihrer katholischen und seiner protestantischen Religion und Erziehung zu groß war, so führte er mit sich Selbstgespräche, in denen er das Problem durchdachte. »Je mehr wir uns lieben«, sagte er sich, »desto mehr werden wir unter dem Widerspruch zwischen unseren Überzeugungen leiden. Keiner von uns ist innerlich wirklich bereit, seinen Glauben aufzugeben. Wenn dann Kinder kommen, wird das Problem noch schwieriger werden. Es ist besser zu verzichten, als sich in diese Art Schwierigkeiten zu verwickeln.«

Anders stand es in dem Parallelfall von Mathilde.

Mathilde, *als Katholikin in einen protestantischen Mann verliebt, war beglückt, als dieser leichthin sagte, er werde zu ihrem Glauben übertreten (Seite 180). Sie bekannte in der Therapie, daß sie in Emils Bereitwilligkeit die Lösung des Problems sah, ohne je viel über die Tragfähigkeit seines Entschlusses nachzudenken. Jetzt erst sah sie, daß er, der so ohne jedes Bedenken einen neuen Glauben angenommen hatte, genauso ohne jedes Bedenken ihn wieder aufgeben konnte. Vor der Heirat jedoch hatte sie sich keine Gedanken darüber gemacht.*

In Mathilde haben wir einen Menschen vor uns, der nie mit sich selber Zwiegespräche führte, sondern unbequeme Gefühle stets unterdrückte.

Hingegen waren die von mir untersuchten Persönlichkeiten, deren Leben zu erfüllenden Abschlüssen führte, nachdenkliche Menschen, die wiederholt Selbstprüfungen vornahmen.

Es gibt Menschen, die zu dieser Besinnlichkeit und zu der Fähigkeit, Folgerungen aus ihr zu ziehen, erst spät im Leben gelangen. So habe ich mehrere Beispiele alternder Menschen, die nach einem weitgehend verfehlten und unglücklichen Leben sich in den letzten Jahren ein letztliches Erfüllungserlebnis dadurch retteten, daß sie sich gewissen Einsichten über sich selbst eröffneten.

Niemandem ist wohl volle Lebenserfüllung beschieden. Reich ist der, dem Liebe und Glück, Leistung und Erfolg zuteil wurden und der in Ehe, Familie und Beruf eine Erfüllung fand, die durch Verluste und Versagungen, Probleme und Konflikte nicht untergraben werden konnte. Wahrhaft glücklich und beneidenswert ist der, der mit seinem eigenen Selbst ehrlich zufrieden sein kann.

Ehrliches Zufriedensein mit dem eigenen Selbst verlangt ehrliches Durchdenken der eigenen Beweggründe und der Beweggründe anderer; es verlangt, »seine eigenen Gefühle zu fühlen«. Es ist ein weiter, beschwerlicher Weg von der Erwartung bis zum Ergebnis oder gar bis zur Erfüllung auf dem einen oder anderen Gebiet des Lebens.

Möglichst vielen Menschen auf diesem Weg zu helfen dadurch, daß sie Einblick gewinnen in die Lebenszusammenhänge, wie die Psychologie sie sieht, das ist Sinn und Absicht dieses Buches.

Bibliographie

Einführende Gedanken

Bühler, Charlotte, *Psychologie im Leben unserer Zeit*. 5. Aufl.
  sowie Sonderausgabe. Droemer Knaur, München und Zürich
  1966 und 1967

A Die Persönlichkeit in Erwartungen und Ergebnissen

I Anfänge von Lebenserwartungen

Bühler, Charlotte, *Der menschliche Lebenslauf als psychologisches
  Problem*. 2. Aufl., Verlag für Psychologie, Göttingen 1959
Eiduson, Bernice T., *Scientists: Their Psychological World*. Basic
  Books Inc., New York 1962
Getzels, J. W. und Ph. W. Jackson, *Creativity and Intelligence*.
  John Wiley & Sons Inc., New York 1962

II Wandel in Erwartungen und Zielsetzungen

Bühler, Charlotte, *Das Seelenleben des Jugendlichen*. 6. Aufl. Gu-
  stav Fischer, Jena 1967
Bühler, Charlotte, F. Smitter, L. Schenk, *Kindheitsprobleme und
  der Lehrer*. Verlag für Jugend und Volk, Wien, und Quelle &
  Meyer, Heidelberg 1958
Goode, William, *After Divorce*. Free Press of Glencoe, Ill., Glencoe
  1956
Goode, William, *Die Struktur der Familie*. Westdeutscher Verlag,
  Köln 1960
Jaide, Walter, Gerhard Wurzbacher, Renate Wald, Hasso von
  Recum, Marlies Cremer, *Die junge Arbeiterin*. 2. Aufl. Juventa
  Verlag, München 1959
Küppers, Waltraut, *Mädchentagebücher der Nachkriegszeit*. Ernst
  Klett, Stuttgart 1964
Otto, Herbert A., *Explorations in Human Potentialities*. C. C.
  Thomas, Springfield, Ill., 1966
Redl, F. und D. Wineman, *Children who Hate*. Free Press of
  Glencoe, Ill., Glencoe 1951
Schweitzer, Albert, *Aus meinem Leben und Denken*. F. Meiner,
  Hamburg 1959

228

III Konstante Züge in Erwartungen und Zielsetzungen

Eiduson, Bernice T., *Säuglingsalter und zielsetzendes Verhalten*
in: C. Bühler und F. Massarik (Herausg.), Der menschliche
Lebenslauf. Eine Studie über Ziele in der Perspektive der Hu-
manistischen Psychologie. Gustav Fischer, Stuttgart 1969
Murphy, Gardner, *Personality*. Harper & Bros., New York 1947
Thomae, Hans, *Das Problem der Konstanz und Variabilität der
Eigenschaften,* in: Handbuch der Psychologie, Band 4. Verlag
für Psychologie, Göttingen 1960

IV Gesunde und kranke Zielsetzungen

Horney, Karen, *Self-Analysis*. W. W. Norton, New York 1942
Shirer, William, *Aufstieg und Fall des Dritten Reiches*. Kiepen-
heuer u. Witsch, Köln 1961; auch als Knaur-Taschenbuch, Droe-
mer Knaur, München 1963
Shute, Nevil, *On the Beach*. A Signet Book, New American Library
William Morrow, New York 1957; deutsch: *Das letzte Ufer*.
Kurt Desch, München 1958
Ulich, Robert, *Education and the Idea of Mankind*. Harcourt,
Brace & World, New York 1964

V Erfüllung und Verfehlung des Lebens

Bühler, Charlotte, *Der menschliche Lebenslauf als psychologisches
Problem*. 2. Aufl., Verlag für Psychologie, Göttingen 1959
Zwingmann, Charles, *Zur Psychologie der Lebenskrisen*. Akade-
mische Verlagsgesellschaft, Frankfurt/Main 1962

B Lebenserwartungen und Lebensgebiete

VI Liebe und Glück, Leistung und Erfolg, Selbst und Selbst-
erfüllung, Leben und Tod

Lehr, Ursula, *Positive und negative Einstellungen zu einzelnen
Lebensaltern,* in: Vita humana 7 (1964), 201–227
Johannes XXIII., *Geistliches Tagebuch und andere geistliche Schrif-
ten*. 11. Aufl. Herder Verlag, Freiburg i. B. 1966

VII Zielsetzungen in Arbeit und Beruf

Chichester, Sir Francis, *Held der Sieben Meere*. 2. Aufl., Droemer
Knaur, München und Zürich 1967

Eiduson, Bernice T., *Scientists: Their Psychological World*. Basic Books Inc., New York 1962

Herzberg, F., B. Mausner, B. B. Snyderman, *The Motivation to Work*. John Wiley & Sons Inc., New York 1959

Jaide, Walter, *Die Berufswahl*. Juventa Verlag, München 1961

Nosow, Sigmund und William H. Form, *Man, Work and Society*. Basic Books, New York 1962

Rosenmayr, Leopold, *Geschichte der Jugendforschung in Öster-reich*. Österreichisches Institut für Jugendkunde, Wien 1962

VIII Sexualität und Liebe, Ehe und Familie

Beauvoir, Simone de, *Les Belles Images*. Librairie Gallimard, Paris 1966; deutsch: *Die Welt der schönen Bilder*. Rowohlt, Reinbek 1968

Ginott, Haim G., *Between Parents and Child*. Macmillan Co., New York 1965

Jaide, Walter, Gerhard Wurzbacher, Renate Wald, Hasso von Recum, Marlies Cremer, *Die junge Arbeiterin*. Juventa Verlag, München 1958

Küppers, Waltraut, *Mädchentagebücher der Nachkriegszeit*. Ernst Klett, Stuttgart 1964

IX Erwartungen hinsichtlich des eigenen Selbst

Allport, Gordon, *Pattern and Growth in Personality*. Holt, Rinehart & Winston, New York 1961

Bühler, Charlotte, *Der menschliche Lebenslauf als psychologisches Problem*. 2. Aufl. Verlag für Psychologie, Göttingen 1959

Bühler, Charlotte, *Theoretical Observations About Life's Basic Tendencies*, in: American Journal of Psychotherapy XIII, 3 (1959) 501–521

Bühler, Charlotte und F. Massarik (Herausg.), *Der menschliche Lebenslauf. Eine Studie über Ziele in der Perspektive der Humanistischen Psychologie*. Gustav Fischer, Stuttgart 1969

Frankl, Viktor E., *Ärztliche Seelsorge*. Grundlagen der Logotherapie und Existenzanalyse. 7. Aufl. Wien, Deuticke 1966

Frankl, Viktor E., *Psychotherapy and Existentialism*. Washington Square Press, New York 1967

Hartmann, Heinz, *Essays on Ego Psychology*. International University Press, New York 1964

Hirschfeld, Burt, *Bonnie and Clyde*, Lancer Books, New York 1968; deutsch: *Bonnie and Clyde*, Heyne, München 1968

May, Rollo, *Man's Search for Himself*. Norton, New York 1953

Murphy, Gardner, *Personality*. Harper, New York 1964

X Leben und Tod

Feifel, Herman, *The Meaning of Death*. McGraw-Hill Co., New York 1959

Heidegger, Martin, *Sein und Zeit*. 10. Aufl. Max Niemeyer, Tübingen 1963

Riemann, Fritz, *Grundformen der Angst*. Ernst Reinhardt, München 1961

Rintelen, Fritz-Joachim von, *Philosophie der Endlichkeit als Spiegel der Gegenwart*. Anton Hain, Meisenheim/Glan 1960

Tillich, Paul, *The Courage to Be*. Yale University Press, New Haven 1952; deutsch: *Der Mut zum Sein*. 5. Aufl. H. Goverts, Stuttgart 1964

Zwingmann, Charles, *Zur Psychologie der Lebenskrisen*. Akademische Verlagsgesellschaft, Frankfurt/Main 1962

Schlußbetrachtungen

Albee, Edward, *Who's Afraid of Virginia Woolf?* Atheneum, New York 1964; deutsch: *Wer hat Angst vor Virginia Woolf?* Fischer-Bücherei, Frankfurt/Main 1967

McCarthy, Mary, *The Group*. Harcourt, Brace & World Inc., New York 1963; deutsch: *Die Clique*. 13. Aufl. Droemer Knaur, München und Zürich 1968

Porter, Katherine A., *Ship of Fools*. Little, Brown & Co., Boston 1962; deutsch: *Das Narrenschiff*. Rowohlt, Reinbek 1963

Filme

Bonnie und Clyde
Das letzte Ufer
Die Reifeprüfung – das Sexamen
Ein Mann und eine Frau
Heirat auf Italienisch
Kaltblütig
Scheidung auf Amerikanisch
Wer hat Angst vor Virginia Woolf?

Bildquellennachweis

1 Kunstarchiv Arntz, Haag/Obb.
2 Los Angeles Times
3 Anthony-Verlag, Starnberg am See
4 Friedrich Rauch, München
5 Ullstein-Bilderdienst, Berlin
6 Mit freundlicher Genehmigung des Verlages für Jugend und
Volk, Wien. Aus Bühler, »Kindheitsprobleme und der Lehrer«
7 Bavaria-Verlag, Gauting vor München
8 Ullstein-Bilderdienst, Berlin
9 Szene aus dem Columbia-Film »Kaltblütig«, nach dem gleich-
namigen Roman von Truman Capote. Foto: Columbia
10 Aus Bühler, »Psychologie im Leben unserer Zeit«, Droemersche
Verlagsanstalt Th. Knaur Nachf., München/Zürich 1962
11 Deutsche Presse-Agentur, Frankfurt
12 Aus Bühler, »Psychologie im Leben unserer Zeit«, Droemersche
Verlagsanstalt Th. Knaur Nachf., München/Zürich 1962
13 Friedrich Rauch; München
14 Deutsche Presse-Agentur, Frankfurt
15 Aus Bühler, »Psychologie im Leben unserer Zeit«, Droemersche
Verlagsanstalt Th. Knaur Nachf., München/Zürich 1962
16 Szene aus dem Film »Das letzte Ufer«. Foto: United Artists,
Frankfurt
17 The Associated Press, Frankfurt
18 Los Angeles Times
19 The Associated Press, Frankfurt
20 Harry Croner, Berlin
21 Keystone, München
22 Szene aus dem Film »Die Reifeprüfung – das Sexamen«. Foto:
United Artists, Frankfurt
23 Bavaria-Verlag, Gauting vor München
24 The Associated Press Ltd., London
25 Ullstein-Bilderdienst, Berlin
26 Laenderpress, Düsseldorf
27 Ullstein-Bilderdienst, Berlin
28 Anthony-Verlag, Starnberg am See
29 Szene aus dem Film »Wer hat Angst vor Virginia Woolf?«
Foto: Warner Bros.-Seven Arts, Frankfurt
30 Dr. Wolf & Tritschler, Frankfurt am Main

Register

(Alle Zahlen mit * verweisen auf die laufende Nummer der Abbildungen.)

Inhaltsverzeichnis